本书为国家语委重点课题"构建人类命运共同体视域下国家对外话语能力提升战略研究"(项目编号：ZDI135-63)的相关成果。

同济大学社会科学丛书
SOCIAL SCIENCE SERIES OF TONGJI UNIVERSITY

门洪华 主编

话语分析视角下的德国精英倡议计划

GERMAN EXCELLENCE INITIATIVE FROM
THE PERSPECTIVE OF DISCOURSE ANALYSIS

郭婧 著

中国社会科学出版社

图书在版编目（CIP）数据

话语分析视角下的德国精英倡议计划/郭婧著. —北京：中国社会科学出版社，2019.8

（同济大学社会科学丛书）

ISBN 978-7-5203-5143-0

Ⅰ.①话… Ⅱ.①郭… Ⅲ.①高等教育—教育管理—研究—德国 Ⅳ.①G649.516

中国版本图书馆CIP数据核字（2019）第201622号

出 版 人	赵剑英
责任编辑	喻　苗
责任校对	胡新芳
责任印制	王　超

出　　版	中国社会科学出版社
社　　址	北京鼓楼西大街甲158号
邮　　编	100720
网　　址	http://www.csspw.cn
发 行 部	010-84083685
门 市 部	010-84029450
经　　销	新华书店及其他书店
印　　刷	北京明恒达印务有限公司
装　　订	廊坊市广阳区广增装订厂
版　　次	2019年8月第1版
印　　次	2019年8月第1次印刷
开　　本	710×1000　1/16
印　　张	18
插　　页	2
字　　数	266千字
定　　价	88.00元

凡购买中国社会科学出版社图书，如有质量问题请与本社营销中心联系调换

电话：010-84083683

版权所有　侵权必究

"同济大学社会科学丛书"
编委会名单

主编：

门洪华（同济大学政治与国际关系学院院长、特聘教授）

编辑委员（姓氏拼音为序）：

陈　强（同济大学文科办公室主任、教授）

程名望（同济大学经济与管理学院副院长、教授）

李　舒（同济大学国家现代化研究院副院长、特聘教授）

门洪华（同济大学政治与国际关系学院院长、特聘教授）

吴为民（同济大学法学院党委书记、研究员）

吴　赟（同济大学外国语学院院长、特聘教授）

朱雪忠（同济大学上海国家知识产权学院副院长、特聘教授）

内容简介

本书采用语言学话语分析的理论与分析维度,从词汇、隐喻、论证三个层面对德国媒体语料库中的精英倡议计划话语进行研究,试图寻找精英倡议计划话语中反映竞争性元素的语言策略,解读"竞争"在话语中的功能及其历时变化。

在词汇层面,笔者运用语料库语言学的方法对2004年至2016年来源于15种德国媒体(包括杂志、报纸及其网络版)的3299篇文章所构成的定量研究语料库进行分析,找出语料中与竞争性元素相关的关键词、"Exzellenzinitiative"(精英倡议计划)、"Wettbewerb"(竞争)的搭配,并对三个子语料库的关键词、距离指示词进行历时比较。

在隐喻层面和论证层面,则通过对55篇媒体文章所构成的定性研究语料库进行分析,获得与竞争性元素相关的语言模式。其中,方位隐喻、体育竞赛隐喻、灯塔隐喻、经济隐喻这四种隐喻类型充分反映了精英倡议计划话语中的竞争性元素。通过论证层面的话语分析,笔者归纳出与竞争性元素相关的五种支持型论证模式,即竞争、尖端研究、科学灯塔、差异化、特色形成论证模式,和四种反对型论证模式,即形式主义的竞争、机会均等、广泛资助、丧失多样化论证模式。

上述语言策略呈现出大量关于精英倡议计划所带来的竞争性元素的线索,具体如下。

第一,竞争性元素存在于国际维度和国内维度中,且德国大学取代了原先的教授群体,成为高等教育领域的竞争主体。

第二，在计划实施过程中，竞争性元素在德国高等教育领域主要发挥了三种作用：竞争创造精英；竞争作为秩序原则；竞争作为分配原则。

第三，从话语的历时变化看，精英倡议计划话语直接反映了该计划实施进展，也反映出精英倡议计划作为竞争的制度化载体逐渐被公众所接受的事实。通过对三个子语料库进行历时比较，笔者还发现竞争性元素从2004年至2012年稳步上升并达到顶峰、2013年至2016年则由强转弱的强度变化。

研究结果有助于理解德国精英倡议计划话语的深层含义，更好地把握精英倡议计划作为德国高等教育领域的重要改革措施，背后所蕴含的竞争性元素及其为德国高等教育界带来的转变和可能的影响。此外，本书对德国媒体中精英倡议计划话语的研究也可以为中国如何引领相关领域的话语讨论、为高教改革夯实话语基础提供借鉴与启示。

目 录

导论 ………………………………………………………… (1)

第一章 精英倡议计划话语的背景框架 ………………… (8)
    第一节 精英倡议计划的诞生和第一阶段 ……………… (8)
    第二节 精英倡议计划的第二阶段 ……………………… (13)
    第三节 精英倡议计划的后续资助项目
           ——精英战略 ……………………………………… (19)
    第四节 精英倡议计划的法律依据和出台程序 ………… (28)
    第五节 精英倡议计划研究现状 ………………………… (29)

第二章 话语分析的理论基础 …………………………… (35)
    第一节 话语及其在语言学领域的定义 ………………… (36)
    第二节 语言学话语分析的由来及其发展历程 ………… (40)
    第三节 语言学话语分析的维度 ………………………… (45)
        一 词汇层面的话语分析 ……………………………… (45)
        二 隐喻层面的话语分析 ……………………………… (47)
        三 论证层面的话语分析 ……………………………… (50)

第三章 话语分析的方法与路径 ………………………… (56)
    第一节 语料库作为研究基础 …………………………… (56)
    第二节 德国媒体作为话语的实现媒介 ………………… (58)
    第三节 语料库的定量研究 ……………………………… (63)

  一 定量研究语料库的构成 …………………… (63)
  二 语料库语言学的定量研究方法 …………… (67)
 第四节 语料库的定性研究 …………………………… (74)
  一 定性研究语料库的构成 …………………… (74)
  二 定性研究方法 ……………………………… (76)

第四章 精英倡议计划话语：词汇层面的分析 ………… (78)
 第一节 关键词分析 …………………………………… (78)
 第二节 关键词搭配分析 ……………………………… (85)
  一 "Exzellenzinitiative"（精英倡议计划）
   一词的搭配 ………………………………… (85)
  二 "Wettbewerb"（竞争）一词的搭配 ……… (94)
 第三节 子语料库研究 ………………………………… (97)
  一 2004—2005 子语料库 ……………………… (105)
  二 2006—2012 子语料库 ……………………… (108)
  三 2013—2016 子语料库 ……………………… (109)
 第四节 距离指示词比较 ……………………………… (115)
 第五节 词汇层面总体特征 …………………………… (117)

第五章 精英倡议计划话语：隐喻层面的分析 ………… (119)
 第一节 方位隐喻 ……………………………………… (121)
 第二节 体育竞赛隐喻 ………………………………… (129)
 第三节 灯塔隐喻 ……………………………………… (143)
 第四节 经济隐喻 ……………………………………… (151)
 第五节 隐喻层面总体特征 …………………………… (161)

第六章 精英倡议计划话语：论证层面的分析 ………… (163)
 第一节 支持型论证模式 ……………………………… (169)
  一 竞争论证模式 ……………………………… (169)
  二 尖端研究论证模式 ………………………… (172)
  三 科学灯塔论证模式 ………………………… (178)

四　差异化论证模式 …………………………………………（181）
　　五　特色形成论证模式 ………………………………………（185）
第二节　反对型论证模式 …………………………………………（188）
　　一　形式主义的竞争论证模式 ………………………………（188）
　　二　机会均等论证模式 ………………………………………（190）
　　三　广泛资助论证模式 ………………………………………（193）
　　四　丧失多样化论证模式 ……………………………………（196）
第三节　论证层面总体特征 ………………………………………（198）

第七章　结语 ………………………………………………………（206）
第一节　精英倡议计划话语中的竞争性元素 ……………………（206）
第二节　精英倡议计划话语及其实际发展的比较 ………………（211）
第三节　对中国高等教育改革的借鉴与启示 ……………………（215）
第四节　关于语言学话语分析 ……………………………………（216）

附录 …………………………………………………………………（219）
　　一　关于根据《基本法》第91b条（研究资助）、
　　　　联邦和各州旨在促进德国高校科学和研究的
　　　　精英倡议计划的协议 ……………………………………（219）
　　二　根据《基本法》第91b条第1款第2项、联邦和
　　　　各州关于继续实施旨在促进德国高校科学和研究的
　　　　精英倡议计划的管理协议 ………………………………（224）
　　三　关于根据《基本法》第91b条第1款、联邦和各州
　　　　旨在促进大学尖端研究的管理协议——精英战略 ……（231）
　　四　精英倡议计划与精英战略资助名单 ……………………（239）

缩略语说明 …………………………………………………………（258）

参考文献 ……………………………………………………………（259）

后记 …………………………………………………………………（275）

导　　论

　　1810年柏林大学的创建为德国高等教育的发展开启了新篇章。在洪堡理念的指引下,德国高等教育历经辉煌,一度成为各国学习效仿的榜样。然而,二战后的德国高等教育日渐式微,取而代之的是美国逐步成为世界高等教育的中心。德国高等教育因其往日雄风在国际上仍享有较高的声誉,但细数全球相关机构的世界大学排行榜,前50名中已鲜有德国大学的身影:在2004年发布的"泰晤士高等教育－QS世界大学排名"中,排名德国第一位的海德堡大学位列第47位;① 在2004年发布的"软科世界大学学术排名"中,排名德国前三甲的慕尼黑工业大学、慕尼黑大学和海德堡大学则分别位列第45位、第51位、第64位。② 德国高等教育的发展停滞不前,一方面是由于受到战争、教育经费削减、科研人才流失海外等因素的制约;另一方面更是囿于20世纪60年代至80年代末在高等教育界广泛传播的"平等"理念。③

　　随着"知识经济"时代的到来,高等教育领域的国际竞争日益激烈。20世纪90年代以来,许多国家先后开展不同形式的世界一流大学建设,加入到国际竞争的队伍中来,譬如中国的"211工程"、

---

①　郑春荣、欧阳凤:《德国大学精英倡议计划之未来构想分析——以慕尼黑工业大学为例》,《外国教育研究》2013年第11期,第98页。

②　Academic Ranking of World Universities, "Academic Ranking of World Universities 2004", 2004, http://www.shanghairanking.com/ARWU2004.html, Stand: 20.06.2019.

③　郑春荣、欧阳凤:《精英倡议计划对德国高等教育差异化的影响分析》,《外国教育研究》2014年第2期,第70页。

"985工程"及"一流大学和一流学科"建设计划，日本的"21世纪卓越中心计划"（COE）、韩国的"21世纪智慧韩国工程"（BK21）和"21世纪智慧韩国高水平大学建设工程"（BK21 Plus）等。与其他国家相比，德国在高教改革方面只能算得上是一个"迟来者"。但面对高等教育扩张期学生数量激增、学生需求多样化、国际竞争不断深化等问题，改变均衡发展模式，鼓励大学竞争，深化差异化发展，业已成为德国高等教育领域自2000年以来的主要改革方向。

2004年1月，德国社会民主党（以下简称社民党）及由该党人士担任部长的联邦教育与研究部（以下简称教研部）首次提出要在德国打造数所哈佛式精英大学的提议，随即引发了广泛的社会讨论。反对的呼声很高，主要原因是德国高等教育体系长期以来具有均质性和等值性的特征[1]。高等教育机构之间的区别主要是办学层次和特色的区别，同类高校，比如各所大学，尽管规模大小不同，但它们所提供的同类专业课程一般被认为具有大致相同的质量，不存在优劣之别。[2]

经过长达一年的各方博弈、谈判与妥协，德国联邦政府于2005年正式推出精英倡议计划。该计划将通过严格的评审程序在全国范围内评选出少数优秀的"研究生院""精英集群"和"未来构想"资助项目，以促进德国大学尖端研究和学术创新，形成具有国际辐射力的"科学灯塔"，提高德国高等教育的国际竞争力。可以想象，精英倡议计划的引入和落实遭受到了巨大的阻力，因为它将颠覆德国高等教育的传统范式，打破德国大学长期以来"只有类型差别而没有等级层次高低之分的均衡发展"[3]的理念。

---

[1] Ulrich Teichler, *Hochschulstrukturen im Umbruch*, Frankfurt am Main: Campus Verlag, 2005, S. 26. 转引自孙进《由均质转向分化？——德国高等教育的发展趋向分析》，《比较教育研究》2013年第8期，第2页。

[2] Hans Merkens, "Zur Wettbewerbsfähigkeit des Hochschulsystems in Deutschland", in Ulrich Teichler und Rudolf Tippelt, Hrsg., *Hochschullandschaft im Wandel*, Weinheim/Basel: Beltz Verlag, 2005, S. 34-35. 转引自孙进《由均质转向分化？——德国高等教育的发展趋向分析》，《比较教育研究》2013年第8期，第2页。

[3] 郑春荣、欧阳凤：《精英倡议计划对德国高等教育差异化的影响分析》，《外国教育研究》2014年第2期，第70页。

导 论

但德国政府恰恰希望通过精英倡议计划，为德国大学引入新型竞争机制，增强高等教育领域的竞争性元素。这一初衷可以从该计划的两份官方协议中找到线索：德国联邦政府与各联邦州政府在2005年7月18日签署的精英倡议计划官方协议《关于根据〈基本法〉第91b条（研究资助）、联邦和各州旨在促进德国高校科学和研究的精英倡议计划的协议》（以下简称《精英协议（ExV）》）[①]的前言部分写道：该计划旨在"可持续地强化德国科研要地、增强德国科研的国际竞争力，提高德国大学和科研领域尖端成果的显示度"[②]。协议文本中使用的"德国科研要地""国际竞争力""显示度"等与竞争相关的表达，反映出精英倡议计划将为德国高等教育领域带来更多竞争性元素的发展方向。德国政府在2009年签署的《根据〈基本法〉第91b条第1款第2项、联邦和各州关于继续实施旨在促进德国高校科学和研究的精英倡议计划的管理协议》（以下简称《精英协议Ⅱ（ExV Ⅱ）》）[③]的前言中继续使用与竞争相关的表达，指出第二阶段的精英倡议计划将延续以尖端人才培养和提升德国"高教和科研要地"总体质量为目标的、已经开始了的绩效的"螺旋式上升"，同时也将提高德国高等教育与科研的"国际显示度"作为计划实施的目标之一。

精英倡议计划的两份官方协议均在开篇表达了德国政府增强高等教育领域竞争的愿望。这一方面显示出竞争性元素的重要性，另一方面也是德国政府面对各方质疑，向社会各界释放明确信号，即增强高等教育领域竞争性元素是一种自上而下的发展目标与政策导向。

---

① "Bund-Länder-Vereinbarung gemäß Artikel 91 b des Grundgesetzes (Forschungsförderung) über die Exzellenzinitiative des Bundes und der Länder zur Förderung von Wissenschaft und Forschung an deutschen Hochschulen: Exzellenzvereinbarung (ExV)", 2005, http://www.gwk-bonn.de/fileadmin/Papers/exzellenzvereinbarung.pdf, Stand: 13.08.2016.

② Ibid., S.1.

③ "Verwaltungsvereinbarung zwischen Bund und Ländern gemäß Artikel 91 b Abs. 1 Nr.2 des Grundgesetzes über die Fortsetzung der Exzellenzinitiative des Bundes und der Länder zur Förderung von Wissenschaft und Forschung an deutschen Hochschulen: Exzellenzvereinbarung Ⅱ (ExV Ⅱ)", 2009, http://www.gwk-bonn.de/fileadmin/Papers/Exzellenzvereinbarung-Ⅱ-2009.pdf, Stand: 13.08.2016.

因其争议性和巨大的影响力，从精英倡议计划被提出伊始，该计划的每个阶段、每个"举动"都受到德国政界、教育界等的关注，而他们的讨论在很大程度上发生在媒体中。《斯图加特报》2004年12月14日报道，海德堡大学校长霍梅霍夫（Peter Hommelhoff）认为精英倡议计划是前所未有的好机会，应好好利用这一机会，在三年内将海德堡大学推向欧洲尖端。① 《法兰克福评论报》则在2005年6月7日的报道中指出，黑森州州长科赫（Roland Koch）坦言由于高等教育的均质性，德国并不需要精英倡议计划，"至今为止，我们与美国、法国或者英国的高等教育结构的区别就在于，在德国，学生如果想要成为职场精英，不必挤破头进入某几所国际知名的高校学习"②。直到精英倡议计划实施许多年后，媒体依然对该计划进行着热烈的讨论。例如，明镜在线在2016年3月29日的报道中称，德国联邦教研部部长万卡（Johanna Wanka）肯定了该计划实施至今取得的效果，认为精英倡议计划资助了实实在在的尖端研究。③ 而《法兰克福汇报》则在同年4月21日的报道中指出，比勒费尔德大学的屈尔（Stefan Kühl）教授批评精英倡议计划导致德国大学的"马太效应"。④

为了考察精英倡议计划及其为德国高等教育领域带来的竞争性元素所引发的争议，又鉴于各界在媒体中对这个主题不断进行的讨论，并通过媒体反映出对精英倡议计划不同的态度，本书将聚焦德国媒体中的精英倡议计划话语以及媒体对精英倡议计划框架下的竞争性元素的解读与评价。具体的研究将着重回答三个问题。

第一，精英倡议计划话语的哪些语言策略可以反映出竞争性元素？

第二，竞争性元素在精英倡议计划话语中起到了哪些作用？

---

① "In drei Jahren an die europäische Spitze", *Stuttgarter Zeitung*, 14.12.2004. 说明：本书中的媒体文章均来自LexisNexis数据库以及法兰克福汇报档案库，下载时间：2016年1月2日至30日。

② "Widerworte", *Frankfurter Rundschau*, 07.06.2005.

③ "Wanka will auch kleine Unis und FHs fördern", *Spiegel Online*, 29.03.2016.

④ "Wer hat, dem wird gegeben", *Frankfurter Allgemeine Zeitung*, 21.04.2016.

第三，从历时的角度看，精英倡议计划话语中的竞争性元素是否发生过变化？公众对其接受与评价是否发生过变化？如果是，为何会发生上述变化？

针对上述研究设问，笔者运用语言学话语分析的理论，建立德国媒体语料库，对其中的精英倡议计划话语进行描述性的呈现，并从多个维度进行深度分析，以期找出关于精英倡议计划框架下的竞争性元素的线索，从而进一步把握媒体中所反映出的社会各界对精英倡议计划的"集体知识"[①] 和普遍性思维。

本书将语言学话语分析应用于高等教育领域的研究问题，为高等教育领域的研究提供了跨学科的研究视角与新的研究方法。通过对词汇、隐喻和论证模式等不同语言策略的研究，而不是普通的政策分析，得以从更微观和更为具象的视角对竞争性元素进行解析。研究结果还将有助于理解德国社会各界对精英倡议计划及其为德国高等教育领域所带来的竞争性元素的接受与评价。通过挖掘精英倡议计划话语的深层含义，也将更好地把握精英倡议计划作为德国高等教育领域的重要改革措施，为德国高等教育界带来的转变和可能的影响。此外，对德国媒体中精英倡议计划话语的研究也可以为中国如何引领相关领域的话语讨论，为高等教育改革夯实话语基础提供借鉴与启示。

具体而言，笔者将运用语言学话语分析的相关理论与研究方法，从词汇、隐喻、论证三个层面对来源于15种德国报刊的精英倡议计划话语进行分析，找出德国媒体中的精英倡议计划话语所反映的竞争性元素，包括它表现在哪些语言策略上，竞争性元素在媒体话语中被赋予哪些功能，以及公众对其接受和评价的历时变化，以深入理解和把握精英倡议计划话语。其中，在词汇层面主要针对由3299篇文章构成的定量研究语料库进行话语分析，在隐喻和论证层面则主要针对由55篇文章构成的定性研究语料库进行分析。具体研究思路见图0-1。

[①] Martin Wengeler, "'Das Szenario des kollektiven Wissens einer Diskursgemeinschaft Entwerfen'. Historische Diskurssemantik als 'kritische Linguistik'", *Aptum. Zeitschrift für Sprachkritik und Sprachkultur*, 2005, Nr. 1, S. 262–282. Zitiert nach Nina Kalwa, *Das Konzept »Islam«. Eine diskurslinguistische Untersuchung*, Berlin/Boston: de Gruyter, 2013, S. 10.

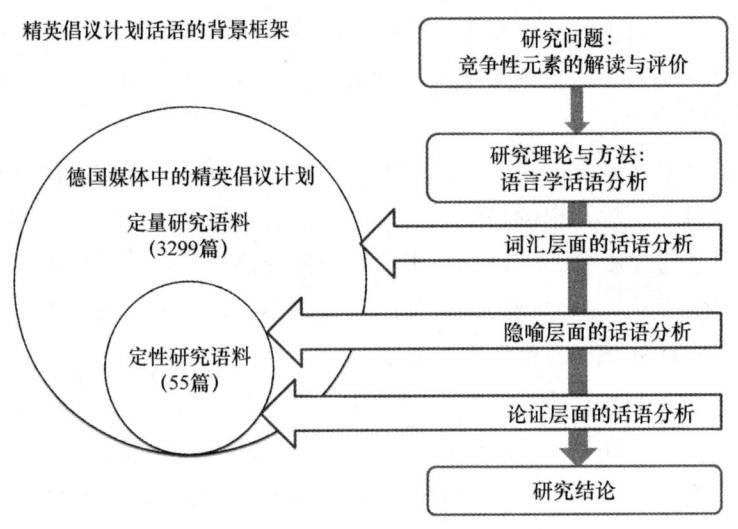

图 0-1 研究思路

资料来源：笔者自制。

第一章对德国精英倡议计划进行概述，为精英倡议计划话语提供背景框架。具体包括对精英倡议计划从启动到两阶段三轮的发展以及精英倡议计划的后续资助项目——精英战略的介绍，对精英倡议计划的法律基础及出台程序以及精英倡议计划迄今为止的研究现状进行说明。

第二章为本书提供理论基础，主要对话语的概念进行定义，界定"话语"在语言学领域中的概念，介绍语言学话语分析的由来及发展脉络，以及语言学话语分析的三个维度，即从词汇、隐喻、论证三个层面进行话语分析。第三章主要介绍研究方法与路径，包括对德国媒体语料库作为话语分析的研究基础进行必要的说明等。在词汇层面，笔者采用定量研究方法分析精英倡议计划话语，在隐喻和论证层面则采用定性研究方法分析，因此第三章还介绍了定量和定性研究语料库的构成及对应的研究方法。

第四章至第六章是本书的核心部分。笔者根据设定的研究路径分步骤对德国精英倡议计划话语所呈现的竞争性元素进行分析，并在这三章集中展示研究成果。其中，第四章主要通过3299篇媒体文章构成的语料库对话语进行定量分析，即在词汇层面对精英倡议计划话语进行语料库语言学分析，通过对话语中的关键词、关键词搭配等方面的分析，找到精英倡议计划话语所呈现的竞争性元素的相关线索，笔者还通过三个子语料库的对比研究以及对其中的距离指示词进行比较，从历时角度考察精英倡议计划话语中竞争性元素的转变。第五章和第六章则对选取的部分语料（55篇媒体文章）所构成的定性研究语料库进行定性分析，进一步探索德国精英倡议计划话语所呈现的竞争性元素。其中，第五章展示精英倡议计划话语中体现竞争性元素的隐喻类型，第六章则介绍与竞争性元素相关的支持型和反对型论证类型，以此探究竞争性元素在精英倡议计划话语中所起的作用及其为德国高等教育界带来的转变和可能的影响。

最后一章总结梳理研究结果，从精英倡议计划话语中反映出的竞争性元素、精英倡议计划话语及其实际发展的比较、对中国高等教育改革的借鉴与启示等多个方面，进一步深化、凝练研究结论。

第一章 精英倡议计划话语的背景框架

第一节 精英倡议计划的诞生和第一阶段[①]

精英倡议计划的起源可以追溯到2004年1月6日在魏玛召开的德国社民党闭门会议,会议提出:"我们想要建立能进入世界第一梯队、与哈佛和斯坦福这样的国际尖端高校相抗衡的德国尖端高校和研究中心,以改变我们高校格局的结构。"[②] 同年1月26日,德国联邦教研部部长布尔曼(Edelgard Bulmahn)首次公开提出要在德国打造数所哈佛式精英大学。"精英"的理念第一次在精英倡议计划的语境下被提出,这一提议打破了一贯主张教育公平的社民党在"精英"概念上的禁忌,[③] 在全社会引发了广泛讨论。

为获取政策支持,打造"精英大学"的提议很快定名为"Exzellenzinitiative"(精英倡议计划),但各方对计划的具体内容却迟迟未能达成一致。经过长时间的商议与谈判,联邦与各州政府最终于

[①] 有关"精英倡议计划"第一阶段和第二阶段概述参见俞宙明《德国高校精英倡议计划综述》,载郑春荣、李乐曾主编《德国发展报告(2013)》,社会科学文献出版社2013年版,第163—187页。

[②] SPD, *Weimarer Leitlinien*, 2004, http://www.spd-thueringen.de/dl/weimarer_leitlinien.pdf, Stand: 13.08.2016.

[③] 郑春荣、欧阳凤:《精英倡议计划对德国高等教育差异化的影响分析》,《外国教育研究》2014年第2期,第68页。

2005年7月18日正式签署《精英协议（ExV）》①（见附录一）。该计划旨在可持续地强化德国科研要地，增强德国科研的国际竞争力，提高德国大学和科研领域在国际上的显示度。②

精英倡议计划设置了三条资助主线：研究生院、精英集群和未来构想。其中，研究生院用于培养科学研究后备人才；精英集群旨在促进大学与大学外研究机构以及企业的合作研究；未来构想则是以项目的形式促进大学尖端研究的发展，使大学整体在国际科研竞争中保持尖端地位。值得注意的是，申请未来构想的前提条件是，大学必须制订出优秀的未来计划，并且在研究生院和精英集群两条资助主线各获得一个或一个以上资助项目。

精英倡议计划第一阶段的实施期限为2006年至2011年，资助总预算为19亿欧元，其中，3/4由联邦政府承担，其余1/4由获得资助大学所在的联邦州承担。精英倡议计划第一阶段及三条资助主线资金分配情况见表1-1。

表1-1　　精英倡议计划第一阶段及三条资助主线资金分配情况

2006年至2011年总预算19亿欧元，其中：		
2006年	1.9亿欧元	
2007年至2010年	每年3.8亿欧元	
2011年	1.9亿欧元	
各条资助主线	单个项目年资助额	年资助总额
研究生院约40个项目	100万欧元	4000万欧元
精英集群约39个项目	650万欧元	1.95亿欧元
未来构想约10个项目	2100万欧元	2.1亿欧元

资料来源："Bund-Länder-Vereinbarung gemäß Artikel 91 b des Grundgesetzes (Forschungsförderung) über die Exzellenzinitiative des Bundes und der Länder zur Förderung von Wissenschaft und Forschung an deutschen Hochschulen: Exzellenzvereinbarung (ExV)", 2005, http://www.wissenschaftsrat.de/download/Exzellenziniative_Dokumente/BLK-ExIni.pdf, Stand: 12.12.2012. 转引自俞宙明《德国高校精英倡议计划综述》，载郑春荣、李乐曾主编《德国发展报告（2013）》，社会科学文献出版社2013年版，第169页。

---

① "Bund-Länder-Vereinbarung gemäß Artikel 91 b des Grundgesetzes (Forschungsförderung) über die Exzellenzinitiative des Bundes und der Länder zur Förderung von Wissenschaft und Forschung an deutschen Hochschulen: Exzellenzvereinbarung (ExV)", 2005, http://www.gwk-bonn.de/fileadmin/Papers/exzellenzvereinbarung.pdf, Stand: 13.08.2016.

② Ibid., S. 1.

精英倡议计划资助项目的遴选由德国科学基金会和德国科学委员会共同组织。由德国科学基金会组建一个专业委员会（Fachkommission），科学委员会组建一个战略委员会（Strategiekommission），这两个委员会组成共同委员会（Gemeinsame Kommission），负责申请报告的评审和遴选。精英倡议计划的申请分为初选和终选，初选时大学仅需提供申请草案，经过专业委员会和战略委员会组织评审小组以纯科学的标准评审后，由共同委员会确定初选名单，通知入选大学在规定期限内提交正式申请，经过新一轮的评审后，其结果由共同委员会提交精英倡议计划批准委员会通过。批准委员会由德国科学基金会和德国科学委员会的领导共同担纲，由国内外科学家、各联邦州代表和联邦教研部部长担任。精英倡议计划的评审及决策流程见图 1-1，主要评审标准见表 1-2。

精英倡议计划第一阶段的申请于 2005 年 7 月 29 日面向所有德国大学公开招标，并要求各大学于 2005 年 9 月 30 日提交申请草案。有资格提交正式申请的大学名单于 2006 年 1 月 20 日公布，而这些大学则需要在 2006 年 4 月 20 日提交正式申请。第一轮评审结果于 2006 年 10 月 13 日公布。

共有 74 所大学作为主申请单位递交 319 份申请草案：135 份"研究生院"申请草案、157 份"精英集群"申请草案和 27 份"未来构想"申请草案。经过由 20 位国际专家组成的评审小组评审后，36 所大学递交正式申请，包括 39 份"研究生院"正式申请、41 份"精英集群"正式申请和 10 份"未来构想"正式申请。经过激烈的角逐，最终共有 18 个研究生院项目、17 个精英集群项目脱颖而出获得资助，慕尼黑大学、慕尼黑工业大学和卡尔斯鲁厄理工学院则获得了未来构想的资助。这些受资助的项目共涉及 22 所高校，获得每年共计 1.747 亿欧元的资助。

经过第一轮的尝试与摸索，第二轮的申请评选过程显得顺畅了许多。各大学于 2006 年 9 月 15 日提交申请草案，2007 年 1 月 2 日确定有资格提交正式申请的大学名单，这些大学则需于 2007 年 4 月 13 日前提交正式申请。共有 67 所大学作为主申请单位递交 261 份申请

第一章 精英倡议计划话语的背景框架

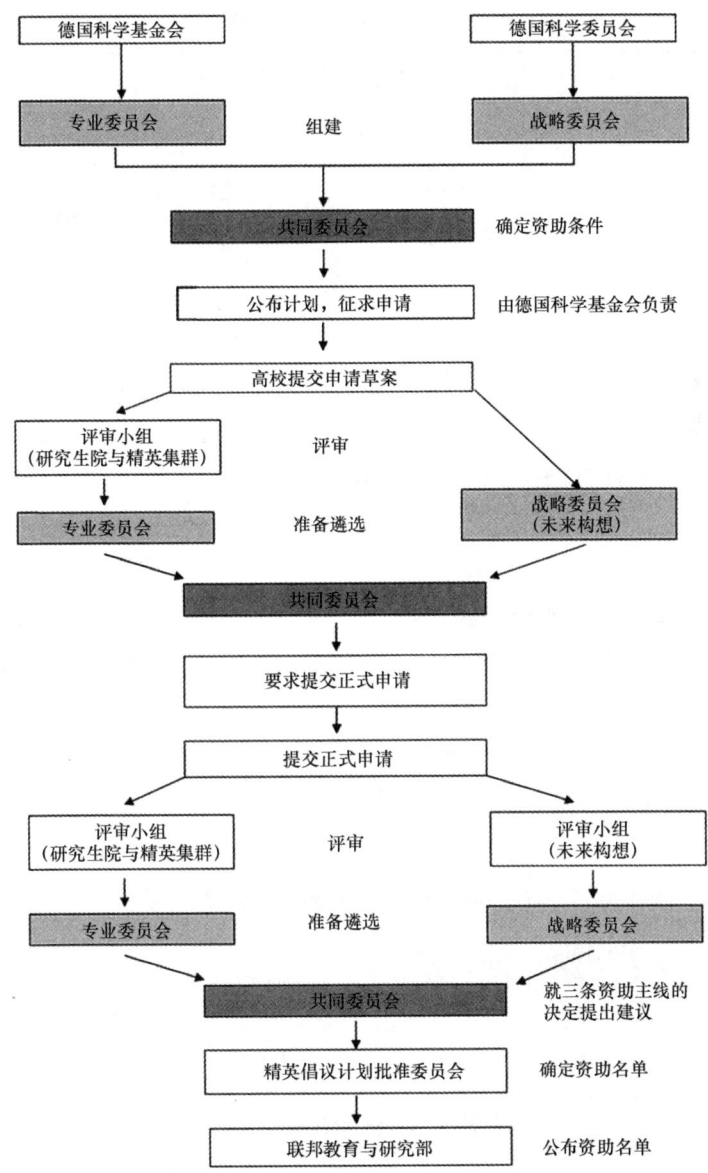

图 1-1 精英倡议计划评审及决策流程

资料来源：Deutsche Forschungsgemeinschaft, *Exzellenzinitiative: Begutachtungs- und Entscheidungsverfahren*, 2006, http://www.dfg.de/download/pdf/dfg_im_profil/reden_stellungnahmen/2006/exin_begutachtungsverfahren.pdf, Stand: 31.08.2016。

表 1-2　　　精英倡议计划第一阶段三条资助主线的评审标准

研究生院评审标准

研究与研究生培养环境：
- 参与项目的科研人员以及科研环境的卓越性
- 对于高校科研特色打造、对于高校和参与专业的结构发展的贡献
- 可持续地发展"博士生文化"的前提条件
- 跨学科的方法
- 国际显示度

研究生培养计划：
- 研究生培养计划的质量和原创性
- 博士生在研究环境中的融入
- 博士生指导计划和促进学术职业发展的战略
- 国际联网

结构：
- 组织、管理和结构性的支持措施
- 与大学外机构的合作
- 科研中促进男女平等的方案
- 与其他机构合作带来的增值

精英集群评审标准

研究：
- 整个研究项目和单个研究领域的学术质量、原创性和相关性
- 跨学科性
- 对研究领域的预期影响
- 成果应用及合作伙伴（如适用）

参与的研究人员：
- 参与项目研究人员的质量
- 科研后备力量促进方案，包括科研培训和职业发展
- 科研中促进男女平等的方案

结构：
- 引入已有资源
- 组织和管理
- 对大学结构发展的影响

第一章 精英倡议计划话语的背景框架

续表

未来构想评审标准
• 在不同的、有助于大学特色形成的研究领域的卓越性 • 出色的研究质量,也能通过符合第1条、第2条遴选标准的研究生院和精英集群项目证明 • 跨学科性和与大学外研究机构及其他科研伙伴的联网 • 国际合作 • 有针对性的后备人才培养 • 对可持续地提升研究卓越性提供保障 • 高校提交的申请均需包含具体的项目建议,申请中不需要覆盖所有重点

资料来源:研究生院和精英集群评审标准参见 Deutsche Forschungsgemeinschaft und Wissenschaftsrat, *Bericht der Gemeinsamen Kommission zur Exzellenzinitiative an die Gemeinsame Wissenschaftskonferenz*, 2008, http://www.gwk-bonn.de/fileadmin/Papers/GWK-Bericht-Exzellenzinitiative.pdf, Stand: 15.01.2016。未来构想评审标准参见 "Bund-Länder-Vereinbarung gemäß Artikel 91 b des Grundgesetzes (Forschungsförderung) über die Exzellenzinitiative des Bundes und der Länder zur Förderung von Wissenschaft und Forschung an deutschen Hochschulen: Exzellenzvereinbarung (ExV)", 2005, http://www.gwk-bonn.de/fileadmin/Papers/exzellenzvereinbarung.pdf, Stand: 13.08.2016。

草案:118份"研究生院"申请草案、123份"精英集群"申请草案和20份"未来构想"申请草案。经过由27位国际专家组成的评审小组评审后,35所大学递交正式申请,其中包括44份"研究生院"正式申请、40份"精英集群"正式申请和8份"未来构想"正式申请。第二轮最终评审结果于2007年10月19日公布,新增21个研究生院项目、20个精英集群项目,亚琛工业大学、柏林自由大学、海德堡大学、康斯坦茨大学、弗莱堡大学和哥廷根大学获得了第二轮未来构想的资助。

第二节 精英倡议计划的第二阶段

2009年6月24日,联邦与各州政府正式签署继续实施精英倡议计划第二阶段的管理协议——《精英协议Ⅱ（ExV Ⅱ）》①（见附录二）。

精英倡议计划第二阶段依然设立研究生院、精英集群和未来构想三条资助主线。实施期限为2011年至2017年，资助总预算为27.237亿欧元，与第一阶段相同，资助额的3/4由联邦政府承担，其余1/4由获得资助大学所在的联邦州承担。精英倡议计划第二阶段及三条资助主线资金分配情况见表1-3。

表1-3　　精英倡议计划第二阶段及三条资助主线资金分配情况

总预算27.237亿欧元（包括过渡资金和项目结束金），其中：		
2011年	2710万欧元	
2012年	2.15亿欧元	
2013年	4.94亿欧元	
2014年	5.03亿欧元	
2015年	5.3亿欧元	
2016年	5.25亿欧元	
2017年	4.4亿欧元	
各条资助主线	单个项目年资助额	年资助总额
研究生院	100万—250万欧元	6000万欧元
精英集群	300万—800万欧元	2.92亿欧元
未来构想		1.42亿欧元

资料来源："Verwaltungsvereinbarung zwischen Bund und Ländern gemäß Artikel 91 b Abs. 1 Nr. 2 des Grundgesetzes über die Fortsetzung der Exzellenzinitiative des Bundes und der Länder zur Förderung von Wissenschaft und Forschung an deutschen Hochschulen：Exzellenzvereinbarung Ⅱ（ExV Ⅱ）"，2009，http：//www.dfg.de/download/pdf/foerderung/programme/exin/exzellenzvereinbarung-Ⅱ-2009.pdf，Stand：12.12.2012.转引自俞宙明《德国高校精英倡议计划综述》，载郑春荣、李乐曾主编《德国发展报告（2013）》，社会科学文献出版社2013年版，第169页。

---

① "Verwaltungsvereinbarung zwischen Bund und Ländern gemäß Artikel 91 b Abs. 1 Nr. 2 des Grundgesetzes über die Fortsetzung der Exzellenzinitiative des Bundes und der Länder zur Förderung von Wissenschaft und Forschung an deutschen Hochschulen：Exzellenzvereinbarung Ⅱ（ExV Ⅱ）"，2009，http：//www.gwk-bonn.de/fileadmin/Papers/Exzellenzvereinbarung-Ⅱ-2009.pdf，Stand：13.08.2016.

第一章 精英倡议计划话语的背景框架

精英倡议计划第二阶段的遴选过程与第一阶段基本相同,仅在以下方面有所更新和调整。

第一,在第二阶段,大学除了可以递交新的申请外,在第一阶段已获得资助的项目还可以递交继续资助申请。未来构想资助主线最多资助12个申请,其中最多5个为新的申请。评审时将对新申请和继续申请以一致的标准进行评判,当然也必须兼顾考虑两类新申请的起点不同,因此,针对继续资助申请需额外考察其已经达成的目标和取得的学术成绩。

第二,第二阶段的资助增加了项目结束金和项目过渡金。在第二阶段未能获得继续资助的三条资助主线项目均可以在2012年至2014年获得一定的项目结束金。此外,由于精英倡议计划第一阶段的资助于2011年10月31日结束,而距离第二阶段的资助结果公布尚有一段时间,联邦和州还预留了1.625亿欧元作为2011年和2012年所有资助项目的项目过渡金。

第三,第二阶段的三条资助主线资助总额均增加了30%以上,其中包括项目结束金、项目过渡金的预算以及对新提出申请的资助额。此外,研究生院资助主线的单个项目年资助额从100万欧元改为100万—250万欧元的浮动范围,精英集群资助主线的单个项目年资助额也从650万欧元改为300万—800万欧元的浮动范围,以此来增加研究生院资助项目的数量,也能够吸引更多规模较小、对资金需求也相对较小的大学和专业参与到精英集群的竞争中。

第四,评审标准(见表1-4)进行了微调,在未来构想资助主线的评审标准中增加了对教学的考察,面向研究的教学的创新方案也被纳入其中。[1]

---

[1] Deutsche Forschungsgemeinschaft und Wissenschaftsrat, *Bericht der Gemeinsamen Kommission zur Exzellenzinitiative an die Gemeinsame Wissenschaftskonferenz*, 2015, https://www.bmbf.de/files/1_Bericht_an_die_GWK_2015.pdf, Stand:15.01.2016.

表1-4　　　　　　　　　精英倡议计划第二阶段评审标准

研究生院评审标准

对于申请草案、新申请与已接受资助项目后期申请的评审：
研究与环境：
- 参与项目的科研人员的质量
- 科研环境的质量
- 跨专业的研究方向设置及跨学科带来的增值
- 对于高校科研特色打造的贡献

博士生培养计划：
- 博士生培养计划的质量和吸引力
- 招生与培养计划以及在读博士生状况
- 迄今在博士生促进方面的成果
- 与大学后备科研人才培养方案的整合
- 国际联网
- 促进男女平等的方案

结构：
- 与其他机构合作带来的增值
- 组织、管理和基础设施
- 研究生院的实施和可持续性（对于新申请：迄今为止所做的努力）

精英集群评审标准

研究：
- 研究项目的质量，按国际标准评估
- 独创性和风险准备
- 对研究领域的影响
- 跨学科带来的增值
- 成果应用、知识转化及国内外合作伙伴

参与的研究人员：
- 参与项目研究人员的质量
- 科研后备力量促进方案，包括科研培训和职业发展
- 科研中促进男女平等的方案

结构：
- 对大学结构发展的影响
- 与其他机构合作带来的增值
- 组织、管理和基础设施
- 精英集群的实施和可持续性

对申请继续资助的项目：
目标设定的实现：
- 涉及以上所有评审标准
- 兼顾考虑至今的资助时间和金额

整体评估：资助的增值

第一章 精英倡议计划话语的背景框架

续表

未来构想评审标准
大学现状： ● 科学成果，包括在大学的特色领域及其他领域 ● 大学框架条件对于各级尖端研究人员的吸引力，包括大学科研组织的结构和程序、基础设施、对后备科研人才的扶持、招聘程序、国际和国内知名度、男女平等、对外合作 ● 面向科研的教学（若提交方案包含这部分内容） ● 大学的行为能力，包括自我评估、战略制定和特色打造、掌控能力和内部沟通程序等
未来构想方案，包括： 方案本身的质量（合理性、目标战略和措施的相关性）、措施的创新性及预期的效果、对教学的影响（发展尖端科研可能带来的积极和消极影响）、在各个层面对项目的组织和管理、所申请经费的合理性及方案的可持续性
对大学在可持续发展尖端科研方面潜力的整体评价，包括： ● 未来构想方案在大学长期发展规划中的整合 ● 未来构想方案在大学、所在地和科研体系各个层面上对于可持续发展尖端科研的预期影响 ● 大学的国际竞争力及其发展机会

资料来源："Exzellenzinitiative des Bundes und der Länder zur Förderung von Wissenschaft und Forschung an deutschen Hochschulen, Begutachtungskriterien Graduiertenschulen, Zweite Programmphase", http：//www.dfg.de/formulare/exin203/exin203.pdf；"Exzellenzinitiative des Bundes und der Länder zur Förderung von Wissenschaft und Forschung an deutschen Hochschulen, Begutachtungskriterien Exzellenzcluster, Zweite Programmphase", http：//www.dfg.de/formulare/exin303/exin303.pdf；"Begutachtungskriterien für Zukunftskonzepte：Neuanträge", http：//www.wissenschaftsrat.de/download/archiv/Kriterien_ZUK_Neuantraege.pdf. 转引自俞宙明《德国高校精英倡议计划综述》，载郑春荣、李乐曾主编《德国发展报告（2013）》，社会科学文献出版社2013年版，第170—171页。

各大学于2010年9月1日提交申请草案，有资格提交正式申请的大学名单于2011年3月2日公布，而这些大学需于2011年9月1日提交正式申请。精英倡议计划第一、第二阶段提交申请与获得资助数量参见图1-2。经过激烈的竞争和严格的评审，2012年6月15日公布的第二阶段结果中，共有45个研究生院（其中12个为新申请）、43个精英集群（其中12个为新申请）获得资助；11所大学获得未来构想的资助。其中，慕尼黑大学、慕尼黑工业大学、亚琛工业大学、柏林自由大学、海德堡大学、康斯坦茨大学继续卫冕，柏林洪堡大学、不来梅大学、德累斯顿工业大学、科隆大学和图宾根大学则是新入选的大学。卡尔斯鲁厄理工学院、弗莱堡大学和哥廷根大学这三所在精英倡议计划第一阶段获得未来构想资助的大学，在第二阶段遗憾出局，按照精英倡议计划的规则设定，可获得一定的项目结束金。

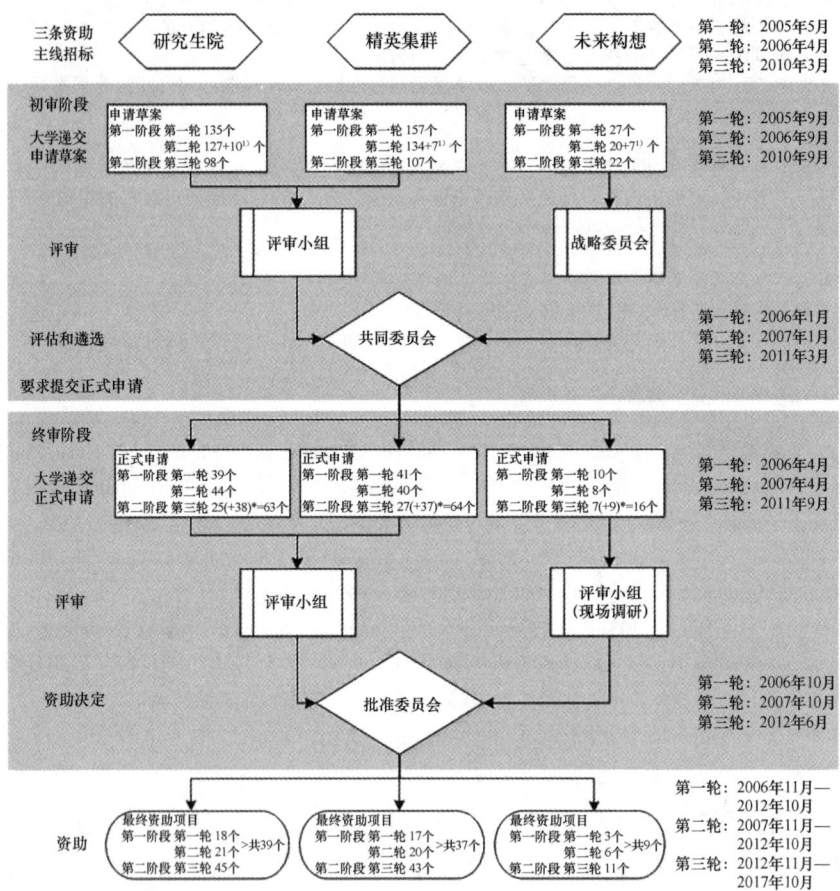

图1-2 精英倡议计划第一、第二阶段提交申请与获得资助数量

注：1. 在第一阶段受到资助的项目可以在第二阶段递交继续资助的申请，共38个研究生院、37个精英集群和9个未来构想项目属于此列，在图中以"*"表示。

2. 在第一轮递交了正式申请却未能获得资助的项目可以在第二轮重新递交申请草案，并由共同委员会重新评审。共10个研究生院、7个精英集群和7个未来构想项目属于此列，在图中以"1)"表示。

资料来源：Deutsche Forschungsgemeinschaft und Wissenschaftsrat, *Bericht der Gemeinsamen Kommission zur Exzellenzinitiative an die Gemeinsame Wissenschaftskonferenz*, 2015, https://www.bmbf.de/files/1_Bericht_an_die_GWK_2015.pdf, Stand: 15.01.2016, S.13。

第三节 精英倡议计划的后续资助项目
——精英战略①

精英倡议计划第二阶段的资助结果公布后，社会各界就是否应当实施以及如何继续实施精英倡议计划展开了新一轮的热烈讨论。2015年4月，联邦政府正式宣布2017年到期的精英倡议计划再延长10年。2016年6月16日，德国联邦政府与各州政府共同签署《关于根据〈基本法〉第91b条第1款、联邦和各州旨在促进大学尖端研究的管理协议——精英战略》（以下简称《精英战略》协议）②（见附录三）。精英战略（Exzellenzinitiative）作为精英倡议计划的后续资助项目，旨在延续德国大学通过精英倡议计划获得在尖端研究、特色形成和在科学体系的合作等方面的成绩与努力，进一步推进大学发展。联邦与各州政府希望可持续地强化德国科研要地，进一步增强德国科研的国际竞争力，并继续大力推动科研尖端人才培养，全面提升德国作为高教及科研要地的质量。同时，希望继续保持并增进精英倡议计划为德国科学体系带来的新活力，为精英倡议计划资助的成功项目创造长期的未来发展的可能性，并支持德国大学形成专业上和战略上的特色，以推进大学的全面发展。③

与精英倡议计划不同，精英战略仅包括两条资助主线：精英集群及精英大学。其中，精英集群旨在以项目的形式资助德国大学或大学联盟具有国际竞争力的研究领域；精英大学旨在持续地资助德国大学或大学联盟的发展，使其在国际科研竞争中保持尖端地位。两条资助

---

① 有关精英战略的概述参见郭婧《德国高等教育发展的最新动向——从"精英倡议计划"到"精英战略"》，载郑春荣主编《德国发展报告（2017）》，社会科学文献出版社2017年版，第179—203页。

② "Verwaltungsvereinbarung zwischen Bund und Ländern gemäß Artikel 91b Absatz 1 des Grundgesetzes zur Förderung von Spitzenforschung an Universitäten: Exzellenzstrategie", 2016, http://www.gwk-bonn.de/fileadmin/Papers/Verwaltungsvereinbarung-Exzellenzstrategie-2016.pdf, Stand: 13.08.2016.

③ Ibid., S. 1.

主线均可以由单所大学提出申请，或者由多所大学组成的、以合作结构进行精英研究的大学联盟作为共同申请人申请。大学和大学联盟也可以将大学外的科研机构、企业和其他社会行为体等其他机构纳入合作伙伴。精英大学的资助以该大学获得至少两个精英集群项目资助为前提，申请精英大学资助的大学联盟则需获得至少三个精英集群项目资助，而且每所参与大学均需获得或参与一个精英集群项目。

2017年，联邦政府和各联邦州政府共预留8000万欧元，2018年起每年预留5.33亿欧元，用于精英战略的一次性项目补贴、一次性大学补贴、管理经费、项目结束金和项目过渡金。与精英倡议计划相同，精英战略3/4的资助经费由联邦政府承担，其余1/4由受资助大学所在的联邦州承担。精英集群资助主线的年度资助总额为3.85亿欧元，每个项目获得的年资助额中包含22%的一次性项目补贴、一次性大学补贴及项目结束金。计划资助45—50个精英集群项目，每个项目根据申请将获得每年300万至1000万欧元的资助。精英大学资助主线的年度资助总额为1.48亿欧元，计划选出11个资助项目（大学或大学联盟）。根据申请，单所精英大学将获得的年资助额为1000万至1500万欧元，每个精英大学联盟将获得的年资助额为1500万至2800万欧元。

精英集群和精英大学的资助期限原则上均为两个7年，分别从2019年1月1日和11月1日开始。德国科学基金会每7年组织一次精英集群资助项目的申请，新申请和已接受资助项目的后续申请将一视同仁，统一裁定。无法继续获得资助的精英集群项目将获得不超过两年的、递减的项目结束金，这笔经费仅用于项目中科研后备人才完成资质论文所需要的人员经费和事务性经费。科学委员会也将在第一个7年后组织独立的外部评估，考察精英大学或大学联盟是否能够继续受到资助。没能通过评估的精英大学或大学联盟则可以从联邦及其所在州获得最多不超过三年的、递减的项目结束金。此外，科学委员会还将在2026年进行精英大学资助主线的第二轮招标，计划新增4个资助项目。若在第一轮评估中被淘汰出局的大学或大学联盟少于4个，联邦和州将相应追加经费资助入选项目。"精英战略"不设期限，但是联邦政府或者三个以上联邦州政府可以在2027年后提前两年要求终止项目。

精英战略资助项目的遴选由德国科学基金会和科学委员会共同组织。其中，德国科学基金会负责组织精英集群资助主线的遴选，科学委员会负责精英大学资助主线的遴选。根据《精英战略》协议，将组建一个专家评委会（Expertengremium）和一个精英委员会（Exzellenzkommission），负责申请报告的评审和遴选。专家评委会由39名来自不同科研领域的专家组成，负责按照《精英战略》协议中所规定的评审标准确定资助条件、对各项申请进行专业学术的评估、向精英委员会提交资助建议、选出具有最终申请资格的申请草案、向德国科学联席会汇报项目进展、对精英大学评估结果进行评价。精英委员会由专家评委会和联邦与各州负责科学事务的部长组成，对精英集群和精英大学的资助做出最终决定，并负责精英大学的评估结果。

精英战略的申请分为两个阶段，即申请草案阶段和正式申请阶段。计划申请精英集群项目资助的大学或大学联盟于2016年12月1日前预报申请意向，并于2017年4月3日前向德国科学基金会办公室提交申请草案。随后，相关专业领域的专家将对申请草案进行评审，专家评委会将以评审结果为基础，于2017年9月选出能够提交正式申请的精英集群项目。获批的大学于2018年2月19日向德国科学基金会提交正式申请。正式申请将由相关专业领域的专家进行评审，包括由大学校领导进行答辩、与大学校领导和其他参与的研究人员进行讨论等。专家评委会则将基于评审结果向精英委员会提出资助建议，最终由精英委员会于2018年9月对精英集群的资助项目做出决定。（见图1-3）

精英集群项目选拔结果公布后，再进行精英大学的选拔和决定。申请大学或大学联盟仅需递交正式申请，无须递交申请草案。申请大学或大学联盟需于2018年12月中旬向评审专家递交战略性的、机构相关的完整构想及财务预算。评审专家将对所有符合条件的申请进行现场评审。2019年7月，专家评委会将根据评审结果向精英委员会提交资助建议书，精英委员会则在此基础上对最终资助名单以及资助金额做出决定。（见图1-4）

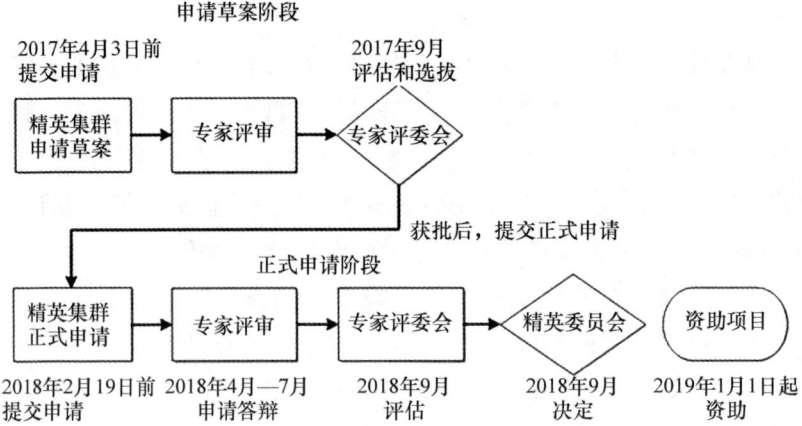

图 1-3　精英集群资助主线评审流程

资料来源：Deutsche Forschungsgemeinschaft und Wissenschaftsrat,"Informationsveranstaltung zur Exzellenzstrategie（Schwerpunkt Exzellenzcluster）", 2016, http://www.dfg.de/download/pdf/foerderung/programme/exzellenzstrategie/vortrag_infoveranstaltung_exzellensstrategie_1610.pdf, Stand: 15.01.2017。

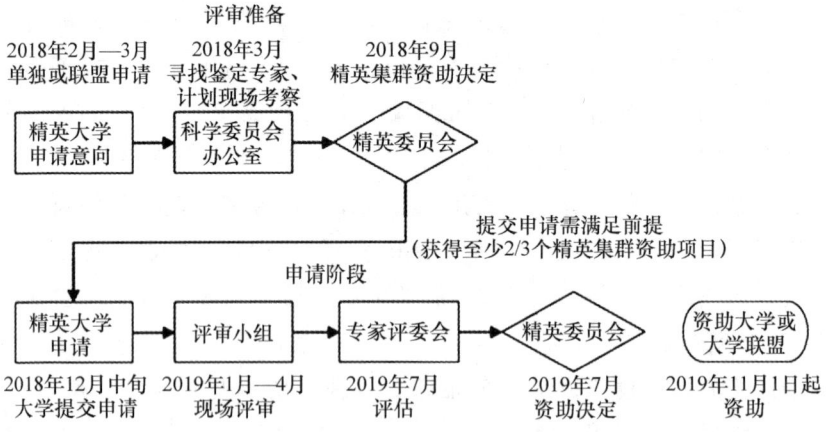

图 1-4　精英大学资助主线评审及决策流程

资料来源：Deutsche Forschungsgemeinschaft und Wissenschaftsrat,"Informationsveranstaltung zur Exzellenzstrategie（Schwerpunkt Exzellenzcluster）", 2016, http://www.dfg.de/download/pdf/foerderung/programme/exzellenzstrategie/vortrag_infoveranstaltung_exzellensstrategie_1610.pdf, Stand: 15.01.2017。

第一章 精英倡议计划话语的背景框架

专家评委会将于 2027 年 6 月 30 日前向德国科学联席会提交关于资助主线相关经验的报告。联邦政府和各州政府将在德国科学联席会会议上讨论整个项目对德国科学体系所产生的影响及其带来的调适需求。

精英集群和精英大学的遴选沿用了精英倡议计划的大部分评审标准，强调采用科学主导的选拔程序。在优秀的前期科学成果的基础上，主要对如何发展并保持具有国际竞争力的、卓越的尖端研究包括科研后备人才培养做出评估。两条资助主线均以强弱势分析，考察关于科研重点设置的陈述、关于附属于尖端科研的绩效维度，如以研究为导向的教学、研究基础设施、理念和知识转化等的陈述，以及关于人员发展和促进机会均等方面的陈述。具体的评审标准如表 1-5 所示。

表 1-5 **精英战略的评审标准**

精英集群评审标准
研究的卓越性： • 研究项目的特殊性、原创性和风险准备，按国际标准评估 • 研究项目的关联性、合作的学术产出率 • 至今在该研究领域的成果质量 • 对研究领域未来发展的积极作用或开创新的研究领域
参与科学家的突出性： • 参与项目的科学家的学术卓越性 • 国际竞争性 • 研究团队构成的多样性
"精英集群"的支撑结构和战略： • 科研后备力量的促进及其独立性 • 促进机会均等 • 管理、质量保障和学术交流
结构： • 对所在大学或大学联盟发展战略的影响 • 人员、经费、设施的框架条件 • 与其他机构的合作、以研究为导向的教学和知识转化（若在申请中被提及）

续表

精英大学评审标准

大学现状：
充分运用现有统计数据（如第三方经费、研究奖励、德国科学基金会资助指南、"精英倡议计划"前两个阶段的成绩等）、根据学术能力参数对进行申请大学或大学联盟至今获得的卓越的研究成绩进行评估

申请方案：
- 战略性的、机构相关的完整构想和发展构想的关联性与质量，包括：提升学术的国际尖端地位、显示度和国际网络；进一步发展研究重点及其他附加成绩领域，如研究为导向的教学、研究基础设施和转化；促进科研后备人才及其独立性；保持创新力和持续的机构革新能力；通过可能的共同聘任和人才获取战略吸引全球领先科学家、促进人才发展；促进科学中的机会均等；发展大学治理和可能的参与伙伴间的治理
- 与描述的现状进行比对，申请方案在质量上、结构上起的增值作用，以及完整构想的长期运转能力

大学联盟还需考察：
- 已有的重要的、可见的合作的质量和战略设置；
- 申请方案对每所参与大学及整个大学联盟的协同作用的可见度及学术上、结构上的增值作用；
- 大学联盟治理的战略设置和长期运作能力。

资料来源：Deutsche Forschungsgemeinschaft, "Förderlinie Exzellenzcluster：Förderkriterien", 2016, http://www.dfg.de/formulare/exstra110/exstra110_de.pdf, Stand：15.01.2017；Deutsche Forschungsgemeinschaft, "Exzellenzstrategie des Bundes und der Länder Ausschreibung für die Förderlinie Exzellenzuniversitäten", 2016, http://www.wissenschaftsrat.de/download/archiv/Ausschreibung_Exzellenzuniversitaeten.pdf, Stand：15.01.2017。

精英战略作为精英倡议计划的后续资助计划，在很大程度上延续了精英倡议计划的资助规则，但是两者仍然有所区别。

第一，资助主线的设置发生了变化。精英倡议计划设置了研究生院、精英集群和未来构想三条资助主线。申请未来构想的前提条件是在研究生院和精英集群两条资助主线各获得一个或一个以上资助项目。而精英战略取消了研究生院资助主线，仅设置了精英集群和精英大学两条资助主线。申请精英大学的前提条件是获得两个或两个以上精英集群资助项目，若以大学联盟的方式申请精英大学资助，则需获得三个或三个以上精英集群资助项目，而且每所参与联盟的大学均需获得或参与一个精英集群项目（见图1-5）。

第一章 精英倡议计划话语的背景框架

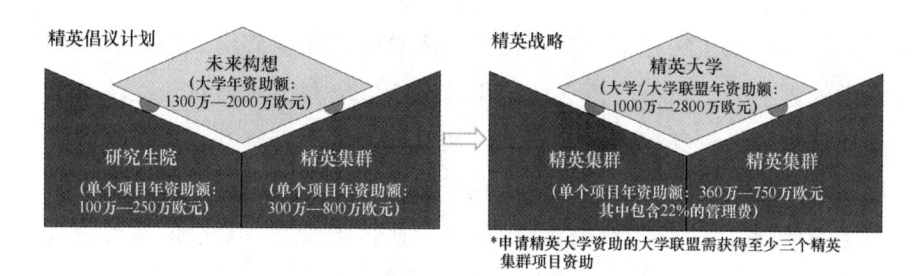

图 1-5 精英倡议计划与精英战略资助规则

资料来源：笔者自制，参考德国研究基金会（DFG）相关信息。

精英战略框架下的精英集群仍旨在以项目的形式资助具有国际竞争力的研究领域，但资助期限从原先的 5 年延长为两个 7 年（2019 年至 2025 年以及 2026 年至 2032 年）。精英集群的年度资助总额也从精英倡议计划第一阶段的 1.95 亿欧元和第二阶段的 2.92 亿欧元增加到 3.85 亿欧元，增幅超过 30%。这些经费主要用于支付项目管理费用，每个精英集群项目的年资助额中包含了 22% 的一次性项目补贴、一次性大学补贴和项目结束金，这些额外的管理费用被视为加强大学治理的新工具。

精英战略的第二条资助主线有别于原先的未来构想，直接定名为精英大学，其背后蕴含了两个"大不同"。首先，尽管此前获得未来构想资助的大学常常被理解为等同于德国最顶尖的精英大学，但是官方场合还不能直呼精英大学。而精英战略框架下的精英大学资助主线为获批大学或大学联盟正名，由此德国高等教育体系长期平等均质的局面将被彻底打破，德国大学形成甲乙两级梯队的情况在所难免。其次，不同于此前未来构想的项目经费，精英大学资助主线提供的资助为机构经费，这将进一步加强大学治理，更灵活的经费预算和使用将进一步促进大学的自治。

取消精英倡议计划中原有的研究生院资助主线（德语为 Graduiertenschule）就是接受了由来自瑞士苏黎世联邦理工学院（ETH）的物理学家英伯顿（Dieter Imboden）主持的国际评委会于 2016 年 1 月 29 日发布的对精英倡议计划第二阶段评估报告的建议。报告指出，研究生院资助主线在精英倡议计划前两阶段已完成其历史使命，德国大学的大部分学科都已建立结构化的博士生培养模式，对于无法为精英集群项目提供支撑的研究生院，其资助的意义将急剧下降，因此建议不再将研究生院作为一条单独的资助主线进行资助。① 聚焦某一研究主题的研究生院若符合条件仍然可以在德国研究基金会的常设资助主线——研究生院（德语为 Graduiertenkolleg）提出申请。

第二，申请者形式发生了变化。精英倡议计划与精英战略都只面向德国的大学（Universitäten），只有大学可以作为申请单位提出申请，应用技术大学（Fachhochschulen）、大学外研究机构以及企业均没有申请资格。精英倡议计划规定研究生院和精英集群两条资助主线可由多所大学共同提交申请，前提是合作能为所有参与大学带来明确的增值，未来构想资助主线则只能由单所大学的形式提交申请。精英战略的申请程序中明确提出了大学联盟的申请者形式，即除了以单所大学的形式申请外，多所大学还可以大学联盟的形式共同递交申请。两条资助主线均可以由单所大学提出申请，也可以由大学联盟提出申请。这意味着大学联盟不仅可以获得共同的精英集群项目的资助，还可以作为联盟获得精英大学的称号。

从精英战略框架下精英集群申请和资助情况（见图1-6）可以看出，大多数的精英集群申请仍由单所大学提出，24%—30%的申请为联合申请，由2所或3所大学共同提出。从申请的成功率看，联合申请的成功率非常高。

2018年9月27日，由德国联邦教研部长与各联邦州负责科学事务的部长组成的精英委员会召开会议，宣布德国大学精英战略框架下精英集群项目的资助名单。根据规则设定，17所大学和2个大学联盟有资格进入下一轮竞争，共同争夺精英大学的头衔。2个大学联盟分别是柏林大学联盟（柏林自由大学、柏林洪堡大学、柏林工业大学）和

---

① Internationale Expertenkommission Exzellenzinitiative, *Internationale Expertenkommission zur Evaluation der Exzellenzinitiative. Endbericht*, 2016, http://www.gwk-bonn.de/fileadmin/Papers/Imboden-Bericht-2016.pdf, Stand: 15.01.2016, S. 3 – 4.

第一章 精英倡议计划话语的背景框架

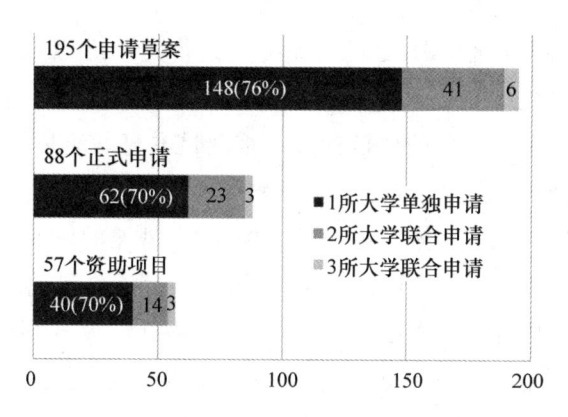

```
195个申请草案
        148(76%)           41    6

88个正式申请
       62(70%)    23  3         ■ 1所大学单独申请
                                ■ 2所大学联合申请
57个资助项目                      ■ 3所大学联合申请
    40(70%)  14 3

    0       50     100    150    200
```

**图1-6 大学间的合作——精英战略框架下
精英集群申请和资助情况**

资料来源：德国研究联合会（DFG）统计数据。

汉诺威大学联盟（汉诺威大学、汉诺威医科大学）。2019年7月19日，德国联邦教研部长在波恩宣布最终获得精英大学资助的10所大学和1个大学联盟名单，它们是：亚琛工业大学、柏林大学联盟、波恩大学、德累斯顿工业大学、汉堡大学、海德堡大学、卡尔斯鲁厄理工学院、康斯坦茨大学、慕尼黑大学、慕尼黑工业大学、图宾根大学。

值得一提的是，柏林三所大学与柏林夏洛特医科大学于2018年2月21日共同签署成立柏林大学联盟（Berlin University Alliance）的联合声明，希望以大学联盟的形式共同参与精英战略的角逐，并将柏林打造成为一个研究中心。以大学联盟的形式共同申请，无疑将增加柏林大学的竞争筹码。在现有的精英集群资助名单上，柏林三所大学共7个项目获批，其中4个项目为柏林自由大学（2）、柏林洪堡大学（1）、柏林工业大学（1）单独申请，3个为联合申请项目。而柏林大学联盟在探索区域合作模式方面的做法也将为其他国家、地区及大学如何推进区域发展，提供启示与借鉴。

大学能够以联盟的形式参与竞争是精英战略的创新之举，随着知识经济时代的到来，高等教育领域的竞争越发激烈，大学之间、大学与其他研究机构、企业之间的合作越来越不可或缺，单所大学难以靠其资金和人力去解决人类社会所面对的复杂而深刻的问题。因此，实现知识区域发展，灵活推进大学群的建设，将成为现代大学发展的新模式。

第三，选拔标准发生了变化。将表1-2、表1-4和表1-5比较后可以看出，精英集群的评审标准注重项目本身的质量和未来发展潜力，包括可能产生的经济效益和知识转化质量，同时兼顾参与的研究人员情况、项目对大学整体发展的影响等。精英战略的评审标准在精英倡议计划评审标准的基础上更强调现有成果的质量、注重前期基础，同时对研究人员的国际竞争力和研究团队构成的多样性提出了要求，新的评审标准还增加了项目的管理、质量保障和学术交流的权重。

在此次公布的精英集群资助名单中，波恩大学以4个单独申请项目和2个联合申请项目成为获批项目数量最多的大学。紧随其后的是汉堡大学，4个单独申请项目获得资助。这两个大学能够在此次申请中脱颖而出，在很大程度上是受惠于评审标准中前期基础的权重加大，它们通过将学校的优势学科整合重组，突出已有的特色成果，最终获得了成功。

第四节 精英倡议计划的法律依据和出台程序

德国实行联邦制，高等教育的自治权掌握在高校所在的联邦州手中，联邦政府对高等教育的参与度有限。2014年12月31日前的《基本法》第91b条第1款规定："联邦和各州可以在具有跨地区意义的情况下，基于协议，对高校外的机构和科学研究计划、对高校的科学和研究以及对高校的研究用房及大型设备的资助事务进行合作。"[①] 这意味着联邦政府和联邦州进行共同资助仅限于高校外的科学研究计划，联邦政府不能对高校进行持续性资助，只能资助高校、单个机构或机构联盟的有主题和有期限的项目，而且联邦政府还需要得到联邦州的同意，无法单方面确定某个教育政策，如精英倡议计划

---

① Gemeinsame Wissenschaftskonferenz, "Rechtliche Grundlagen der GWK", 2016, http://www.gwk-bonn.de/die-gwk/rechtliche-grundlagen/, Stand: 13.08.2016.

的出台。精英倡议计划的资助主线的设置以及资助的期限也都受困于《基本法》的限制。

而精英战略的资助却不再受到这样的限制，因为2014年底联邦议会和联邦参议院对《基本法》进行了新一轮的修改，新的《基本法》修正案于2015年1月1日起实施，其中第91b条第1款规定："联邦和各州可以基于协议在具有跨地区意义的情况下，对科学、研究和教学的资助事务进行合作。协议重点为高校时，需获得所有联邦州的同意，关于研究用房及大型设备的协议除外。"① 精英战略的精英大学资助主线可对大学进行长期资助，就是充分利用了新《基本法》中的利好条款。

在精英倡议计划出台过程中最重要的机构是德国科学联席会，其前身为联邦和州教育规划委员会（BLK），2007年后更名为德国科学联席会。德国科学联席会每年举行四次会议，在每次约3小时的会议上需要讨论的议题有20多个，因而，很多议题都需在会前或会后做功课，精英倡议计划也曾是这些议题中的一个。针对精英倡议计划这样的重要议题，德国科学联席会一般要求德国科学联席会委员会（GWK-Ausschuss）起草工作层面草案，并由各联邦州国务秘书组成专门针对这个议题的工作组起草联邦与州的合作协议，这份协议的内容在德国科学联席会上审议通过后，最终在德国州长联席会议（MPK）上由联邦总理与各州州长签署。②

精英战略的法律依据和出台程序同精英倡议计划，在此不再赘述。

第五节　精英倡议计划研究现状

迄今为止，除了介绍精英倡议计划的基本情况外，德国学界对于

---

① Gemeinsame Wissenschaftskonferenz, "Rechtliche Grundlagen der GWK", 2016, http://www.gwk-bonn.de/die-gwk/rechtliche-grundlagen/, Stand: 13.08.2016.

② 根据笔者与德国科学委员会负责精英倡议计划的米勒（Marcus Müller）博士2015年9月16日的电话访谈内容整理。

该计划的研究主要集中在三个方面，即对该计划的遴选标准及过程的评价、实施效果的评价，以及该计划对德国高等教育的影响分析。

针对精英倡议计划的遴选标准及过程，德国柏林—勃兰登堡科学院（BBAW）2010年3月出版的《精英倡议计划评述与展望》指出精英倡议计划应以学术而不是政治为导向，这对项目质量保证起着至关重要的作用，并建议这个过程应该更加透明，以标准为主导，预留更多的时间并按照不同学科进行评审。① 施默合（Ulrich Schmoch）与舒伯特（Torben Schubert）则质疑以绩效指标体系为导向的精英倡议计划的遴选标准不具有可持续性。②

关于精英倡议计划实施效果的评价，影响力最大、最具权威的是几份官方评估报告。2008年11月，德国科学基金会（DFG）和德国科学委员会（WR）组建的共同委员会向德国科学联席会（GWK）提交了精英倡议计划第一阶段的评估报告。报告显示，精英倡议计划对德国的科研起到了积极的促进作用，使之进行了较大的结构性调整，形成了较鲜明的特色，因而建议继续延长2012年资助到期的精英倡议计划。③ 2015年6月，共同委员会提交的精英倡议计划前两阶段的评估报告认为，精英倡议计划达到了预期的效果，尤其在推动大学的差异化发展、提升科研绩效能力、为最好的大学研究创造框架条件、吸引人才和打造学术生涯、提升德国科学在国内外的显示度等方面起到了积极的作用。④ 2016年1月，"负责精英倡议计划评估的国际专

---

① Stephan Leibfried, Hrsg., *Die Exzellenzinitiative: Zwischenbilanz und Perspektiven*, Frankfurt am Main: Campus Verlag, 2010.

② Ulrich Schmoch und Torben Schubert, "Nachhaltigkeit von Anreizen für exzellente Forschung", in Stefan Hornbostel et al., Hrsg., *Exzellente Wissenschaft. Das Problem, Der Diskurs, Das Programm und die Folgen*, iFQ: Working Paper Nr. 4, 2008, http://www.forschungsinfo.de/publikationen/Download/working_paper_4_2008.pdf, Stand: 15.01.2017, S. 39-50.

③ Deutsche Forschungsgemeinschaft und Wissenschaftsrat, *Bericht der Gemeinsamen Kommission zur Exzellenzinitiative an die Gemeinsame Wissenschaftskonferenz*, 2008, http://www.gwk-bonn.de/fileadmin/Papers/GWK-Bericht-Exzellenzinitiative.pdf, Stand: 15.01.2016.

④ Deutsche Forschungsgemeinschaft und Wissenschaftsrat, *Bericht der Gemeinsamen Kommission zur Exzellenzinitiative an die Gemeinsame Wissenschaftskonferenz*, 2015, https://www.bmbf.de/files/1_Bericht_an_die_GWK_2015.pdf, Stand: 15.01.2016.

家委员会"(IEKE)受德国科学联席会委托,也出具了一份独立的评估报告。瑞士苏黎世联邦理工学院物理学教授英伯顿(Dieter Imboden)主持担任该委员主席,这份报告也被称为"英伯顿报告"。报告肯定了精英倡议计划前两阶段在推动德国高等教育差异化发展、提升大学治理能力等方面的作用,并建议"至少按照现有规模"继续实施精英倡议计划。① 此外,也有不少德国学者对精英倡议计划的实施效果提出了批评意见,比如批评该计划重科研、轻教学,② 重理工、轻人文,③ 无法解决德国高等教育长期处于经费不足境地的问题,④ 等等。

在精英倡议计划对德国高等教育的影响分析方面,哈特曼(Michael Hartmann)教授认为精英倡议计划将导致德国高等教育政策的范式转变。⑤ 冯明希(Ingo von Münch)在《精英大学:灯塔还是风轮?》一书中指出德国高等教育体制具有其自身的优越性,人为建立或者推动精英大学会使德国特色的优越性丧失,建设德国的哈佛大学没有必要性和现实性,政府主导的精英大学建设不会成功。⑥ 明希(Richard Münch)在《学术精英——论科学卓越的社会构建》一书中则从社会学研究视角出发分析精英倡议计划所设定的权力、资源分配方法,对计划提出时所允诺的重新打造德国学术界并在国际竞争中收

---

① Internationale Expertenkommission Exzellenzinitiative, *Internationale Expertenkommission zur Evaluation der Exzellenzinitiative. Endbericht*, 2016, http://www.gwk-bonn.de/fileadmin/Papers/Imboden-Bericht-2016.pdf, Stand: 15.01.2016.

② René Krempkow, "Exzellenz auch in der Lehre? —Erste Bilanztragung zur Exzellenzinitiative", *Das Hochschulwesen*, Nr. 6, 2007, S. 192–195.

③ Angela Borgwardt and Marei John-Ohnesorg, *Vielfalt oder Fokussierung: Wohin steuert das Hochschulsystem nach drei Runden Exzellenz?*, Friedrich Ebert Stiftung: Thesenpapier und Konferenzbericht, 2009, http://library.fes.de/pdf-files/studienfoerderung/07115.pdf, Stand: 31.08.2016.

④ Bernhard Kempen, "Was ist exzellente Wissenschaft? Über ihre Kriterien, kleine Fächer und mangelnde Grundfinanzierung", *Forschung & Lehre*, Nr. 5, 2016, S. 384–385.

⑤ Michael Hartmann, "Die Exzellenzinitiative—Ein Paradigmenwechsel in der deutschen Hochschulpolitik", *Leviathan*, Nr. 4, 2006, S. 447–465.

⑥ Ingo von Münch, "*Elite-Universitäten*: *Leuchttürme oder Windräder?*", Hamburg: Reuter + Klöcker, 2005.

复失地提出质疑，认为其研究结果与所谓的"精英"背道而驰，精英倡议计划只会加剧德国学术界现有的权力卡特尔、垄断和寡头结构。①

除上述研究以外，对本书具有借鉴意义的还有两本博士论文，分别是海德堡大学经济与社会学系马尔科娃（Hristina Markova）的《通过竞争和自治实现精英？——高校政策精英的阐释模式，以精英倡议计划为例》以及爱尔福特大学政治学系诺伊曼（Ariane Neumann）的《精英倡议计划——科学体系的阐释权力与变迁》。马尔科娃在其博士论文中对15位在任或曾任德国联邦或联邦州教研部部长、国务秘书、教研委员会主席或委员，就德国高教政策中的组织架构的构成方式和重点、精英倡议计划相关理念和评价、高教政策的新趋势等进行访谈，并从国际竞争的构建、国家的角色、精英和绩效、大学形象、对自治的理解、对特色形成的理解以及对竞争的理解七个方面解构精英倡议计划的阐释模式。② 而诺伊曼则通过对1980年至2007年由德国科学体系重要行为体发表的观点、建议等文献构成的"专家话语"和主要由《法兰克福汇报》《南德意志报》和《时代》周刊构成的"公共话语"进行分析，结合运用新制度主义理论、阐释权力理论和话语霸权战略三种理论，分析1980年以来高等教育领域话语的阐释权力斗争及变化，并将精英倡议计划视为缺乏学术行为体参与的权力斗争的产物。③

国内学者关于精英倡议计划的研究与德国学者的研究前沿基本保持一致，尽管汉语中对"精英倡议计划"（Exzellenzinitiative）一词的翻译尚未统一，也有学者称之为"精英计划""卓越计划""卓越大学计划"等。针对精英倡议计划的研究成果多为期刊论文和硕士论

---

① Richard Münch, *Die akademische Elite. Zur sozialen Konstruktion wissenschaftlicher Exzellenz*, Frankfurt am Main: Suhrkamp, 2007.

② Hristina Markova, *Exzellenz durch Wettbewerb und Autonomie. Deutungsmuster hochschulpolitischer Eliten am Beispiel der Exzellenzinitiative*, Konstanz/München: UVK Verlagsgesellschaft mbH, 2013.

③ Ariane Neumann, *Die Exzellenzinitiative—Deutungsmacht und Wandel im Wissenschaftssystem*, Wiesbaden: Springer VS, 2015.

文。从研究的内容而言,除了一些学者对精英倡议计划及其后续项目精英战略进行了详尽的描述外①,也有学者对该计划的出台背景、特点、问题与评价等进行分析研究。

有学者指出,精英倡议计划的出台主要归因于高教规模扩张、学生人数膨胀、学校硬件陈旧、资金长期不足等内部的压力,联邦和各州财政吃紧,社会发展对学历教育、知识生产结构等的新要求,以及全球知识型社会的发展、欧洲内部和国际竞争压力的增大等外部的压力。②也有学者认为,计划出台主要因为当时德国面临高等教育质量下降、人才外流严重,③尖端科研由高校漂移到高水平的大学外研究机构,以及作为科研后备人才的博士生培养存在无序和质量问题。④

关于精英倡议计划的特点、问题与评价的讨论,国内的学者也进行过一些研究。如孙华将该计划的特点总结为以下四点:重视培养科研准备者;打破德国大学传统的均质化结构;提升德国大学的竞争力;大学与科研院所的深度合作。⑤孔捷则将精英倡议计划的特点归纳为:打破平衡,追求卓越;重视研究,发扬洪堡思想;多元发展,彰显特色;注重人才,培养后备力量;全球视野,国际化发展;学科交叉,促进融合;重视自然科学,强调前沿研究;严格评审,学术主导。⑥俞宙明等就该计划对德国高等教育差异化的影响进行了分析,认为计划加剧了高校间纵向差异、深化了高校间横向差异、扩大了高

---

① 参见俞宙明《德国高校精英倡议计划综述》,载郑春荣、李乐曾主编《德国发展报告(2013)》,社会科学文献出版社2013年版。郭婧:《德国高等教育发展的最新动向——从"精英倡议计划"到"精英战略"》,载郑春荣主编《德国发展报告(2017)》,社会科学文献出版社2017年版。
② 俞宙明:《德国精英倡议计划和高校差异化进程》,《德国研究》2013年第2期,第104—112页。
③ 孙华:《德国"卓越大学计划"评析》,《教育发展研究》2009年第Z1期,第106—109页。
④ 张帆:《德国高等学校的兴衰与等级形成》,北京师范大学出版社2012年版。
⑤ 孙华:《德国"卓越大学计划"及其对我国"985工程"的启示》,《黑龙江高教研究》2010年第5期,第9—11页。
⑥ 孔捷:《从平等到卓越——德国大学卓越计划评析》,《现代大学教育》2010年第3期,第52—57页。

校内部差异。① 朱佳妮对该计划做出如下评价：为大学注入科研活力，提高科研论文的发表数量；激发德国大学的竞争文化和机制，促进德国大学的分化；打破制度壁垒，促进高校与大学外研究机构开展持续紧密的合作；世界大学排名表现显著提高，引领欧洲大学的精英大学文化。②

  综上所述，精英倡议计划在德国和中国两国学术界均是研究热点，两国学者对其研究现状也基本保持在同一水平，但是迄今为止针对精英倡议计划的研究主要是从社会学、高等教育研究等视角出发，尚未从语言学视角切入开展研究。

---

① 俞宙明：《德国精英倡议计划和高校差异化进程》，《德国研究》2013年第2期，第104—112页。郑春荣、欧阳凤：《精英倡议计划对德国高等教育差异化的影响分析》，《外国教育研究》2014年第2期，第68—77页。

② 朱佳妮：《追求大学科研卓越——德国"卓越计划"的实施效果与未来发展》，《比较教育研究》2017年第2期，第46—53页。

第二章 话语分析的理论基础

1994年布塞（Dietrich Busse）和托伊贝特（Wolfgang Teubert）发表的《话语是语言学的研究对象吗?》①成为语言学领域话语分析的一篇标志性论文。随后的大量研究表明，学界该讨论的不是语言学是否应该将话语作为研究对象，而是语言学应如何对话语这个研究对象进行研究。

德语地区语言学领域所进行的话语分析主要有两条分支，即批评性话语分析（kritische Diskursanalyse）和语言学话语分析（linguistische Diskursanalyse），这两种话语分析的根本性区别在于其出发点究竟是"科学作为批评"还是"科学作为描述"②。批评性话语分析主要探究话语和权力的关系，包括支配话语的权力以及话语里的权力③，在德语地区一度占据主导地位，代表人物沃达克（Ruth Wodak）和耶格尔（Siegfried Jäger）的分析理论与方法被广泛推广和应用。语言学话语分析则强调将话语作为语言现象进行分析的必要性，着重描述具体语言现象在话语中的分布、意义生成和知识构建功能。④ 语言学话语分

---

① Dietrich Busse und Wolfgang Teubert, "Ist Diskurs ein sprachwissenschaftliches Objekt? Zur Methodenfrage der historischen Semantik", in Dietrich Busse et al., Hrsg., *Begriffsgeschichte und Diskursgeschichte. Methodenfragen und Forschungsergebnisse der historischen Semantik*, Opladen: Westdeutscher Verlag, 1994, S. 10 – 28.

② Ingo H. Warnke und Jürgen Spitzmüller, Hrsg., *Methoden der Diskurslinguistik—Sprachwissenschaftliche Zugänge zur transtextuellen Ebene*, Berlin/New York: de Gruyter, 2008, S. 19.

③ Constanze Spieß, *Diskurshandlungen. Theorie und Methode linguistischer Diskursanalyse am Beispiel der Bioethikdebatte*, Berlin/Boston: de Gruyter, 2011, S. 101.

④ 李彬：《福柯话语理论关照下的德语话语语言学的源起与发展》，《德语人文研究》2014年第2期，第17页。

析的发展虽稍晚于批评性话语分析，但在德国也拥有近30年的历史，并已发展出较为成熟的理论与研究方法，使用语言学话语分析进行的实证研究也相当丰富。

文格勒（Martin Wengeler）曾指出，在选择采用批评性还是语言学话语分析进行研究时，需要考虑研究的界限，"是只对通过语言所构建的现实进行描述性的呈现，还是我们也想要批评性地评价特定的现实构建"[1]。鉴于本书所关切的只是哪些语言策略在特定时期反映出精英倡议计划框架下的竞争性元素这一特定现实，并以此作为公众的一种"集体知识"，因此，笔者在研究中将语言学话语分析作为研究的理论基础，对德国媒体中的精英倡议计划话语进行分析，这一尝试将对国内学界以批评性话语分析为主的局面起到非常有益的补充作用。

第一节 话语及其在语言学领域的定义

1952年，美国结构主义语言学家哈里斯（Zellig Harris）发表了一篇名为《话语分析》的论文，并首次使用"话语分析"这一术语，这常常被视为话语分析的开端。[2] 然而，谈及现代意义的话语分析和话语概念，不可避免地要提到法国著名的思想家福柯（Michel Foucault）。福柯的话语理论是现代话语分析的根源，他对话语的研究主要围绕知识和权力两个概念展开，其早期的考古学研究主要集中在各种知识领域的规则上面，在后期的谱系学研究阶段，其研究重点转到研究知识与权力关系。[3] 有学者将福柯的话语概念总结如下：话语是

---

[1] Martin Wengeler, "Linguistische Diskursanalysen—deskriptiv, kritisch oder kritisch durch Deskription?", in Jürgen Schiewe, Hrsg., *Sprachkritik und Sprachkultur. Konzepte und Impulse für Wissenschaft und Öffentlichkeit*, Bremen: Hempen Verlag, 2011, S. 35–48.

[2] 李彬：《福柯话语理论关照下的德语话语语言学的源起与发展》，《德语人文研究》2014年第2期，第17页。

[3] Vgl. Michel Foucault, *Die Ordnung der Dinge. Ein Archäologie der Humanwissenschaften*, Frankfurt am Main: Suhrkamp, 1974. Michel Foucault, *Archäologie des Wissens*, Frankfurt am Main: Suhrkamp, 1981. Michel Foucault, *Die Ordnung des Diskurses. Mit einem Essay von Ralf Konersmann*, Frankfurt am Main: Fischer Verlag, 1991.

第二章 话语分析的理论基础

对某一主题的陈述的交织物,这些陈述是在某一社会、某一特定的历史时间点根据特定"规则结构"的指示所提出的。这些规则结构就好比是规定人们在科学发展的特定时期以及公共生活的不同领域能否谈论以及如何谈论某一"世间事物"的(常常是不可见的、内隐的)某类法则。①

以福柯的话语理论为基础,哲学、历史学、社会学、政治学、语言学等领域的研究者纷纷开始着手进行话语分析。话语作为应用于多个领域的术语,却始终没能在学界获得一个跨领域的、被广泛认可的定义。在语言学领域,学者们也对话语提出了各式各样的定义,它们多具有一个共同点,就是认同话语分析是篇章语言学的一个延展,它超越了篇章的界限,且始终着眼于篇章的集合,即所谓的篇章语料(Textkorpus)。② 从方法论的角度看,语言学领域的话语分析也承袭了不少篇章语言学的研究方法。

斯皮茨米勒(Jürgen Spitzmüller)和瓦恩克(Ingo Warnke)曾将话语的构成言简意赅地勾勒出来:

[话语 [篇章] [句子 [词 [语素 [音位/字位]]]]]③

结合德国媒体中精英倡议计划话语的例子可以进一步描述话语的概念:

语素:在关于精英倡议计划的交际中承载意义的最小语言单位[｛精英(Exzellenz-)｝]。

词:在关于精英倡议计划的交际中带有符号关联的词汇单元

---

① Sylvia B. Larcher, *Linguistische Diskursanalyse. Ein Lehr- und Arbeitsbuch*, Tübingen: Narr Francke Attempto Verlag, 2015, S. 20.
② Thomas Niehr, *Einführung in die linguisitische Diskursanalyse*, Darmstadt: WGB, 2014, S. 29.
③ Jürgen Spitzmüller und Ingo H. Warnke, *Diskurslinguistik: Eine Einführung in Theorien und Methoden der transtextuellen Sprachanalyse*, Berlin/Boston: de Gruyter, 2011, S. 24.

[精英竞争（Exzellenzwettbewerb）]。

句子：以一个相对完整、语法独立的单元的形态出现的关于精英倡议计划的单个陈述［联邦研究部长沙万宣布持续实施精英竞争。（Bundes-forschungsministerin Schavan kündigt an, den Exzellenzwettbewerb zu verstetigen.）]。

篇章：在关于精英倡议计划的交际中的基本形态和以书面形式固定的行为［文章《竞争创造精英》（Konkurrenz schafft Exzellenz），源自：《世界报》2006年10月25日]。

话语：在分析给定的时间里关于精英倡议计划的陈述的虚拟整体［德语媒体里的关于精英倡议计划的陈述的集合]。

这两位学者指出，单纯地按照语言的构成结构来界定话语，可能会造成误导。因为话语并不是篇章的集合，而是关于某一主题的"陈述的虚拟整体"。① 荣格（Matthias Jung）也提出过类似观点，认为话语是由针对特定主题的"陈述的交织物"（Aussagengeflecht）组成。② 属于某一话语的陈述存在于篇章中，但这些篇章还包含着其他话语。研究者在进行话语分析时，也可以将传统的篇章语言学所研究的篇章结构、篇章目的等内容作为背景，支撑研究，但归根到底，话语分析的主要研究对象是这些陈述，篇章只是"必要的中间环节"。③ 荣格和文格勒用图2-1描述篇章、陈述和话语的关系。

虽然篇章不是话语分析最主要的研究对象，但不得不承认，话语只能通过篇章语料得以靠近。基于上述思考，布塞和托伊贝特从研究实践的角度出发对话语做出了如下定义。

---

① Jürgen Spitzmüller und Ingo H. Warnke, *Diskurslinguistik: Eine Einführung in Theorien und Methoden der transtextuellen Sprachanalyse*, Berlin/Boston: de Gruyter, 2011, S. 25.
② Matthias Jung, "Linguistische Diskursgeschichte", in Karin Böke et al., Hrsg., *Öffentlicher Sprachgebrauch. Praktische, theoretische und historische Perspektiven*, Opladen: Westdeutscher Verlag, 1996, S. 461.
③ Ibid., S. 459–461.

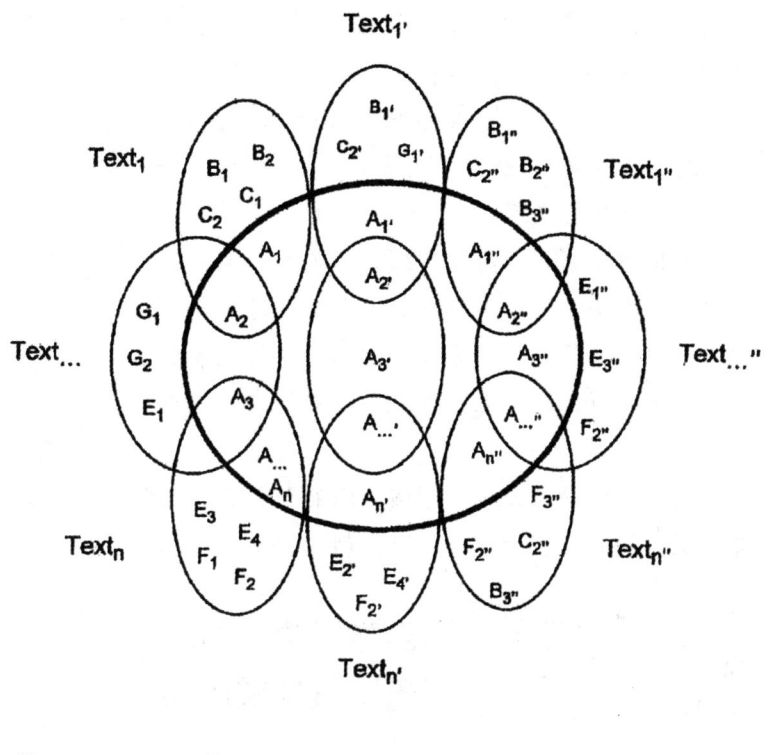

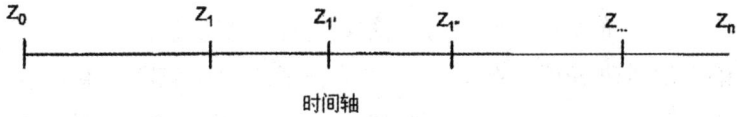

A_1—A_n	话语 A 的所有陈述（论证模式、论据……）的集合
B_1—B_n	所有话语 B—F 的陈述
A_1' 等	在后续篇章中再次出现的陈述 A_1 ⎫ 跨篇章性
$Text_1'$ 等	在后续篇章中再次出现的篇章 T_1 ⎭
Z_0, Z_n	话语的起始时间、结束时间
Z_1—$Z_{...}$	时间点 1—…
$Text_1$—$Text_n$	在某一时间点 Z 产出的所有篇章的集合

图 2-1　由篇章中陈述语料 A_1—A_n 构成的话语

资料来源：Matthias Jung und Martin Wengeler, "Wörter—Argumente—Diskurse. Was die Öffentlichkeit bewegt und was die Linguistik dazu sagen kann", in Gerhard Stickel, Hrsg., *Sprache—Sprachwissenschaft—Öffentlichkeit*, Berlin/New York: de Gruyter, 1999, S. 147。

从研究实践的角度而言，话语是指虚拟的篇章语料，其构成由最广义的内容性的（或语义性的）标准来决定。符合以下要求的所有篇章属于某一话语：

● 将某一事物、主题、知识整体或构想作为共同研究目标的、相互之间显示出语义关系的，以及/或者处于同一陈述性、交际性、功能性、目的性交互关系的篇章；

● 满足研究计划所设定的时间范围、区域、社会群体、交际领域、篇章类型以及其他参数的限定的篇章；

● 通过外显或内隐的（从篇章语义或语境语义可以推断的）引述相互关联或构成互文关系的篇章。[1]

该定义在语言学话语分析领域应用最为广泛，具有实践意义，也是本书对话语进行定义及建立研究语料库[2]的基础。

第二节 语言学话语分析的由来及其发展历程

1987年，布塞在其同名博士论文中提出的历史语义学[3]，可以被视为语言学话语分析的起源。布塞结合了历史学家科泽勒克（Reinhardt Koselleck）和赖夏特（Rolf Reichardt）的研究方法和研究目标，提出一种基于语言学的历时话语分析方法，并将其称为"话语语义学"[4]。布塞的理论接近社会学的视角，他认为语言学归根到底是一

---

[1] Dietrich Busse und Wolfgang Teubert, "Ist Diskurs ein sprachwissenschaftliches Objekt? Zur Methodenfrage der historischen Semantik", in Dietrich Busse et al., Hrsg., *Begriffsgeschichte und Diskursgeschichte. Methodenfragen und Forschungsergebnisse der historischen Semantik*, Opladen: Westdeutscher Verlag, 1994, S. 14.

[2] 定量研究语料的选取见第三章第三节中"定量研究语料库的构成"相关内容；定性研究语料的选取见第三章第四节中"定性研究语料库的构成"相关内容。

[3] Dietrich Busse, *Historische Semantik. Analyse eines Programms*, Stuttgart: Klett-Cotta, 1987.

[4] Ibid., S. 231.

门研究社会互动方面的科学,话语必须在交际互动的语境下考察,而言语应被理解为行为。①

　　布塞指出,话语语义学不能局限于词意和句意中显而易见的知识元素,而必须对潜在的、隐藏的、往往被忽略的元素进行阐述,因为它们能揭示被认为是理所当然的隐藏性知识。阐明那些话语发出者和接收者很可能尚未意识到的、通过语言表达得以传递的知识元素,也属于话语语义学分析。每种深层语义学研究,无论是通过词汇语义学、概念史、句义学、篇章分析还是话语分析,都要求阐明此类构建含义的隐藏性知识。如果深层语义学需要对意义相关知识的存在前提、流派、形成体系的分析做出贡献,那就需要将阐明并描述这些前提性知识对构建语言意义的影响也视为深层语义学的任务。②

　　布塞还与托伊贝特一起进一步探寻历史语义学的研究方法。对他们而言,研究陈述背后所蕴含的知识比研究陈述本身更为重要,因为它们是"社会认识的痕迹"③。对此,布塞提出应在话语中寻找能够构建"话语语义学的基本要素(diskurssemantische Grundfiguren)"④。这些基本要素可以作为语义特征出现并构成历史性的篇章同位义素链(Isotopie-Ketten),从论证分析的角度可以属于以篇章为基础的推理规则的支撑元素,可以是语用学角度的前提或者通过推理获得的隐含的

---

　　① Dietrich Busse, "Diskursanalyse in der Sprachgermanistik—Versuch einer Zwischenbilanz und Ortsbestimmung", in Ulrike Haß und Christoph König, Hrsg., *Literaturwissenschaft und Linguistik von 1960 bis heute*, Göttingen: Wallstein, 2003, S. 178 – 180.

　　② Dietrich Busse, "Linguistische Diskurssemantik: Rückschau und Erläuterungen nach 30 Jahren", in Dietrich Busse und Wolfgang Teubert, Hrsg., *Linguistische Diskursanalyse: neue Perspektiven*, 2013, S. 37.

　　③ Dietrich Busse, "Begriffsgeschichte oder Diskursgeschichte? Zu theoretischen Grundlagen und Methodenfragen einer historisch-semantischen Epistemologie", in Garsten Dutt, Hrsg., *Herausforderungen der Begriffsgeschichte*, Heidelberg: Universitätsverlag Winter, 2003, S. 17 – 38. Zitiert nach Regina Ryssel, *Innerdiskursive Kontroversen. Der Diskurs über die Aufnahme von Flüchtlingen zwischen Bürgerkrieg und Grundsetzänderung—eine linguistische Diskursgeschichte*, Dissertation, RWTH Aachen, 2014, https: //publications. rwth-aachen. de/record/ 657643/files/657643. pdf. Stand: 31. 08. 2017, S. 84.

　　④ Dietrich Busse, "Historische Diskurssemantik. Ein linguistischer Beitrag zur Analyse gesellschaftlichen Wissens", *Sprache und Literatur in Wissenschaft und Unterricht*, Heft 86, 2000, S. 51.

连带部分，可以藏匿在姓名、提及的人物、物品、事情和思想的混合物中，甚至可以包含在词汇、概念和篇章的表层含义中，产生引人注意或不让人发现的效果。①

在布塞和托伊贝特的研究基础上，赫尔曼斯（Fritz Hermanns）提出将语言史的研究作为集体性思想史的研究。他在题为《语言史作为思想史》的文章中指出，语言使用可以反映人们在不同历史时期和不同社会群体中的思考、感受和意愿，同时，语言使用又可以影响人们的思考、感受和意愿，也就是人们的思想。② 因此，"观察语言使用是科学地认识思想的理想途径"③。对赫尔曼斯而言，重要的是通过语言学的思想史研究去发现和重构那些在语言使用中被公众认为是理所当然的前提性预设，那些不需要用言语表达出来的典型知识。④ 他指出，将历史语义学视为思想史的研究，可以让研究者进入与其思想有所不同的过去和现在的社会群体的思想；当然也可以让研究者进入对于这个社会群体而言从过去到现在都是真实的现实。由此，研究者也能清醒地认识到，并不只有一个，即自我的、被视为理所当然的现实存在，而是有许多现实，这也可以让研究者更好地理解其他的现实。⑤

杜塞尔多夫学派的语言学话语分析是直接在历史语义学的理论基础上发展起来的，⑥ 其最大的成就就是"将布塞、托伊贝特和赫尔曼斯提出的理论付诸实践，并进一步推动语言学话语理论的发展"⑦。

---

① Dietrich Busse, "Historische Diskurssemantik. Ein linguistischer Beitrag zur Analyse gesellschaftlichen Wissens", *Sprache und Literatur in Wissenschaft und Unterricht*, Heft 86, 2000, S. 51.

② Fritz Hermanns, "Sprachgeschichte als Mentalitätsgeschichte. Überlegungen zu Sinn und Form und Gegenstand historischer Semantik", in Andreas Gardt et al., Hrsg., *Sprachgeschichte des Neuhochdeutschen*, Tübingen: Niemeyer, 1995, S. 69 – 101.

③ Ibid., S. 71.

④ Jürgen Spitzmüller und Ingo H. Warnke, *Diskurslinguistik: Eine Einführung in Theorien und Methoden der transtextuellen Sprachanalyse*, Berlin/Boston: de Gruyter, 2011, S. 86.

⑤ Fritz Hermanns, "Sprachgeschichte als Mentalitätsgeschichte. Überlegungen zu Sinn und Form und Gegenstand historischer Semantik", in Andreas Gardt et al., Hrsg., *Sprachgeschichte des Neuhochdeutschen*, Tübingen: Niemeyer, 1995, S. 96 – 97.

⑥ Constanze Spieß, *Diskurshandlungen. Theorie und Methode linguistischer Diskursanalyse am Beispiel der Bioethikdebatte*, Berlin/Boston: de Gruyter, 2011, S. 88.

⑦ Ibid., S. 107.

第二章 话语分析的理论基础

杜塞尔多夫学派的主要代表人物是施特策尔（Georg Stötzel）和他的学生荣格、文格勒、伯克（Karin Böke）和尼尔（Thomas Niehr）。

尽管施特策尔自己从未使用过"话语分析"一词，但他的研究为推动语言学话语分析的发展做出了巨大的贡献。[①] 他在多项研究中尝试展示社会斗争在多大程度上就是"语义的斗争"，语言在多大程度上直接被用于构建社会观点，甚至构建现实。[②]

1994年至1999年，施特策尔及其团队的研究课题"1945年后公共语言使用中的移民讨论"（Die Einwanderungs-diskussion im öffentlichen Sprachgebrauch seit 1945）获得了德国科学基金会的资助。施特策尔在课题申请书中指出该研究是应用导向的、以社会历史学为基础的语言史研究。这项研究针对的不是语言的微观层面（如语音、形态和句法层面）的变化，也不是纯词汇研究，它更感兴趣的是指示性词汇（核心概念）和交际策略（隐喻场、论证模式）的应用及其与现代史的关系。研究所进行的不仅是将事件、语言和意识的历史从实践的角度相关联，更多的是研究其深层原因、理解它们之间的关联。研究中将呈现不同的语言现象的关系及其在不同历史阶段的变化。[③]

在实施施特策尔提出的大量研究计划的过程中，施特策尔与他的学生们以历史语义学为基础，逐步形成了从词汇、隐喻、论证模式三个层面进行的语言学话语分析。

[①] Jürgen Spitzmüller und Ingo H. Warnke, *Diskurslinguistik: Eine Einführung in Theorien und Methoden der transtextuellen Sprachanalyse*, Berlin/Boston: de Gruyter, 2011, S. 87.

[②] Vgl. Georg Stötzel und Martin Wengeler, Hrsg., *Kontroverse Begriffe. Geschichte des öffentlichen Sprachgebrauchs in der Bundesrepublik Deutschland*, Berlin/New York: de Gruyter, 1995. Georg Stötzel und Thorsten Eitz, Hrsg., *Zeitgeschichtliches Wörterbuch der deutschen Gegenwartssprache. Schlüsselwörter und Orientierungsvokabeln*, Hildesheim/Zürich: Olms Verlag, 2003. Georg Stötzel und Thorsten Eitz, Hrsg., *Wörterbuch der »Vergangenheitsbewältigung«. Die NS-Vergangenheit im öffentlichen Sprachgebrauch*, Hildesheim/Zürich: Olms Verlag, 2007.

[③] Georg Stötzel, *Die Einwanderungsdiskussion im öffentlichen Sprachgebrauch seit 1945. Antrag an die Deutsche Forschungsgemeinschaft*, 1993, http://www.phil-fak.uni-duesseldorf.de/germ/germ1/antr_93.htm, Stand: 22.09.2011. Zitiert nach Regina Ryssel, *Innerdiskursive Kontroversen. Der Diskurs über die Aufnahme von Flüchtlingen zwischen Bürgerkrieg und Grundsetzänderung—eine linguistische Diskursgeschichte*, Dissertation, RWTH Aachen, 2014, https://publications.rwth-aachen.de/record/657643/files/657643.pdf. Stand: 31.08.2017, S. 91–92.

国内在语言学领域所进行的话语分析相比德语地区的研究发展则稍显落后，并以批评性话语分析为主。20世纪90年代前后，国内的一些研究使用了"话语语言学"这一名称，实际表达的却是"篇章语言学"（Textlinguistik）的概念。90年代末期，开始有学者进行真正意义上的话语分析，但他们所选用的研究方法多为批评性话语分析。2010年，蓝希君、汪远琦通过对国内11种语言类核心期刊53篇论文研究得出以下结果：国内批评性话语分析研究上升趋势明显，批评性话语分析研究力量越来越壮大；语言学刊物对批评性话语分析研究很重视，其中有些刊物对其关注度非常高，这表明批评性话语分析已经成为一个重要研究对象。① 散见在学术刊物的文章主要是新闻语篇的批评性分析，或者译介外国政治话语研究成果的，或对中国政治话语进行初步解读。② 批评性话语分析方法也从英语语言文学专业逐渐被引入德语语言文学专业，一些博士、硕士生开始采用批评性话语分析方法撰写论文。③ 此外，朱小安在论文《欧洲话语分析语境下的德国杜依斯堡批评性话语分析》中，简单介绍了以耶格尔（Siegfried Jäger）为代表的德国杜伊斯堡批评性话语分析理论学派。④

与批评性话语分析蓬勃发展的现状相比，国内对于语言学话语分析的研究较少，尚停留在介绍梳理事实情况的阶段。其中，李彬在其论文《福柯话语理论关照下的德语话语语言学的源起与发展》中对

---

① 蓝希君、汪远琦：《近5年国内批评话语分析研究现状分析——对11种语言类核心期刊论文的统计分析》，《西南农业大学学报》（社会科学版）2010年第1期，第121—123页。

② 辛斌：《批评语言学与英语新闻语篇的批评性分析》，《外语教学》2000年第4期，第44—48页。辛斌：《语篇互文性的语用分析》，《外语研究》2000年第3期，第14—16页。辛斌：《批评语言学：理论与应用》，上海外语教育出版社2005年版。田海龙：《语篇研究：范畴、视角、方法》，上海外语教育出版社2009年版。田海龙：《批评话语分析：阐释、思考、应用》，南开大学出版社2014年版。

③ 梁珊珊：《中国广告中关于德国定型看法的动态构建——以〈三联生活周刊〉为例的批评性话语分析》，博士学位论文，北京外国语大学，2014年。章恺恺：《德国媒体中的中国形象——以哥本哈根气候峰会期间的相关报道为例》，硕士学位论文，浙江大学，2012年。张楠：《基于费氏三维模型的批评性话语分析——以明镜在线的新闻报道为例》，硕士学位论文，首都师范大学，2014年。

④ 朱小安：《欧洲话语分析语境下的德国杜依斯堡批评性话语分析》，《广东外语外贸大学学报》2011年第5期，第18—22页。

德语地区语言学话语分析的发展情况做了较为详细的梳理①；李媛、章吟在2018年发表的《论式话语分析：理论与方法》中介绍了话语中论证模式的理论与方法②。2015年起，同济大学、南京大学、北京外国语大学、浙江大学先后有博士研究生开始从事语言学话语分析相关的实证研究，将相关理论与方法应用到不同主题话语的研究中。③

从国内学界以批评性话语分析为主流的研究现状可以看出，国内外对语言学话语分析的理论和实证研究尚存较大差距，本书使用语言学话语分析方法对德国媒体中的精英倡议计划话语进行更为客观深入的分析，无疑能为国内以批评性话语为主流的局面提供一种有益的补充。

第三节 语言学话语分析的维度

本书主要参考杜塞尔多夫学派三个层面的话语分析维度，即在词汇、隐喻、论证三个层面进行话语分析。同时，在具体操作时博采众长，根据媒体中精英倡议计划话语的特点，结合了其他适用的研究方法，从而丰富了杜塞尔多夫学派语言学话语分析的研究方法和应用案例。

一 词汇层面的话语分析

杜塞尔多夫学派的早期研究主要承袭了历史语义学的研究理论与方法，集中在词汇层面进行定性分析，重点研究所谓的旗帜词（Fahnenwörter）、污名词（Stigmawörter）、政治主导词（politische Leitvokabeln）和关键词（Schlüsselwörter）。研究者通过在语境中观察词汇使用的上下文以及使用的目标，兼顾词汇表达的社会文化学背

---

① 李彬：《福柯话语理论关照下的德语话语语言学的源起与发展》，《德语人文研究》2014年第2期，第16—22页。
② 李媛、章吟：《论式话语分析：理论与方法》，《中国外语》2018年第1期，第42—50页。
③ 如唐艋《基于德国人自我形象的难民形象建构——〈明镜〉周刊（1978—2015年）关于难民报道的话语分析》，博士学位论文，北京外国语大学，2018年。

景，找出词汇的产生、确定和改变及其意义生成和意义变迁。研究基于以下前提，即语言使用一方面反映了语言共同体对语言"所指"（Bezeichnetes）的感觉和看法，另一方面语言使用会影响语言共同体对所指事物的意识，从而形成特殊的行为导向，也就是说，研究者将这些在公众讨论中具有核心意义的词汇视为语言共同体内部的社会史和意识史的指示符和要素。[1]

杜塞尔多夫学派还对话语相关的词汇进行历时分析，他们考察的是在什么时间、何种条件下，特定词汇使用增加、产生争议或者突然消失；哪些词汇与其他词汇的使用构成了竞争，逐步确定并最终从各种变体中胜出或者彻底被其他变体所取代。[2]

词汇层面的话语分析与语言学长期以来对词汇及其用法的研究有所区分。话语分析并不是研究特定词汇在单个篇章中的出现，而是研究其在由许多相互关联的篇章构成的篇章集合中的用法，[3] 也就是说，可以对特定词汇的不同含义维度进行分析。

必须注意的是，研究者无法对话语中所有的词汇进行分析，而应挑选出与话语相关的词汇。因而，必须先找出哪些词汇在话语中具有显著的相关性，并对话语的发展结构、主题的集中起重要作用。[4] 尼尔在其2014年出版的《语言学话语分析导论》中提及，利用机器可读的语料库，很容易辨别出词汇使用时数量上的显著特点，因此，可以通过词频研究就很容易找出语言使用中的模式或者典型特点。[5]

此外，词汇作为语言的基本材料，也是构成论证模式或隐喻等较

---

[1] Thomas Niehr und Karin Böke, "Diskursanalyse unter linguistischer Perspektive—am Beispiel des Migrationsdiskurses", in Reiner Keller et al., Hrsg., *Handbuch Sozialwissenschaftliche Diskursanalyse. Band 2: Forschungspraxis*, Wiesbaden: VS Verlag für Sozialwissenschaften, 2004, S. 328–329.

[2] Ibid., S. 329.

[3] Thomas Niehr, *Einführung in die linguisitische Diskursanalyse*, Darmstadt: WGB, 2014, S. 71.

[4] Constanze Spieß, *Diskurshandlungen. Theorie und Methode linguistischer Diskursanalyse am Beispiel der Bioethikdebatte*, Berlin/Boston: de Gruyter, 2011, S. 280.

[5] Thomas Niehr, *Einführung in die linguisitische Diskursanalyse*, Darmstadt: WGB, 2014, S. 72.

大的语言单位和交际模式的基本单元,是语言学话语分析者得以分析语言行为中待评估、待透视的各方面的切入点。① 对话语的词汇层面的分析实际上也穿插在隐喻和论证模式的分析中,如一些词汇本身就带有隐喻的特征,又或者通过特定词汇的出现可以判断论证的方向,反之也可以通过具体的论证来预期特定词汇的出现。② 因而,话语的词汇层面的分析构成了整个研究中不可或缺的重要部分。

基于上述思考可以看出,词汇层面的话语分析既可以运用定性分析方法进行,也可以运用定量分析方法进行。本书在词汇层面所进行的话语分析主要是运用语料库语言学的定量研究方法,从设定的研究问题出发,找出竞争性元素如何在精英倡议计划的媒体话语中得以呈现,以及它具有哪些历时和共时的特点。同时,在隐喻层面和论证层面的定性分析中也穿插了对精英倡议计划话语的相关词汇的分析。

二 隐喻层面的话语分析

杜塞尔多夫学派所进行的隐喻分析主要以莱考夫(George Lakoff)和约翰逊(Mark Johnson)的概念隐喻理论为基础。概念隐喻理论认为隐喻的本质就是通过另一种事物来理解和体验当前的事物,③ 这类隐喻是一种跨域影射,即从比较熟悉、易于理解的源域映射到不太熟悉、较难理解的目标域。④ 上述将隐喻视为认知手段的理论大大推动了认知语义学的发展。

莱考夫和约翰逊在他们的经典著作《我们赖以生存的隐喻》⑤ 的

---

① Constanze Spieß, *Diskurshandlungen. Theorie und Methode linguistischer Diskursanalyse am Beispiel der Bioethikdebatte*, Berlin/Boston: de Gruyter, 2011, S. 280.

② Thomas Niehr, *Der Streit um Migration in der Bundesrepublik Deutschland, der Schweiz und Österreich: eine vergleichende diskursgeschichtliche Untersuchung*, Heidelberg: Universitätsverlag Winter, 2004, S. 53.

③ [美]乔治·莱考夫、马克·约翰逊:《我们赖以生存的隐喻》,何文忠译,浙江大学出版社2015年版,第3页。

④ 汪少华、梁婧玉:《基于语料库的当代美国政治语篇的架构隐喻模式分析》,北京大学出版社2017年版,第8页。

⑤ George Lakoff und Mark Johnson, *Leben in Metaphern. Konstruktion und Gebrauch von Sprachbildern*, Heidelberg: Carl-Auer-Systeme, 7. Auflage, 2011.

第一章用"争论是战争"的例子来解释隐喻的概念。如同赢得或者输掉一场战争一样，我们会赢得或者输掉一场争论，我们会把正在与之争论的人看作对手，我们会攻击他的立场、捍卫自己的立场、失去或赢得阵地，并为此计划和使用策略。如果我们发现立场无法捍卫，就会放弃这个立场，开展一场新的攻势。不难发现，争论中的一切"规则"大部分是来源于战争。争论的结构——攻击、防守、反攻等都反映了这一点。可以说，"争论是战争"这个隐喻构建了我们在争论中的行为。①

图2-2可以表示"争论是战争"这个隐喻概念。在这个隐喻概念中，"战争"是源域，"争论"是目标域。

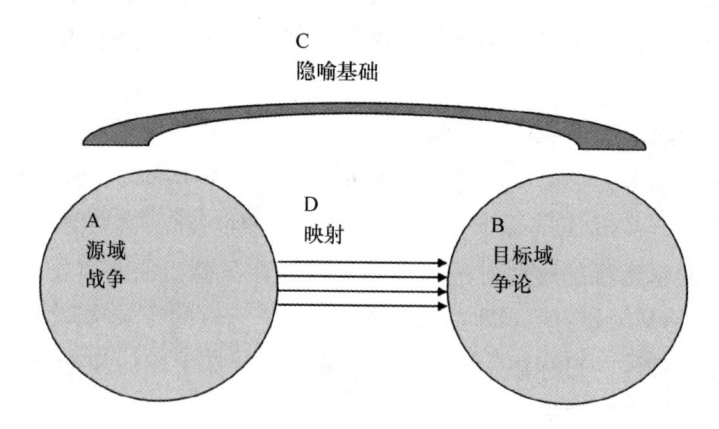

图2-2 "争论是战争"的隐喻意义

资料来源：Nina-Maria Klug, *Das konfessionelle Flugblatt 1563–1580. Eine Studie zur historischen Semiotik und Textanalyse*, Berlin/Boston: de Gruyter, 2012, S. 296.

莱考夫和约翰逊指出，普通的概念系统大都是隐喻的。不论是在语言、思想还是行动中，隐喻无所不在，人们思想和行为所依据的概念系统本身是以隐喻为基础的。②

---

① [美]乔治·莱考夫、马克·约翰逊：《我们赖以生存的隐喻》，何文忠译，浙江大学出版社2015年版，第2页。

② 同上书，第1页。

第二章 话语分析的理论基础

但是话语分析所关切的并不是人们日常生活中的隐喻概念，更多的是在特定话语中出现的隐喻概念。在特定话语中，比如在关于某一主题的政治话语中出现的隐喻往往只凸显甚至夸大源域的某个或某些方面，其他方面则完全被掩藏。这显示出隐喻的解释性特征和现实构建的特征，这些特征恰恰是对一个语言共同体思维习惯进行思想史研究所感兴趣之处。①

此外，隐喻在构建人们的思想和行为时，也会遵循一定的逻辑与结构。施皮斯（Constanze Spieß）在其博士论文《话语行为——以生物伦理辩论为例的语言学话语分析理论与方法》中系统展示了隐喻概念的生产性②，她从伯克和利伯特（Wolf-Andreas Liebert）提出的隐喻分类③④出发，将隐喻的内容分为隐喻框架（Metaphernkonzept）、中间抽象层的中心内容（zentrale Aspekte auf mittlerer Abstraktionsebene）、语言实现（Realisierungen）（亦称为隐喻词汇，Metaphern-lexeme）。这三个层级从抽象向具象过渡，其中隐喻词汇涉及具体的隐喻，隐喻框架和隐喻内容则是较为抽象的层级。不同的隐喻词汇可以属于同一个隐喻框架或同一个隐喻内容。⑤

基于上述理论性思考，结合研究设问，隐喻层面的话语分析将通过对部分媒体文章所构成的定性分析语料库进行逐篇阅读进行，找出

---

① Thomas Niehr und Karin Böke, "Diskursanalyse unter linguistischer Perspektive—am Beispiel des Migrationsdiskurses", in Reiner Keller et al., Hrsg., *Handbuch Sozialwissenschaftliche Diskursanalyse. Band 2：Forschungspraxis*, Wiesbaden：VS Verlag für Sozialwissenschaften, 2004, S. 330.

② Constanze Spieß, *Diskurshandlungen. Theorie und Methode linguistischer Diskursanalyse am Beispiel der Bioethikdebatte*, Berlin/Boston：de Gruyter, 2011.

③ Karin Böke, "Die 'Invasion' aus den 'Armenhäusern Europas'. Metaphern im Einwanderungsdiskurs", in Matthias Jung et al., Hrsg., *Die Sprache des Migrationsdiskurses. Das Reden über "Ausländer" in Medien, Politik und Alltag*, Wiesbaden：VS Verlag für Sozialwissenschaften. Zitiert nach Constanze Spieß, *Diskurshandlungen. Theorie und Methode linguistischer Diskursanalyse am Beispiel der Bioethikdebatte*, 1996, S. 204 – 214.

④ Wolf-Andreas Liebert, "Metaphernbereiche der virologischen Aidsforschung", *Lexicology：An international journal on the structure of vocabulary*, Nr. 1, 1992, S. 142 – 182. Zitiert nach Constanze Spieß, *Diskurshandlungen. Theorie und Methode linguistischer Diskursanalyse am Beispiel der Bioethikdebatte*, Berlin/Boston：de Gruyter, 2011, S. 204 – 214.

⑤ Constanze Spieß, *Diskurshandlungen. Theorie und Methode linguistischer Diskursanalyse am Beispiel der Bioethikdebatte*, Berlin/Boston：de Gruyter, 2011, S. 212 – 213.

话语中隐喻的使用，尤其是精英倡议计划话语中能显示出竞争性元素的隐喻表达，这些语言表达通过其非普遍性往往能够获得特殊的关注度，激发特殊的行为导向。研究中，笔者还将对同一隐喻框架下的隐喻的中间抽象层的中心内容和语言实现进行分类，系统地展现隐喻层面反映竞争性元素的语言表达。

三 论证层面的话语分析

从功能上对论证（Argumentation）进行定义，可以认为论证是一种"将某些对一个群体有疑问的事物转化为对这个群体有效的事物"[①]的语言方法。在论证层面进行的话语分析关注的不是单个论据（Argument），也不是论据是否成立，即它的有效性或可信度，而是是否能通过大量实际出现的论证识别出它们的论证模式，[②]因为这些论证模式正反映了一个时代的社会知识。[③]

杜塞尔多夫学派在话语，尤其是移民话语的论证层面，进行了大量研究，代表性人物是文格勒和尼尔。其中，文格勒推动了推论模式（Topos/Topoi）的研究和应用，他从2080篇德语报刊文章中总结出移民话语专用的三大类合计38种"推论模式"，通过推论模式分析获取社会中惯常的、集体性的思维方式。[④]尼尔则从历史比较的角度对话语的论证层面进行分析，他在其申请教授资格论文中对德国、瑞士、奥地利三个德语国家在1965年至1967年以及1972年至1974年的客籍劳工话语（Gastarbeiterdiskurs）和1979年至1983年的避难者话语

[①] Wolfgang Klein, "Argumentation und Argument", *Zeitschrift für Literaturwissenschaft und Linguistik*, Nr. 3, 1980, S. 19.

[②] Thomas Niehr, *Einführung in die linguisitische Diskursanalyse*, Darmstadt: WGB, 2014, S. 116.

[③] Alexander Ziem, "Begriffe, Topoi, Wissensrahmen: Perspektiven einer semantischen Analyse gesellschaftlichen Wissens", in Martin Wengeler, Hrsg., *Sprachgeschichte als Zeitgeschichte. Konzepte, Methoden und Forschungsergebnisse der Düsseldorfer Sprachgeschichtsschreibung für die Zeit nach 1945*, Hildesheim/New York: Olms Verlag, 2005, S. 321.

[④] Martin Wengeler, *Topos und Diskurs. Begründung einer argumentationsanalytischen Methode und ihre Anwendung auf den Migrationsdiskurs (1960 – 1985)*, Tübingen: Niemeyer, 2003.

（Asyldiskurs）中所使用的论证模式（Argumentationsmuster）进行比对，分析由石油危机造成的经济萧条的影响以及移民话语中劳动力市场所存在的问题。①

文格勒和尼尔都主要针对话语的论证层面进行研究，但两者对论证模式的理解是不同的。尼尔旨在从单个具体的论据出发寻找话语中能反映出集体知识和普遍性思维的"典型论据"（prototypische Argumente）。② 而文格勒所使用的推论模式的概念则更为抽象，他希望以此能够找到"为不同设问提供基础的、具有语言论证作用的事物的关联性"③。尼尔和文格勒的论证分析的出发点是一致的，即认为话语中存在着可以鉴别出的、反复出现的、特定的论证模式，并且将分析着眼于话语中大量论证的共同特征。④

此外，尼尔和文格勒的论证分析都是基于图尔敏（Stephen Toulmin）的论证模型（见图2-3），即由论据、推理规则（Schlussregel）和结论（Konklusion）三个步骤组成的论证的基本结构。⑤

论据 ——————→ 结论

推理规则

图2-3　图尔敏的论证模型（基本结构）

资料来源：Stephen Toulmin, *The uses of argument*, Cambridge: Cambridge University Press, 1958, p.94.

---

① Thomas Niehr, *Der Streit um Migration in der Bundesrepublik Deutschland, der Schweiz und Österreich: eine vergleichende diskursgeschichtliche Untersuchung*, Heidelberg: Universitätsverlag Winter, 2004.

② Ibid., S. 146-147.

③ Martin Wengeler, *Topos und Diskurs. Begründung einer argumentationsanalytischen Methode und ihre Anwendung auf den Migrationsdiskurs (1960-1985)*, Tübingen: Niemeyer, 2003, S. 185.

④ Thomas Niehr, *Einführung in die linguisitische Diskursanalyse*, Darmstadt: WGB, 2014, S. 111.

⑤ Stephen Toulmin, *The uses of Argument*, Cambridge: Cambridge University Press, 1958, p.90.

上述基本结构还可以补充支撑（信息）（Stützung）、反驳论据（Ausnahmebedingung）和限定/修正（Operator）的因素，而形成图 2-4 中的完整模型。①

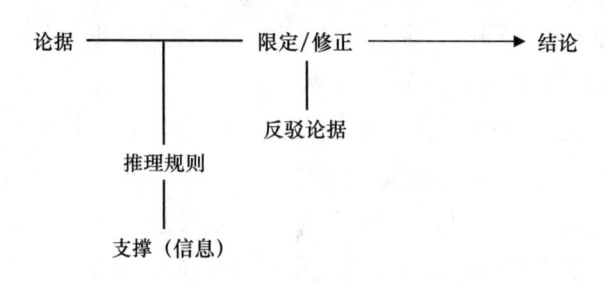

```
论据 ─────┬───── 限定/修正 ─────▶ 结论
          │                │
          │             反驳论据
       推理规则
          │
       支撑（信息）
```

图 2-4 图尔敏的论证模型（完整结构）
资料来源：Stephen Toulmin, *The uses of argument*, Cambridge: Cambridge University Press, 1958, p. 104。

用一个简单的例子可以解释图尔敏的论证模型：

结论：
小明是中国人。
论据：
小明是在中国出生的。
推理规则：
如果一个人是在中国出生的，那么他理论上就是中国人。
支撑（信息）：
基于以下法律……
限定/修正：
可能
反驳论据：
例如，他的父母都是外国人。

---

① Constanze Spieß, *Diskurshandlungen. Theorie und Methode linguistischer Diskursanalyse am Beispiel der Bioethikdebatte*, Berlin/Boston: de Gruyter, 2011, S. 215.

不论是尼尔的论证模式还是文格勒的推论模式均以图尔敏论证模型中的"推理规则"为基础。在通过引入论据使一个具有争议的论点不再具有争议的推论过程中,推理规则发挥着重要的作用,而论证模式则抓住了推理规则的范式特点。

在进行论证层面的话语分析时,必须清楚地认识到,图尔敏论证模型中的推论规则常常不是外显的,论证模式的具体实现并不总是以论据、结论、推理规则的相互作用而存在的。更多情况下,篇章中论证的完整逻辑结构常常是内隐的,只有一部分结构被展现。①

基伯因特纳(Manfred Kienpointner)提出将论证模式分为特殊语境(kontextspezifische Argumentationsmuster)论证模式和抽象语境论证模式(kontextabstrakte Argumentationsmuster)。②

特殊语境论证模式总是与特定话语、特定主题相关联的,当然有些特殊语境论证模式可以在不同的话语中找到。例如,在难民话语、干细胞话语、基因技术话语或军备话语中都可以找到"危险论证模式"(Der Gefahren-Topos)。③ 尽管尼尔和文格勒的论证模式分类的抽象程度不一致,两者依旧可以被认为是特殊语境论证模式,它们是"公共行动集体对特定主题领域的社会知识的一部分"④,但因其具有一定的抽象程度,话语中基于该论证模式的具体论据都能够根据不同的研究设问、由不同的行为体、以不同的形式得以实现。⑤

---

① Constanze Spieß, *Diskurshandlungen. Theorie und Methode linguistischer Diskursanalyse am Beispiel der Bioethikdebatte*, Berlin/Boston: de Gruyter, 2011, S. 219.

② Manfred Kienpointner, *Alltagslogik. Struktur und Funktion von Argumentationsmustern*, Stuttgart-Bad Cannstadt: Frommann-holzboog, 1992. Zitiert nach Constanze Spieß, *Diskurshandlungen. Theorie und Methode linguistischer Diskursanalyse am Beispiel der Bioethikdebatte*, Berlin/Boston: de Gruyter, 2011, S. 219.

③ Constanze Spieß, *Diskurshandlungen. Theorie und Methode linguistischer Diskursanalyse am Beispiel der Bioethikdebatte*, Berlin/Boston: de Gruyter, 2011, S. 219.

④ Martin Wengeler, "'Gastarbeiter sind auch Menschen'. Argumentationsanalyse als diskursgeschichtliche Methode", *Sprache und Literatur in Wissenschaft und Unterricht*, Heft 86, 2000, S. 60.

⑤ Constanze Spieß, *Diskurshandlungen. Theorie und Methode linguistischer Diskursanalyse am Beispiel der Bioethikdebatte*, Berlin/Boston: de Gruyter, 2011, S. 220.

与尼尔和文格勒不同，克莱因教授提出了抽象程度更高的、与抽象语境论证模式相匹配的论证模式分析理论。他认为，人们的（政治）行为或行为要求一般会将下述内容作为论证支撑。

- （情景、原因、发展目标等）数据信息；
- 对这些信息的评价；
- 对原则（价值、准则等）的认可；
- 对结局/目的的陈述（也可以设定多层级目标，即目标需通过高级目标来证明其正确性）。①

此外还有对后果的说明，这个后果可能是从情景信息或主题化的政治行为推演出来的。

基于奥斯汀的行为理论，克莱因提出将复杂的抽象语境论证模式归纳为以下几类基本论证模式（Komplexe topische Muster）：

- 数据论证模式（Datentopos）
- 评价论证模式（Valuationstopos）
- 原则论证模式（Prinzipientopos）
- 结局/目的论证模式（Finaltopos）
- 后果论证模式（Konsequenztopos）②

他还认为，具体的论据之间存在一种等级关系，可以按照情景描述、情景评估、规范/价值、目标、行动要求的类别次序依次呈现。③

在论证层面进行的话语分析主要是通过对部分媒体文章所构成的定性分析语料库进行逐篇阅读，找到针对"支持或反对实施精英倡议

---

① Josef Klein, *Grundlagen der Politolinguistik*, Berlin: Frank & Timme, 2014, S. 312.
② Josef Klein, "Komplexe topische Muster. Vom Einzeltopos zur diskurstyp-spezifischen Topos-Konfiguration", in Thomas Schirren und Gert Ueding, Hrsg., *Topik und Rhetorik. Ein interdisziplinäres Symposium*, Tübingen: Niemeyer, 2000, S. 638.
③ Ibid., S. 628.

第二章　话语分析的理论基础

计划"这一问题的单个论据，并归纳出其中具有典型性的推理规则。按照尼尔的论证模式分析方法，找到话语中的特殊语境论证模式，并将这些特殊语境的论证模式按照克莱因的抽象语境论证模式进行二次分类（见图2-5）。依据研究问题，本书将对能够反映精英倡议计划的竞争性元素的论证模式进行详细分析和阐述。

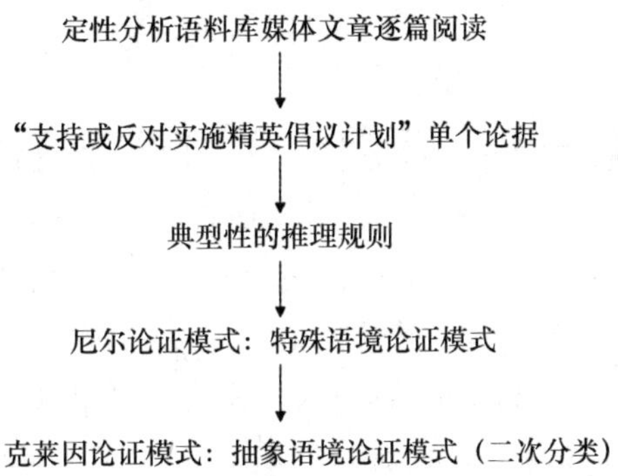

定性分析语料库媒体文章逐篇阅读
↓
"支持或反对实施精英倡议计划"单个论据
↓
典型性的推理规则
↓
尼尔论证模式：特殊语境论证模式
↓
克莱因论证模式：抽象语境论证模式（二次分类）

图2-5　论证层面话语分析

资料来源：笔者自制。

第三章　话语分析的方法与路径

第一节　语料库作为研究基础

按照布塞和托伊贝特对话语的定义①，为了研究一个话语的特点，进行话语分析，就必须建立并使用语料库。语言学家赫尔曼斯用"想象的篇章语料库"（Imaginäres Textkorpus）、"虚拟的篇章语料库"（Virtuelles Textkorpus）、"具体的篇章语料库"（Konkretes Textkorpus）三个术语来解释完整话语中打算分析的部分和隐藏的部分，它们之间的包含关系见图3-1。

赫尔曼斯指出，每个话语的最大的部分对于话语分析者而言在正常情况下是无法获取的，其中一个原因是这部分常常没有被记录就丢失了，如人们口头的日常对话。这丢失的部分其实也属于完整话语，尽管它已经无法被获取，赫尔曼斯将这部分称为"想象的篇章语料库"。还有很大一部分话语尽管被保留下来，却由于种种原因依然不能为研究分析所用，如大部分的私人记录，赫尔曼斯将这部分称为"虚拟的篇章语料库"。在大多数情况下，只有话语的很小一部分能够被研究，这一方面取决于可以获取的材料，另一方面则是由于对材料有目的性的选择。尤其对于这个时代的由大众媒体主导的公共话语，每个"具体的篇章语料库"的组成都需要经过仔细斟酌。②

---

① 参见第二章第一节"话语及其在语言学领域的定义"相关内容。
② Fritz Hermanns, "Sprachgeschichte als Mentalitätsgeschichte. Überlegungen zu Sinn und Form und Gegenstand historischer Semantik", in Andreas Gardt et al., Hrsg., *Sprachgeschichte des Neuhochdeutschen*, Tübingen: Niemeyer, 1995, S. 89.

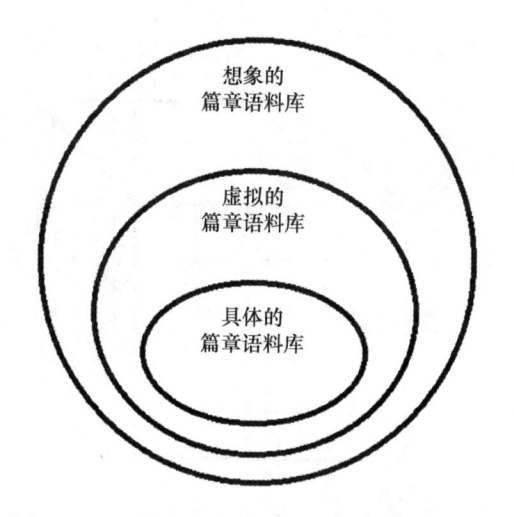

图 3-1　想象的、虚拟的和具体的篇章语料库

资料来源：Thomas Niehr, *Einführung in die linguisitische Diskursanalyse*, Darmstadt: WGB, 2014, S. 40–41。

研究人员必须清楚地认识到，他们只能研究部分话语，即话语子集，而无法研究完整话语，因此必须在研究前决定将要分析的话语子集的构成。为了能做出一个恰当的决定，有必要确定如何尽可能地获取完整话语，将要研究的部分在完整话语中处于何种位置。①

荣格和文格勒提出的话语构成的立方体模型（见图 3-2）正体现了这样的思考：完整话语是由（数不尽的）多个话语子集构成的，话语分析者也必须始终明白，他们只能研究（完整）话语的一部分，即某个选定的话语子集（图 3-2 中立方体模型中正面左上角的小立方体）。这类话语子集来源于不同的话语层级或交际领域，也会包含各种篇章类型。②

---

① Thomas Niehr, *Einführung in die linguisitische Diskursanalyse*, Berlin/Boston: de Gruyter, 2011, S. 36.

② Ibid..

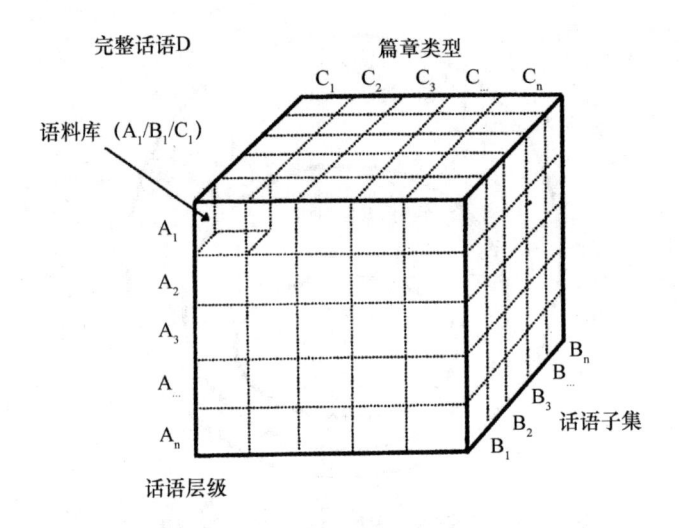

图 3-2　话语构成的立方体模型

资料来源：Matthias Jung und Martin Wengeler, "Wörter—Argumente—Diskurse. Was die Öffentlichkeit bewegt und was die Linguistik dazu sagen kann", in Gerhard Stickel, Hrsg., *Sprache—Sprachwissenschaft—Öffentlichkeit*, Berlin/New York: de Gruyter, 1999, S. 148。

第二节　德国媒体作为话语的实现媒介

精英倡议计划话语涵盖范围是十分广泛的，从联邦政府与州政府签署的合作协议、发布的官方文件，到德国科学联席会会议、联邦议会辩论的相关内容、学术协调机构发表的建议或观点性内容，再到学术论文、专著、学术会议讨论，或者媒体文章等都属于这一范围，甚至老师或学生日常对精英倡议计划的讨论也属于精英倡议计划话语。

如笔者在导论中所述，本书将选取媒体中的精英倡议计划话语作为研究媒介，建立德国媒体语料库，并将其作为"具体的篇章语料库"进行系统分析，以此探索精英倡议计划话语所反映出的竞争性元素。这主要是基于如下思考：精英倡议计划从诞生到实施的整个过程始终是德国媒体关注的焦点,媒体成为公众获取精英倡议计划相关信息的重要渠道。政治家、协调机构代表、协会代表、学界代表(包括教师、学生)等都曾在媒体上发声,相较于某个机构的官方报告,媒体中的精英倡议计划话语显得更为全面,也更能代表整个社会(语言共同体)对精英倡议计划的感知和看法。此外,相对于其他类型的话语而言,媒体中的精英倡议计划话语也相对容易获取,比如通过一些专为学术研究建立的媒体文章数据库等,这为本书提供了便利。

德国的媒体众多,各自拥有不同的受众、政治倾向、语言风格、排版布局和基本构想。按照语料库构成的三个基本原则,即相关性①、代表性②、平衡性③,同时为了满足研究语料库与三个子语料库④、对比语料库⑤的来源和覆盖时间段均需保持一致的要求⑥,最终确定,定量和定性研究语料由源自以下 15 种德国报纸、杂志的文章所构成:《德国日报》(*Die Tageszeitung*)、《法兰克福评论报》(*Frankfurter Rundschau*)、《法兰克福汇报》(*Frankfurter Allgemeine Zeitung*)及其网络版(FAZ. net)、《法兰克福汇报》(周末版)(*Frankfurter Allgemeine Sonntagszeitung*)、《世界报》(*Die Welt*)、《世界报》(周末版)(*Die Welt am Sonntag*)、《明镜》周刊(*Der Spiegel*)、明镜在线(*Spie-*

---

① Lothar Lemnitzer und Heike Zinsmeister, *Korpuslinguistik. Ein Einführung*, Tübingen: Narr Francke Attempto Verlag, 3. Auflage, 2015, S. 39.
② Susan Hunston, "Collection strategies and design decisions", in Anke Lüdeling et al., eds., *Corpus linguistics: an international handbook*, Berlin/New York: de Gruyter, 2009, p. 160.
③ 语料库常常由多个子语料库或多个来源的数据构成,若某一个子语料库或者某一来源的数据占比过高,则该语料库的构成是不平衡的。参见 Susan Hunston, "Collection strategies and design decisions", in Anke Lüdeling et al., eds., *Corpus linguistics: an international handbook*, Berlin/New York: de Gruyter, 2009, pp. 163 – 164.
④ 关于三个子语料库的构成,详见第三章第三节中的"定量研究语料库的构成"相关内容。
⑤ 关于对比语料库的构成,详见第三章第三节中的"语料库语言学的定量研究方法"相关内容。
⑥ 本书的语料多来自 LexisNexis 语料库。非常遗憾的是,该语料库只收入了 2008 年 1 月 1 日后的《时代》周刊(*die Zeit*)内容,为了保证 2004 年至 2016 年数据的完整性,故无法将其纳入语料库。

gel online)、《焦点》周刊（Focus）、《柏林晨邮报》（Berliner Morgenpost）、《柏林报》（Berliner Zeitung）、《斯图加特报》（Stuttgarter Zeitung）、《指针总报（波恩）》（General-Anzeiger（Bonn））、《汉堡晚报》（Hamburger Abendblatt）（见表 3-1）。

表 3-1　　　　　　　　研究语料库的媒体来源

报刊	发行周期	平均发行量（2017 年第三季度数据）	总部
全国性媒体：			
日报：			
《德国日报》	每周一至周六，报纸	50988 份	柏林
《法兰克福评论报》	每周一至周六，报纸	87100 份*（2013 年第 1 季度数据）	法兰克福
《法兰克福汇报》	每周一至周五，报纸	244925 份	法兰克福
《法兰克福汇报》（周末版）	每周日，报纸	248954 份	法兰克福
《世界报》	每周一至周六，报纸	170560 份	柏林
《世界报》（周末版）	每周日，报纸	350736 份	柏林
周刊：			
《明镜》周刊	每周六，杂志	768498 份	汉堡
《焦点》周刊	每周六，杂志	422387 份	慕尼黑
网络媒体：			
《法兰克福汇报》网络版		访问量：12740000 人次	法兰克福
明镜在线		访问量：21360000 人次	汉堡
地方性媒体：			
日报：			
代表德国东部及首都			
《柏林晨邮报》	每日，报纸	79934 份	柏林
《柏林报》	每日，报纸	92596 份	柏林
代表德国南部			
《斯图加特报》	每周一至周六，报纸	162242 份	斯图加特

续表

报刊	发行周期	平均发行量（2017年第三季度数据）	总部
代表德国西部			
《指针总报（波恩）》	每周一至周六，报纸	63965 份	波恩
代表德国北部			
《汉堡晚报》	每日，报纸	175689 份	汉堡

注：*《法兰克福评论报》原隶属于杜蒙·绍贝尔格出版集团，因经营困境，该集团于2012年11月13日向法兰克福地方法院正式提交破产保护申请。此后，该报出版社继续经营发行报纸，但德国广告媒体传播信息认证协会（IVW）仅显示至2013年第一季度的统计数据。

资料来源：笔者自制。其中媒体的发行量参考德国广告媒体传播信息认证协会（IVW）统计数据，网址：http://www.ivw.de/；其余信息参考自媒体官方网站及网站http://www.wikidedia.de。

这 15 种媒体既包括全国性和地方性的媒体，又包括以不同周期和方式发行的媒体，即日报、周刊、网络媒体。其中，《德国日报》、《法兰克福评论报》、《法兰克福汇报》（及其周末版）、《世界报》（及其周末版）为全国性的日报，《明镜》和《焦点》为全国性的周刊。德国的地方性媒体为数众多，虽与全国性媒体相比，地方性媒体的影响力有限，但因精英倡议计划涉及德国的各所大学，是每个联邦州关切的议题，也是地方性媒体关注的焦点，因此在建立语料库时也选取了首都以及德国东部、南部、西部、北部的地方性媒体各一种为代表，这五种地方性媒体均为日报，并且在地方上具有较大的影响力（见表 3-1）。此外，语料库中还囊括了两个网络媒体，即《法兰克福汇报》网络版及《明镜》周刊的网络版——明镜在线。它们一方面隶属于《法兰克福汇报》和《明镜》周刊，受到两份报刊的影响，但内容与之又不完全相同，可作为语料的补充，以更全面地展示这两份报刊的观点与"集体知识"；另一方面，这两个网络媒体自身业已发展成为德国最具影响力的网络媒体的代表。

德国的全国性媒体往往表现出不同的政治倾向，本书所选用的语料正涵盖了具有不同政治倾向的媒体。日报中，《世界报》（及其周末版）主要代表保守派立场，《法兰克福汇报》（及其周末版和网络版）则处于中间偏右的位置；《法兰克福评论报》是左翼自由主义的，而《德国日报》的政治倾向则更加偏左。两份周刊，《明镜》（以及明镜在线）和《焦点》则恰好分别代表了中间偏左和中间偏右的政治倾向。①（见图3-3）

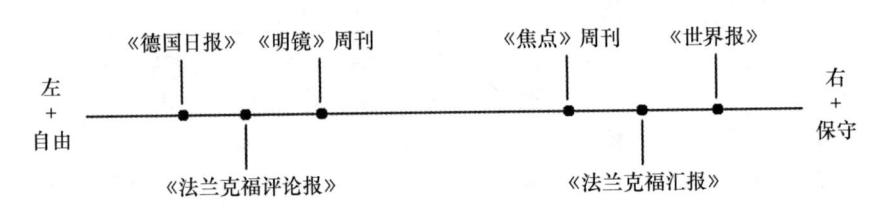

图3-3 语料库中全国性媒体的政治光谱图

资料来源：笔者自制。参见［美］丹尼尔·C. 哈林、保罗·曼奇尼《比较媒介体制》，陈娟等译，中国人民大学出版社2012年版，第181页。Christiane Eilders, "Von Links bis Rechts—Deutung und Meinung in Pressekommentare", in Christiane Eilders et al., *Die Stimmen der Medien*, Wiesbaden: VS Verlag für Sozialwissenschaften, 2004, S. 145.

此外，德国媒体语料库涉及政界、学界、公民社会等多个层面的行为体的观点，能够反映出整个社会关于精英倡议计划话语与知识的特点，也能够对研究问题的解答提供语言线索。

媒体文章，不论来自哪个具体的媒体，按照篇章的功能来分，主要可分为信息类篇章（如新闻、报道等）和呼吁类篇章（如评论等）②。在实际研究中不难发现，纯粹的信息类篇章或者纯粹的呼吁类篇章是很少的，在媒体文章中信息和呼吁的功能更多地交织在一起，一篇关于精英倡议计划的新闻报道常常在文章的末尾包含了记者的分析评论，一篇针对精英倡议计划的评论性文章也必须在文章中交

---

① ［美］丹尼尔·C. 哈林、保罗·曼奇尼：《比较媒介体制》，陈娟等译，中国人民大学出版社2012年版，第181页。参见Christiane Eilders, "Von Links bis Rechts—Deutung und Meinung in Pressekommentare", in Christiane Eilders et al., *Die Stimmen der Medien*, Wiesbaden: VS Verlag für Sozialwissenschaften, 2004, S. 145。

② Brinker Klaus, *Linguistische Textanalyse. Eine Einführung in Grundbegriffe und Methoden*, Berlin: Erich Schmidt Verlag, 2001, S. 136.

代与该计划相关的背景信息。根据话语的定义，不论是信息类篇章还是呼吁类篇章只要内容涉及精英倡议计划，都属于精英倡议计划话语的范畴，共同构成完整话语体系的一个部分。

第三节 语料库的定量研究

一 定量研究语料库的构成

如前所述，定量研究语料库由来自15种德国媒体的文章构成。这些媒体文章均通过 LexisNexis 数据库①和法兰克福汇报档案库（Frankfurt Allgemeine Archiv）②批量下载。其中，《法兰克福汇报》及其周末版和网络版文章（共785篇）通过法兰克福汇报档案库下载，其余媒体来源文章（共2514篇）则通过 LexisNexis 数据库下载。在两个数据库中，仅通过输入搜索关键词［Exzellenzinitiative③（精英倡议计划）］、时间跨度（2004年1月1日至2016年12月31日）和书写语言（德语）对搜索结果进行限定。

"Exzellenzinitiative"（精英倡议计划）是本书语料库的唯一搜索关键词。在研究过程中，笔者曾尝试将"Eliteuniversität"（精英大学）和"Spitzenuniversität"（尖端大学）作为搜索关键词，但是最终决定只选用"精英倡议计划"这一个限定词。因为精英大学和尖端大学相关的话语并不等同于精英倡议计划话语，若在建立语料库时进行过多限定，将很可能混淆精英倡议计划话语的概念。而且，将"Eliteuniversität"（精英大学）和"Spitzenuniversität"（尖端大学）作为搜索关键词，势必导致这些词汇成为语料库分析结果中的高频词汇，那么这些词究竟本身就是在精英倡议计划话语中占主导，抑或是研究预设造成的，将不得而知。为了避免人为造成研究结果不准确，

---

① LexisNexis 数据库网址：http://www.lexisnexis.de。
② 法兰克福汇报档案库网址：http://www.faz-biblionet.de，本书是通过柏林自由大学图书馆数据库进入法兰克福汇报档案库网页进行语料下载的，与通过其他方式进入该网页下载的语料结果可能会存在差异。
③ 单词的大小写不影响搜索结果。

研究中仅选用"Exzellenzinitiative"（精英倡议计划）这一个搜索关键词。

还需要说明的是，每篇文章包含"Exzellenzinitiative"字样并不意味着文章的核心主题就是精英倡议计划，很有可能这个单词只是在文章最无关紧要的位置出现了一次，或者是某所大学发生了一件值得报道的事，在文中大学被冠以"Exzellenzinitiative-Gewinner"（精英倡议计划胜利者）的头衔，而全文讨论的主要问题跟精英倡议计划本身没有密切关系。笔者认为，关于精英倡议计划的资助大学或项目的话语本身也属于精英倡议计划话语，属于本书的范围。因此，只要"Exzellenzinitiative"（精英倡议计划）字样在文中出现过，就可以认为这篇文章也属于本书的范围。研究语料库中所有的文章都与"精英倡议计划"的主题相关，无论精英倡议计划是不是这些文章的核心主题，因此，所建立的德国媒体语料库符合语料库构成的"相关性"原则，所有文章均可被视为精英倡议计划话语。

基于精英倡议计划的发展历程和研究的可行性，研究语料的时间跨度被限定为 2004 年 1 月 1 日至 2016 年 12 月 31 日。根据搜索结果，定量研究语料库现包括各类媒体文章 3299 篇，定量研究语料库各年文章篇数分布见表 3-2。

表 3-2　　　　　　　　语料库各年文章篇数统计

年份	LexisNexis 数据库 文章篇数	法兰克福汇报档案库（以下简称 FAA） 文章篇数	共计 文章篇数
2004	7	0	7
2005	152	37	189
2006	369	68	437
2007	408	87	495
2008	250	83	333
2009	277	88	365
2010	158	72	230
2011	205	64	269
2012	213	87	300

续表

年份	LexisNexis 数据库 文章篇数	法兰克福汇报档案库（以下简称 FAA） 文章篇数	共计 文章篇数
2013	129	47	176
2014	125	57	182
2015	74	35	109
2016	147	60	207
总计	2514	785	3299

资料来源：笔者自制。

从图 3-4 可以看出不同年份的媒体文章篇章不同。文章数量的变化呈现出两个特点：一方面，在宣布精英倡议计划各个阶段的资助结果的年份，文章的数量会有所增加。精英倡议计划第一阶段的两轮选拔结果分别于 2006 年、2007 年公布，公众对于哪些大学将获得"精英大学"的头衔尤其感兴趣，这两年，媒体对该计划的报道、评论、分析相对集中。2012 年是该计划第二阶段评选结果公布的年份，媒体文章数量也达到了一个小高峰。另一方面，在协议签署的年份，文章的数量也会有所增加，如 2009 年、2016 年分别是联邦与各州签署《精英协议 II》以及《精英战略》协议的年份。

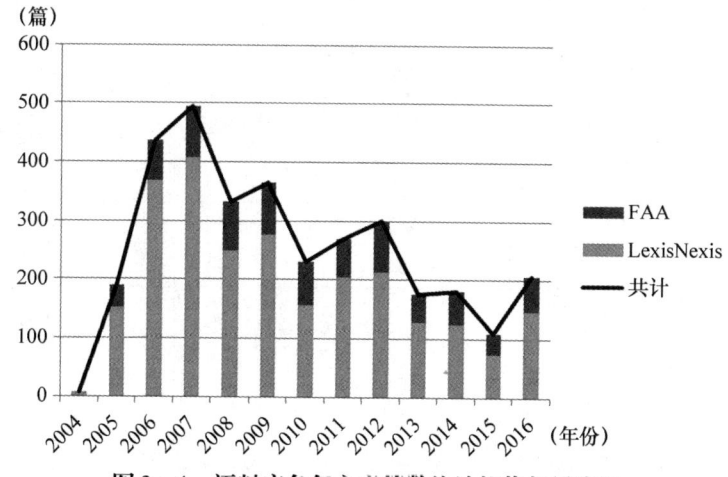

图 3-4 语料库各年文章篇数统计柱状与折线图

资料来源：笔者自制。

定量研究语料库中所有的文章都经过数据清洗，只将包含所有文章正文部分的干净文本作为研究语料，建立语料库，其余如文章的标题、日期、作者、配图、版权等元数据信息（Metadaten）都被剔除，以保证所有文本格式的一致性，确保研究结果的准确性。①

同时，根据精英倡议计划的发展历程，将不同时间段的文章分为三个子语料库，即2004—2005、2006—2012、2013—2016子语料库。其中，2004—2005子语料库包含196篇文章，2006—2012子语料库包含2429篇、2013—2016子语料库包含674篇。三个子料库所包含的类符数及形符数见表3-3。其中，类符数（word types）表示语料库的文本中一共包含多少个不同的词形，形符数（word tokens）指语料库的文本中一共有多少个词。由于三个子语料库中同时包含一些相同的词形，因此定量研究语料库的总类符数（95194）并不是2004—2005子语料库（14167）、2006—2012子语料库（79113）和2013—2016子语料库（36759）的类符数相加得出的总和，而是对整个定量研究语料库单独进行统计的结果；语料库的总形符数（1910219）则与2004—2005子语料库（97848）、2006—2012子语料库（1366693）和2013—2016子语料库（445678）的形符数之和相等。

表3-3　　　　　　　　　三个子语料库的构成

	文章篇数	类符数	形符数
2004—2005子语料库	196	14167	97848
2006—2012子语料库	2429	79113	1366693
2013—2016子语料库	674	36759	445678
总计	3299	95194	1910219

资料来源：笔者自制。

---

① 为避免篇章元数据不统一导致研究结果出现偏差，研究中所使用的对比语料库（详见第三章第三节中的"语料库语言学的定量研究方法"相关内容）也进行了类似的预处理，即仅用媒体文章的正文部分建立对比语料库。

此外，话语词汇层面的分析关注的是词汇的语义层面，而不是语法层面的特性，同一个单词由于语法的需要发生屈折变化，不应被视为语义层面产生了差异，比如"sollen"（应该）和其第三人称单数形式"soll"（应该）从语义层面考察并无差异，在分析时，尤其是在关键词统计时，应当一视同仁。因此，为了使 Antconc 软件的统计结果更能反映精英倡议计划话语在词汇的语义层面的特点，本书运用 Korpustransfer 软件①对所有语料进行了词性还原，这样如变位过的动词在语料中将统一被还原为动词原型，比如 soll 将被还原为 sollen 识别，词尾变位的形容词也将被还原为形容词原型。经过词性还原后，三个子语料库相关数据变化见表 3-4。

表 3-4　　　　　　词性还原后，三个子语料库的构成

	文章篇数	类符数	形符数
2004—2005 子语料库	196	11679	97848
2006—2012 子语料库	2429	65057	1366693
2013—2016 子语料库	674	29902	445678
总计	3299	78793	1910219

资料来源：笔者自制。

二　语料库语言学的定量研究方法

语言学领域通过篇章语料库进行研究已经有较长的历史传统。但是借助电脑软件进行研究的现代语料库语言学具有一些不一样的特点：语料库语言学研究处理的是大量的篇章，语料库不再由几篇文章构成，而是几千甚至几万篇。语料库语言学的研究兴趣不在于单个篇章，而在于大型篇章组中的语言使用及其模式。因此，语料库语言学属于实证定量研究。②

---

① Korpustransfer 软件由德国弗莱堡大学福格尔（Friedemann Vogel）教授开发，可在其个人网站 http：//www.friedemann-vogel.de 下载。

② Noah Bubenhofer, *Sprachgebrauchsmuster. Korpuslinguistik als Methode der Diskurs- und Kulturanalyse*, Berlin/New York：de Gruyter, 2009, S. 16.

话语分析视角下的德国精英倡议计划

本书主要参考布本霍费尔（Noah Bubenhofer）的研究思路①，将语料库语言学理解为话语分析的一种方法。研究的第一步就是建立一个精英倡议计划的话语语料库，然后通过语料库语言学的研究方法，找出精英倡议计划话语中能够作为竞争性元素线索的反复出现的语言结构，如与之相关的具有显著性的关键词及其最常用的搭配等。

语料库语言学的研究一般可以分为语料库驱动（corpus-driven）和基于语料库（corpus-based）两种研究类型。语料库驱动研究是一种归纳型研究方法，在没有任何研究假设的前提下，不断发现语料中的语言现象。在分析的过程中，研究者会逐步发现语言的特定模式，并以此为依据提出研究假设。② 而基于语料库研究则是通过语料库语言学的实证研究对语料库的特定假设进行验证，③ 其研究的主要兴趣点在于考察语料中是否出现了所寻找的语言现象，如果出现了，在哪儿出现、以何种频率出现，以及如何出现。④

笔者所进行的语料库语言学研究首先分别对完整的定量研究语料库和三个子语料库进行语料库驱动研究，析出关键词；然后在此基础上，结合研究设问，提出进一步分析的问题与思路，对精英倡议计划话语进行基于语料库的研究，由此将语料库语言学研究的两种研究方法相结合。

在具体的研究过程中，使用语料库语言学常用的 Antconc 软件⑤（见图 3-5）对精英倡议计划话语进行定量研究，使用该软件可以对语料库进行语料检索（Concordance）、词图（Concordance Plot）及文件预览（File view）、词组搭配（Clusters/N-Grams）、词语搭配（Collocates）、词表（Word list）和关键词表（Keyword list）等多项统计和

---

① Noah Bubenhofer, *Sprachgebrauchsmuster. Korpuslinguistik als Methode der Diskurs- und Kulturanalyse*, Berlin/New York: de Gruyter, 2009, S. 16.

② Thomas Niehr, *Einführung in die linguisitische Diskursanalyse*, Berlin/Boston: de Gruyter, 2011, S. 71.

③ Ibid..

④ Noah Bubenhofer, *Sprachgebrauchsmuster. Korpuslinguistik als Methode der Diskurs- und Kulturanalyse*, Berlin/New York: de Gruyter, 2009, S. 100.

⑤ Antconc 软件免费下载网址：http://www.laurenceanthony.net/software/antconc。

研究。其中，语料检索功能可以将所有包含被检索词的句子片段罗列出来，研究者可以以此对被检索词所在的上下文语境进行研究；通过词图功能可以观察被检索词在文本中的位置分布，并通过文件预览功能浏览全文，进一步观察被检索词所在的语境；词组搭配功能可以找到语料库中由多个单词组成的词组，通过其使用频率等找到语言现象的使用规律；词语搭配功能可以对词语所在的语境中词汇的出现频率进行统计；词表和关键词表功能则可以对词频进行排序，一目了然地展示构成研究语料的各类词汇。

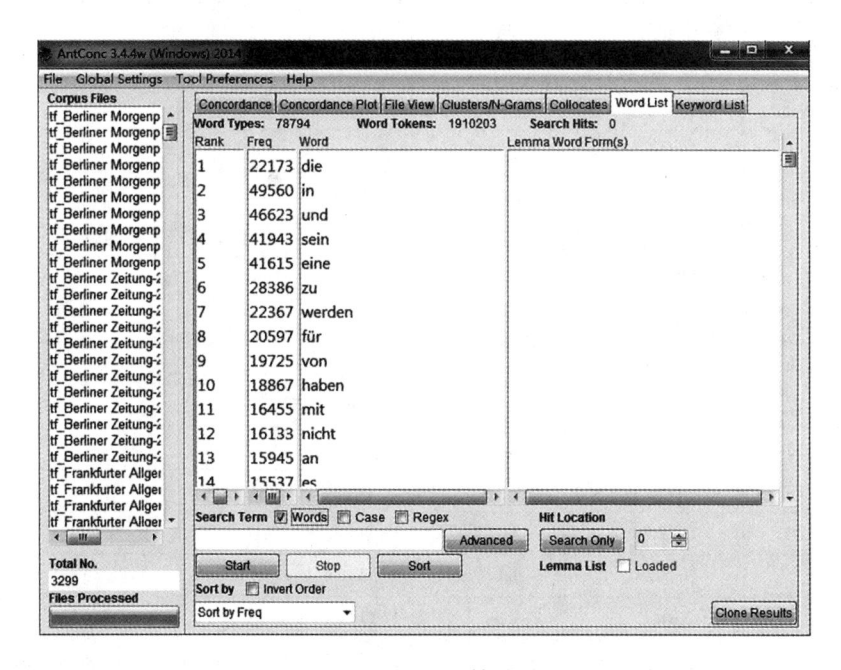

图 3-5 Antconc 软件界面

资料来源：截取自 Antconc 软件。

运用 Antconc 软件可以对词性还原后的定量研究语料库中的所有词汇进行统计，并按照出现频率进行排序。笔者对研究语料进行初步统计的结果如表 3-5 所示（仅展示出现频率最高的前 50 个词汇）。

表 3-5　　　　　研究语料库中出现频率最高的词汇

序号	词频	关键词	中文翻译
1	221738	die	阴性/复数定冠词
2	49560	in	在……中
3	46623	und	和
4	41929	sein	他的；是
5	41615	eine	一个
6	28386	zu	到……去
7	22367	werden	变成
8	20393	für	为了
9	19725	von	从，……的
10	18867	haben	有
11	16455	mit	和……一起
12	16133	nicht	不
13	15945	an	在……（单位）任，在……的时候
14	15537	es	它
15	15304	sich	自己
16	13996	auch	也
17	13736	sie	她，他们
18	12345	auf	在……上
19	10453	universität	大学
20	10298	als	作为
21	10167	dass	连词（连接从句）
22	9304	wir	我们
23	8931	ihr	你们，她（第三格），您的、你们的，她的、他们的
24	8109	wie	怎样
25	7856	dies	这个
26	7615	jahr	年
27	7603	er	他
28	7475	aus	来自
29	7472	bei	在……附近

第三章 话语分析的方法与路径

续表

序号	词频	关键词	中文翻译
30	7382	hochschule	高校
31	7291	sollen	应该
32	7268	aber	但是
33	7262	können	能够
34	6806	um	围绕
35	6325	so	如此
36	6026	nach	在……之后
37	5997	nur	只
38	5898	alle	所有
39	5699	sagen	说
40	5683	noch	还是
41	5622	gut	好的
42	5523	ich	我
43	5358	exzellenzinitiative	精英倡议计划
44	5340	mehr	更多
45	5296	man	人们
46	5210	geben	给予
47	5204	neu	新的
48	4988	wollen	想要
49	4944	müssen	必须
50	4906	über	在……上方

注：本书运用 Korpustransfer 软件对定量研究语料库进行了词性还原，该软件生成的、经词性还原后的词汇首字母均为小写。

资料来源：笔者自制。

根据表3-5可以看出，在一个语料库中出现频率最高的词汇很可能是一些冠词如 die、eine 等，或一些介词如 in、zu、für 等，抑或是连词 und，助动词 sein、werden 等。而与精英倡议计划密切相关的词汇，如"universität"（大学）和"hochschule"（高校）分别排在第19位和第30位，"exzellenzinitiative"（精英倡议计划）一词更是排在第43位。功能词的排名在前并不反映所在的话语的特点，尤其是语义层面的特点，只是德语语言表达、语法所导致的结果，因此，需要通过某种方式优化或修正统计结果。

在对语料库进行语言学分析时，可以通过使用对比语料库，修正研究结果。利用 Antconc 软件可将定量研究语料库与对比语料库进行对比，找出定量研究语料库中最显著（signifikant）的，即与研究话语相关度最高的关键词。进行关键词分析时，同时在两个语料库（定量研究语料库和对比语料库）中出现的高频词汇将被 Antconc 软件剔除，这样的好处是在最终的关键词列表中只显示与研究话语相关的内容性词汇，而与现有话语关联不多的功能词将被剔除。[①]

理论上，任一语料库都可以作为对比语料库，但若使用与精英倡议计划完全无关的话语语料库作为对比语料库，则可以找出与精英倡议计划密切相关的表达。基于上述思考，本书尝试建立以"Alterung"（老龄化）为搜索关键词的对比语料库进行对比研究。对比语料库的构成为与定量研究语料库相同时间段（2004年1月1日至2016年12月31日）、相同报刊来源的含有"Alterung"（老龄化）字样的德语文章。从表3-6可以看出对比语料库共包含4049篇德语文章。

表3-6　　　　　　　对比语料库各年文章篇数统计

年份	LexisNexis 数据库 文章篇数	法兰克福汇报档案库（FAA） 文章篇数	共计 文章篇数
2004	195	78	273
2005	260	95	355
2006	270	90	360
2007	263	61	324
2008	161	63	224
2009	182	60	242
2010	250	79	329

---

① Nina Kalwa, *Das Konzept »Islam«. Eine diskurslinguistische Untersuchung*, Berlin/Boston: de Gruyter, 2013, S. 53-56.

续表

年份	LexisNexis 数据库 文章篇数	法兰克福汇报档案库（FAA） 文章篇数	共计 文章篇数
2011	210	44	254
2012	267	78	345
2013	255	92	347
2014	240	110	350
2015	237	73	310
2016	225	111	336
总计	3015	1034	4049

资料来源：笔者自制。

由于"老龄化"与"精英倡议计划"是完全无关的两个主题，可以以此假设，研究结果中将被剔除一般性的日常用语和功能词，并获得精英倡议计划话语中最显著的关键词。Antconc 软件所进行的显著性（Signifikanz）测试是通过运用对数似然值（log-likelihood）的算法[①]计算出词汇与主题的相关性（keyness），从而对关键词的显著性进行排序，生成关键词列表。

在本书中，笔者还对三个子语料库进行了比对研究。这里使用的对比语料库是完整的定量研究语料库。子语料库与对比语料库的构成见表 3-7。

表 3-7　　　　　　三个子语料库及对比语料库的构成

	文章篇数	类符数	形符数
2004—2005 子语料库	196	11679	97848
2006—2012 子语料库	2429	65057	1366693
2013—2016 子语料库	674	29902	445678
对比语料库（使用完整的定量研究语料库）	3299	78793	1910219

资料来源：笔者自制。

---

① 对数似然值（log-likelihood）具体算法参见 http://ucrel.lancs.ac.uk/llwizard.html。

必须说明的是，对比语料库的选取和使用对统计结果会产生直接的影响。本书还曾尝试用完整的"Alterung"（老龄化）比对语料库及按同时段分的三个"Alterung"（老龄化）子语料库分别作为精英倡议计划三个子语料库的比对语料库进行研究，但出现的情况往往是，三组语料中均出现的关键词与完整语料库的关键词列表的前10位几乎一致，10—20位也多有重复。多次尝试的统计结果表明，将精英倡议计划的完整语料库作为对比语料库后，析出的结果最能够反映三个子语料库中最显著的词汇。当然，将精英倡议计划的完整语料库作为对比语料库进行研究，可能会将部分三个子语料库共同拥有的关键词筛除掉，但鉴于这些词在完整的定量研究语料库的前500个关键词中均出现过，而且对三个子语料库比对分析的根本目的是从历时的角度探究话语的变迁，尤其是词汇层面的变化，因此，这一尝试的结果恰好能反映出不同时段与精英倡议计划话语相关度最高，也就是最显著的词汇（具体研究结果见第四章第三节）。

在析出关键词的基础上，针对研究问题，分别对"Exzellenzinitiative"（精英倡议计划）和"Wettbewerb"（竞争）两个关键词的搭配进行研究，并对三个子语料库中的距离指示词进行历时比较，以此探索媒体中精英倡议计划话语在词汇层面反映出的竞争性元素的线索。研究结果将在第四章集中展示。

第四节　语料库的定性研究

一　定性研究语料库的构成

如果说通过语料库语言学对精英倡议计划话语进行定量分析，主要是用于把握精英倡议计划话语的表层特征，并初步找到竞争性元素在精英倡议计划话语中如何得以呈现的相关线索与规律，那么接下来对精英倡议计划话语进行定性分析，则可以进一步从话语的深层含义中找出媒体话语所反映出的对竞争性元素的解读与评价。

从定量研究语料库中选取进行定性分析的部分语料，建立定性研究语料库。选取标准为单篇文章中"Exzellenzinitiative"（精英倡议计划）

一词出现5次以上。在按照上述标准获得的结果中，个别报刊来源的文章数量相比明显超出其他报刊来源。为了不使带有特定政治倾向报刊的文章数在语料库中占比过高，保持各报刊来源的文章总数相对均衡，本书将每种报刊来源的文章控制在5篇以内。若某一报刊来源的文章超过5篇，则选取"Exzellenzinitiative"（精英倡议计划）一词出现最多的5篇。根据上述原则，定性研究语料库共由来自15个报刊来源的55篇文章构成，详细列表见表3-8。在此基础上，通过对每一篇文章的反复阅读、重点标注，对精英倡议计划话语进行深入分析与研究。

表3-8　　　　　　　定性研究语料库文章构成

	2004	2005	2006	2007	2008	2009	2010	2011	2012	2013	2014	2015	2016
《德国日报》				2			2		1				
《法兰克福评论报》			1		1			1	2				
《法兰克福汇报》				1				1				1	2
《法兰克福汇报》（周末版）													1
《世界报》			2	1									1
《世界报》（周末版）					1		1		1				
《明镜》周刊						1	1						2
《焦点》周刊				1	1								
《法兰克福汇报》网络版									2		1	1	1
明镜在线						1		3		1			
《柏林晨邮报》							1	1					
《柏林报》				2									1
《斯图加特报》					2	1			1			1	
《指针总报（波恩）》		1		1									2
《汉堡晚报》					1								
总计：55	0	3	4	9	5	3	7	2	7	1	1	3	10

资料来源：笔者自制。

从图3-6可以看出，定性研究语料库中不同年份的媒体文章篇数也基本符合定量研究语料库中的规律，即在宣布精英倡议计划资助结果的 2007 年、2012 年，文章篇数相对较多。在签署《精英战略》协议的 2016 年文章篇数是各年中最多的，但是在 2009 年联邦与各州签署《精英协议Ⅱ》的年份，文章数不多，对该计划的分析评论在时间上有所偏移，多发生在后一年，即 2010 年。

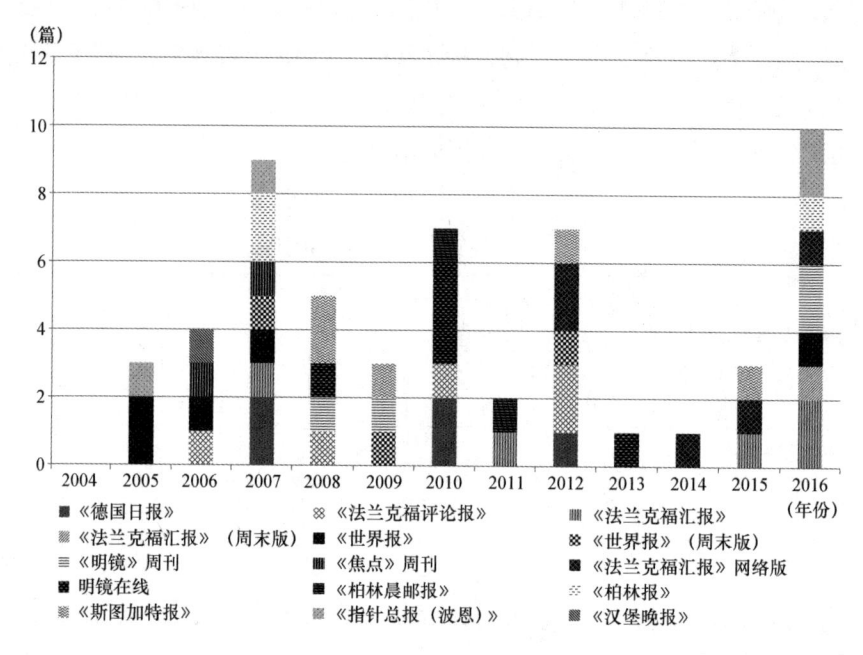

图 3-6　定性研究语料库的文章构成
资料来源：笔者自制。

二　定性研究方法

在定性分析时，研究者需通过反复阅读，对找到的隐喻、论证进行标注，形成适合本书的编码表，并对各项编码进行定义、分类。在初步制定的编码表的基础上，再次阅读文本，完善修正，最终获得完整编码以及标注段落和词汇。

这个步骤可以用传统的手工方式完成，也可以在专门的软件里进行。本书使用 Maxqda 软件①对定性研究语料库进行定性分析，运用该

---

① Maxqda 软件下载及购买网址：http://www.maxqda.com。

软件可以对篇章中有研究意义的段落进行标注、编码,替代传统的手工标注。

图 3-7 展示了 Maxqda 软件的使用界面。除了最上几排的功能按钮,界面的较大幅面被分为了左右两半。左半边的上半部分"文本列表"显示语料库所囊括的每个单独的文件,即每一篇媒体文章,可以按照年份或其他研究需要对其进行分类。左半边的下半部分"代码列表"则由使用者按需添加或修改标注段落对应的编码(Kode)。右半边则显示文本的具体内容,哪些位置的文本被标注上了哪些编码,不同编码用不同颜色显示,一目了然。当光标落在被标注的段落上时,软件会清楚地显示被标注的完整段落。

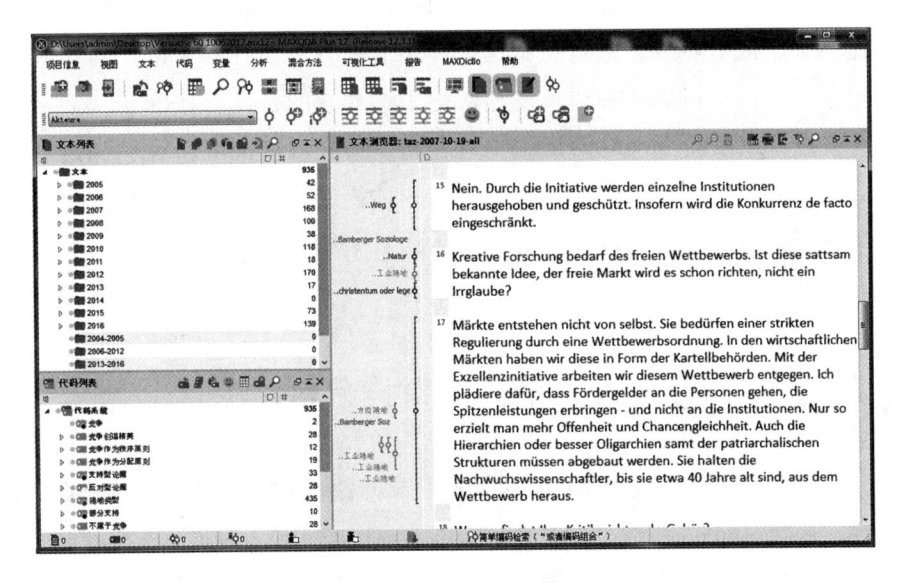

图 3-7 Maxqda 软件界面

资料来源:截取自 Maxqda 软件。

与传统方式相比,该软件可以对标注的段落或者编码进行整体移动、合并同类项等,方便修改完善。同时,运用软件自带的多种统计功能,也能够更直观地展示研究结果。

第四章　精英倡议计划话语：词汇层面的分析

精英倡议计划对于德国的高等教育领域具有划时代的变革意义，而该计划所带来的竞争性元素正是它最具影响力也是最有争议之所在。基于以上观点，笔者将德国媒体中的精英倡议计划话语作为研究对象，重点探讨话语中所反映出对竞争性元素的解读与评价。

在本章及接下来的两章中，笔者将详细展示从词汇、隐喻和论证三个层面对德国媒体中的精英倡议计划话语进行的定量和定性分析结果，以此解构德国精英倡议计划话语在媒体中所呈现出的竞争性元素。

第一节　关键词分析

研究的第一步是按照第三章第三节介绍的语料库语言学研究方法，运用 Antconc 软件将定量研究语料库与对比语料库[①]进行比对，并选取最显著的 500 个关键词[②]进行进一步分析。由于篇幅限制，在表 4-1 中仅展示统计结果中前 50 个关键词。

[①] 定量研究语料库的构成参见第三章第三节相关内容；对比语料库的构成见第三章第三节中的"语料库语言学的定量研究方法"相关内容。

[②] 语料库语言学的惯常做法是选取语料库中最显著的 300—500 个关键词进行进一步研究。

第四章 精英倡议计划话语：词汇层面的分析

表4-1　　定量研究语料库中最显著的50个关键词列表

序号	词频	相关度(Keyness)	关键词	中文翻译	词性
1	10453	14474364	universität	大学	名词
2	7382	10880911	hochschule	高校	名词
3	5358	9180769	exzellenzinitiative	精英倡议计划	名词
4	3214	4889784	uni	大学（缩写）	名词
5	4020	4502373	forschung	研究	名词
6	4019	4394344	bund	联邦	名词
7	5557	3174721	land	州	名词
8	2434	2988267	student	大学生	名词
9	2072	2967419	lehre	教学	名词
10	2529	2887334	wissenschaft	科学	名词
11	1653	2493367	studierende	大学生	名词
12	1355	2333797	graduiertenschule	研究生院	名词
13	7262	2125770	können	能够	情态动词
14	2002	1934758	professor	教授	名词
15	1111	1886455	exzellenzcluster	精英集群	名词
16	1190	1813744	schavan	沙万	名词
17	1834	1775443	wissenschaftlich	科学的	形容词
18	1053	1746191	wissenschaftsrat	科学委员会	名词
19	1137	1744380	dfg	德国科学基金会（缩写）	名词
20	1219	1623095	runde	轮	名词
21	1117	1560782	antrag	申请	名词
22	1494	1522386	fördern	促进，资助	动词
23	847	1432837	spitzenforschung	尖端研究	名词
24	973	1410312	tu	工业大学（缩写）	名词
25	810	1349000	zukunftskonzept	未来构想	名词
26	937	1308142	fach	专业	名词
27	777	1302217	geisteswissenschaft	人文科学	名词
28	4944	1271563	müssen	必须	情态动词
29	778	1267672	rector	大学校长	名词
30	791	1229626	forschungsgemeinschaft	（德意志）研究联合会	名词

续表

序号	词频	相关度（Keyness）	关键词	中文翻译	词性
31	1922	1205707	wissenschaftler	科学家	名词
32	695	1197040	außeruniversitär	大学外的	形容词
33	1359	1196951	förderung	促进，资助	名词
34	726	1187426	fu	自由大学（缩写）	名词
35	2830	1161320	berlin	柏林	名词
36	1645	1122442	wettbewerb	竞争	名词
37	611	1052362	hochschulpakt	高校协定	名词
38	644	1016729	fakultät	系	名词
39	600	957019	drittmittel	第三方经费	名词
40	604	956345	doktorand	博士生	名词
41	1503	938664	projekt	项目	名词
42	2037	926845	international	国际的	形容词
43	543	901330	zöllner	策尔纳	名词
44	538	892773	studiengebühr	学费	名词
45	553	892709	exzellenz	卓越	名词
46	539	868902	studienplatz	（大学）学习位置	名词
47	643	811601	fachhochschule	应用技术大学	名词
48	588	810654	exzellent	卓越的	形容词
49	1224	803902	president	校长	名词
50	681	799163	akademisch	学术的	形容词

注：本书运用 Korpustransfer 软件对定量研究语料库进行了词性还原，该软件生成的、经词性还原后的词汇首字母均为小写。

资料来源：笔者自制。

表4-1的第一列是每个关键词按照显著性排序的序号，显著性排序的依据则是第三列显示的相关度①。表4-1的第二列代表该关键词

---

① Antconc 软件所进行的显著性测试主要是通过对数似然值的算法计算出词汇与主题的相关度（keyness），更多相关介绍见第三章第三节中的"语料库语言学的定量研究方法"相关内容。

第四章 精英倡议计划话语：词汇层面的分析

在定量研究语料库中出现的频率，如"exzellenzinitiative"（精英倡议计划）一词在定量研究语料库的 3299 篇文章中共出现 5358 次，"hochschule"（高校）一词则出现了 7382 次。关键词的相关度与频率并不是一一对应的，一个较高频率出现的关键词根据相关度排序会排在一个较低频率出现的关键词的后面，如表一中的"wissenschaftler"（科学家）以 1922 次词频远超排名第 18 的"wissenschaftsrat"（科学委员会）（1053 次），但因为相关度较低，只能排在第 31 位。

由于篇幅限制，笔者尝试运用可视化技术，将这 500 个关键词按照其关键度构成词汇云图①（见图 4-1），以更加直观地展示这些关键词。

图 4-1　定量研究语料库的前 500 个关键词构成的词汇云
资料来源：笔者自制。

按照语料库语言学的惯例，笔者将这 500 个关键词按照词性和内容进行分类，以进一步对定量研究语料库进行分析。在此需要说明的是，Antconc 软件生成的关键词的首字母均为小写，也就是说拼写相同的动词或名词会被作为同一个词进行统计。一方面这会加强计算，将语义相同的动词和名词一并统计；但另一方面要将这些关键词按照词性分类则变得更加困难。因此，在对 500 个关键词进行词性分类

---

① 将词汇表导入 http：//www.wordle.net 页面，可直接生成词汇云图。

时，主要依据每个关键词在媒体文章中的原型的词性进行判断，选择出现频次最多的词性进行标注。

分类结果表明，500个关键词中名词类关键词数量最多（396个），占比达79.2%，可以说绝大多数关键词为名词。名词类关键词中包含了大量的地名、人名、职务名称、机构名称等专有名词，主要涉及精英倡议计划相关的行为体、对象等。除此以外，其余的名词按照所涉及的主题可分为以下几类：

第一，与精英倡议计划的资助主线及对象相关的关键词，如 universität（大学）、graduiertenschule（研究生院）、forschungsverbund（研究联盟）等；

第二，与精英倡议计划的遴选过程相关的关键词，如 antrag（申请）、gutachter（评审专家）、bewerbung（申请）等；

第三，与精英倡议计划的目标、理念与原则相关的关键词，如 wissenschaft（科学）、spitzenforschung（尖端研究）、wettbewerb（竞争）等；

第四，与精英倡议计划的经费、资助相关的关键词，如 förderung（促进，资助）、drittmittel（第三方经费）、studiengebühr（学费）等；

第五，与联邦与州的合作相关的关键词，如 bund（联邦）、land（州）、föderalismusreform（联邦制改革）、grundgesetzänderung（《基本法》修订）等；

第六，与德国大学其他领域的重要改革相关的关键词，如 hochschulpakt（高校协定）、bafög［《联邦教育促进法》（缩写）］、juniorprofessur（青年教授）等。

500个关键词中动词、形容词的分类与此相类似，与名词类关键词相比数量少很多，介词类、人称代词类、数词类和副词类关键词的数量则更少。根据从词性和关键词所涉主题进行二次分类后，可以找到与研究问题，即竞争性元素相关的关键词，并进一步分类

第四章 精英倡议计划话语：词汇层面的分析

如下①：

（1）竞争的载体

ranking（排名_名词）、exzellenzwettbewerb（精英竞争_名词）。

（2）竞争的行为

wettbewerb（竞争_名词）；küren（选择_动词）、auswählen（选择_动词）、abschneiden（取得成绩_动词）、scheitern（失败_动词）。

（3）竞争的目标或结果

a. 与尖端研究相关：spitzenforschung（尖端研究_名词）、spitze（尖端_名词）、forschungslandschaft（研究格局_名词）；

b. 与精英大学相关：elite-uni（精英大学_名词）、eliteuniversität（精英大学_名词）、spitzenuniversität（尖端大学_名词）、elite-universität（精英大学_名词）、exzellenzuniversität（精英大学_名词）、eliteuni（精英大学_名词）、leuchtturm（灯塔_名词）、spitzenuni（尖端大学_名词）、exzellenzstatus（精英地位_名词）、elitehoch-schule（精英高校_名词）、elite-hoch-schule（精英高校_名词）；

c. 与国际显示度相关：ruf（名声_名词）、sichtbarkeit（显示度_名词）、renommee（声望_名词）、reputation（名声_名词）、renommieren（夸耀_动词）、international（国际的_形容词）；

d. 与德国大学的差异化发展、特色形成相关：hochschulland-schaft（高校格局_名词）、schwerpunkt（重点_名词）、profil（鲜明特征_名词）、wissenschaftslandschaft（学术格局_名词）、auszeichnung（嘉奖_名词）、differenzierung（差异化_名词）、profilbildung（特色形成_名词）；

e. 与"精英"的概念相关：exzellenz（卓越_名词）、elite

---

① 以下关键词按照"词性优先、实际统计结果排名次之"的顺序进行展示。

（精英＿名词）、erfolg（成功＿名词）、sieger（胜利者＿名词）、exzellent（卓越的＿形容词）、erfolgreich（成功的＿形容词）、best（最好的＿形容词）、herausragend（突出的＿形容词）、hervorragend（杰出的＿形容词）、gut（好的＿形容词）；

f. 其他：spitzenforscher（尖端研究者＿名词）、exzellenzförderung（精英资助＿名词）、spitzenförderung（尖端资助＿名词）、eliteförderung（精英资助＿名词）。

从上述分类可以看出，在精英倡议计划话语框架内的各类国际、国内的"排名"和"精英倡议计划"本身〔"exzellenzwettbewerb"（精英竞争）作为其别称〕构成竞争的载体。在这场竞争中各大学"取得（不同的）成绩"，有的被"选择"为受资助的大学获得资助项目，有的则以"失败"告终。

但相比之下，竞争性元素更多地反映在通过精英倡议计划所达到的目标或结果中。笔者对"竞争的目标或结果"的关键词按照语义进行进一步分类后，发现这些关键词主要可以分为五大类，即与尖端研究相关、与精英大学相关、与国际显示度相关、与德国大学的差异化发展和特色形成相关、与"精英"的概念相关。由此看出，一方面，政府希望通过精英倡议计划选出具有显示度的精英大学，强化德国科研要地，发展德国的尖端研究，提高德国大学和科研领域在国际上的显示度，形成德国大学的差异化发展，等等。另一方面，德国大学也希望在精英倡议计划的框架下获得精英资助，形成自己的特色和重点，在国内外获得更好的声誉，成为杰出的、最好的大学，这些目的都需要通过竞争，使优秀者脱颖而出，才能得以实现。

在与精英大学相关的、表示竞争的目标或结果的关键词中，有不少含义相同或相近的关键词，如"elite-uni"（精英大学）、"eliteuniversität"（精英大学）、"spitzenuniversität"（尖端大学）、"exzellenzuniversität"（精英大学）、"spitzenuni"（尖端大学）、"elite-hochschule"（精英高校）等都指向德国联邦教研部部长布尔曼提出的要在德国打造的"哈佛式精英大学"。在话语中，这样的通过对同一事物使用不同名称的做法可以称为内隐的语言主题化（implizite Sprachthematisierungen）[①]，也就是说这些对"哈佛式精英大学"的不同表达方式反映出这个概念是精英倡议计划话语中的重要主题。

话语中指向不同含义的关键词也可以构成同一语义场，比如"sichtbarkeit"（显示度）、"renommee"（声望）、"reputation"（名声）、"renommieren"（夸耀）、"international"（国际的）等词都指向德国大学在国际上获得或增强显示度的目标。

此外，虽然"精英"的概念至今缺乏明确的定义，但从与"精英"的概念相关的关键词可以看出，只有"exzellent"（卓越的）、"erfolgreich"（成功的）、"best"（最好的）、"herausragend"（突出的）、"hervorragend"（杰出的）、"gut"（好的）成果或大学才能称得上"精英"。

由此可以看到，精英倡议计划话语中所显示出的竞争性元素存在于国际和国内两个维度内：国际竞争日益激烈，国与国之间、大学与大学之间在国际范围内对知识、人才等各类资源进行竞争，政府希望通过精英倡议计划推出在国际上具有显示度的精英大学，参与这场国际竞争；而在德国国内，各大学互相角逐，对精英倡议计划的资助以及德国高等教育领域的其他资源进行竞争。

第二节 关键词搭配分析

笔者在研究中还运用 Antconc 软件对关键词搭配进行分析，以此判断关键词所在语境，寻求关键词实际表达的语义内涵。关键词搭配分析的方法也是多种多样的，以下仅从最常见的分析方法切入。

一 "Exzellenzinitiative"（精英倡议计划）一词的搭配

首先，可以通过查看语料库中"Exzellenzinitiative"（精英倡议计

[①] Constanze Spieß, *Diskurshandlungen. Theorie und Methode linguistischer Diskursanalyse am Beispiel der Bioethikdebatte*, Berlin/Boston: de Gruyter, 2011, S. 280. 更多关于语言主题化的内容见第四章第二节中的"'Exzellenzinitiative'（精英倡议计划）一词的搭配"相关内容。

划)一词所搭配的形容词,初步了解整个话语构建出的精英倡议计划的整体形象。具体操作方法如下:利用 Antconc 软件可以统计"Exzellenzinitiative"(精英倡议计划)一词左向一个单词位置(1L)范围内出现的单词及其频率。统计结果显示,与"Exzellenzinitiative"(精英倡议计划)左向搭配频率最高的 20 个形容词[①],见表 4-2。

从表 4-2 中可以看出,与"Exzellenzinitiative"(精英倡议计划)左向搭配频率最高的 20 个形容词中,有从时间维度对精英倡议计划进行描述的,如"bisherig"(迄今为止的)、"nächst"(下一个)、"weiter"(其他的、继续的)、"gestartet"(开始了的)、"laufend"(进行中的)、"zweit"(第二个)、"auslaufend"(到期的),对应表示精英倡议计划的第一阶段、第二阶段或下一个阶段。还有从空间范围对精英倡议计划进行描述的,如"bundesweit"(联邦的、全国的)、"deutsch"(德国的)、"national"(全国的)表示精英倡议计划是在全国范围内进行的,与"hessisch"(黑森州的)搭配的精英倡议计划则不是本书的研究对象,而是表示黑森州的资助计划 LOEWE,"privat"(私人的)、"eigen"(自己的)精英倡议计划也是指其他资金来源的大学资助项目,而非本书所关注的德国联邦与州共同实施的精英倡议计划。最后一类形容词用于描述精英倡议计划的性状,如"neu"(新的)、"milliardenschwer"(价值数十亿的),而"schwer"(价值为……的)则多搭配精英倡议计划资助的具体数额 19 亿欧元,构成"der 1,9 Milliarden Euro schweren Exzellenzinitiative"(价值 19 亿欧元的精英倡议计划)的结构,以此表示该项目斥巨资,也说明精英倡议计划将对长期处于经费不足窘境的德国大学具有极大吸引力,并能够对德国高等教育领域产生巨大影响,"beschlossen"(决定了的)、"geplant"(计划的)则根据精英倡议计划的不同阶段强调该计划的实施由联邦与各州确定或者计划。

---

① 在此说明,"Exzellenzinitiative"(精英倡议计划)一词左向一个单词位置(1L)范围内出现的单词按词性分类,有名词、量词、形容词等,由于本书旨在探查精英倡议计划话语反映出该计划是"怎样的",所以仅挑选出左向搭配的形容词进行进一步研究。

表 4-2　　与 "Exzellenzinitiative"（精英倡议计划）
左向搭配频率最高的形容词列表

序号	词目（Lemma）	中文翻译	词频
1	sogenannt	所谓的	72
2	bundesweit	联邦的、全国的	52
3	(so) genannt	所谓的	28
4	neu	新的	27
5	deutsch	德国的	18
6	bisherig	迄今为止的	18
7	nächst	下一个	18
8	weiter	其他的、继续的	15
9	milliardenschwer	价值数十亿的	15
10	hessisch	黑森州的	13
11	gestartet	开始了的	13
12	zweit	第二个	12
13	laufend	进行中的	11
14	eigen	自己的	11
15	beschlossen	决定了的	10
16	privat	私人的	7
17	national	全国的	6
18	schwer	价值为……的	6
19	geplant	计划的	6
20	auslaufend	到期的	6

资料来源：笔者自制。

通过上述分析，笔者初步获得话语中精英倡议计划的整体形象。尽管从形容词搭配分析中并未获得与竞争性元素相关的线索，但这些数据中有一个突出的语言现象值得进一步分析，即距离指示词。它可以为精英倡议计划及其所反映的竞争性元素是否被公众接受提供线索。

除了上述零散的形容词搭配，与"Exzellenzinitiative"（精英倡议计划)一词搭配最多的是"sogenannt/so genannt"(所谓的)。"sogenannt/so genannt"(所谓的),与引号一起,被多马施(Silke Domasch)称为"语言主题化的最小形式"①。能够起到语言主题化(Sprachthematisierung)作用的词汇在话语中具有核心价值,语言主题化能够为研究词汇在话语中的功能、对讨论内容的争议之所在提供启发。②语言主题化可以是外显的,也可以是内隐的。内隐的语言主题化可以通过对同一事物使用不同的名称得以实现,在第四章第一节中,笔者已经展示了精英倡议计划话语中的相关范例,而外显的语言主题化(explizite Sprachthematisierungen)则可以通过下定义或者通过使用多种多样的用以点明主题的名称和含义或者元话语层③的描述完成。④"sogenannt/so genannt"(所谓的)或者引号等的距离指示词(Distanzindikator)⑤,也有学者把它们称为距离标记(Distanzmarker)⑥,在德语语言学界常常被用于外显的语言主题化,用以强调或提出某一主题,或者用于表示其后搭配的名词是"有问题的"⑦。

找到距离指示词"sogenannt/so genannt"(所谓的)这个在话语分析中值得关注的语言现象后,笔者将对它进行进一步分析。首先选取原始(未进行词性还原的)语料库,在 Antconc 软件中进一步分析

---

① Silke Domasch, *Biomedizin als sprachliche Kontroverse. Die Thematisierung von Sprache im öffentlichen Diskurs zur Gendiagnostik*, Berlin/New York: de Gruyter, 2007, S. 89.
② Constanze Spieß, *Diskurshandlungen. Theorie und Methode linguistischer Diskursanalyse am Beispiel der Bioethikdebatte*, Berlin/Boston: de Gruyter, 2011, S. 280.
③ 元话语层是指将话语、结构或者语言作为对象,从一个更高的视角对其进行描述。如果元话语层描述的对象与其发生在同一层面,这一情况被称为自指(Selbstreferentialität)。绝对的、唯一的元话语层并不存在,根据实际情况可以不断产生新的元话语层,其产生取决于方法性视角。
④ Constanze Spieß, *Diskurshandlungen. Theorie und Methode linguistischer Diskursanalyse am Beispiel der Bioethikdebatte*, Berlin/Boston: de Gruyter, 2011, S. 280 – 281.
⑤ Silke Domasch, *Biomedizin als sprachliche Kontroverse. Die Thematisierung von Sprache im öffentlichen Diskurs zur Gendiagnostik*, Berlin/New York: de Gruyter, 2007, S. 55.
⑥ Constanze Spieß, *Diskurshandlungen. Theorie und Methode linguistischer Diskursanalyse am Beispiel der Bioethikdebatte*, Berlin/Boston: de Gruyter, 2011, S. 281.
⑦ Silke Domasch, *Biomedizin als sprachliche Kontroverse. Die Thematisierung von Sprache im öffentlichen Diskurs zur Gendiagnostik*, Berlin/New York: de Gruyter, 2007, S. 94.

第四章 精英倡议计划话语：词汇层面的分析

这72个"sogenannt* Exzellenzinitiative"（所谓的精英倡议计划）[①] 的搭配情况，部分统计结果见图4-2。

```
is. Damit setzten sich in der ersten Runde der   sogenannten Exzellenzinitiative   drei von insgesamt zehn Kandidaten durch, teilte
d ist verantwortlich für die Durchführung der    sogenannten Exzellenzinitiative.  Bei diesem von Bund und Ländern finanzierten
   Die Forschung fördern - das ist das Ziel der  sogenannten Exzellenzinitiative.  Bund und Länder haben diese im Jahr 2006 ges
dert. Weitere 210 Millionen Euro sollen in die   sogenannte Exzellenzinitiative    fließen. Landesweit wollen Bund und Länder die E
Jniversität (HU) will im zweiten Anlauf für die  sogenannte Exzellenzinitiative    mit einem breit gefächerten Bewerbungskanon ar
ellenzinitiative Bund und Länder wollen in der   sogenannten Exzellenzinitiative   den Ausbau der Spitzenforschung in Deutschlan
i, um diese zur Verfügung zu stellen." Mit der   sogenannten Exzellenzinitiative   - im Grunde ein Wettbewerb der Hochschulen ui
er „Exzellenzcluster", die mit viel Geld aus der sogenannten Exzellenzinitiative   des Bundes gefördert werden. Mit dabei ist beisp
cht der Kampfgeist auf dem Campus: Mit der       sogenannten Exzellenzinitiative   ist ein Ruck durch Deutschlands höhere Bildungs
ft (DFG) eine Stellungnahme zum Verlauf der      sogenannten "Exzellenzinitiative" vorgelegt. Insgesamt wird dieses neuartige Ver
möglich werden. Austermann sagt weiter, die      sogenannte Exzellenzinitiative    des Bundes sei eine Art Modell auch für den Hoch
idung in der ersten Stufe des Programms der      sogenannten Exzellenzinitiative   getroffen. Zehn Universitäten wurden aufgrund i
se der vom Bund angeregten (und bezahlten)       sogenannten Exzellenzinitiative   bekannt - ohne daß die Wissenschaftsminister a
nzierung". Ähnliches geschieht derzeit mit der   sogenannten Exzellenzinitiative   des Bundesbildungsministeriums. Doch Hey war
forschung ist nur eine der Schattenseiten der    sogenannten Exzellenzinitiative   von Bund und Ländern, selbst unter einer deutsc
ustern" und stärkere Spezialisierung - Ziel der  sogenannten Exzellenzinitiative.  "In Deutschland", sagt Achim Wambach, "sind di
tglieder der Spitzengruppe haben auch in der     sogenannten Exzellenzinitiative   erfolgreich abgeschnitten, die seit 2006 läuft und
end sind. Das ist der Fall in vielen Feldern der sogenannten Exzellenzinitiative,  aber auch bei der Etablierung der so begehrten
```

图4-2 "sogenannt* Exzellenzinitiative"（所谓的精英倡议计划）
搭配的部分检索结果

资料来源：截取自 Antconc 软件。

按照搭配频次排序，左向搭配中有7处是以"im Rahmen der sogenannten Exzellenzinitiative"（在所谓的精英倡议计划的框架下）的形式出现的，有3处是以"in der zweiten Runde der sogenannten Exzellenzinitiative"（在所谓的精英倡议计划的第二轮中）的形式出现的；右向搭配中有7处是以"der sogenannten Exzellenzinitiative von Bund und Ländern"（联邦和各州的所谓的精英倡议计划）的形式出现的，有5处是以"der sogenannten exzellenzinitiative des bundes"（联邦的所谓的精英倡议计划）的形式出现的。

通过 Antconc 软件的词图功能可以看出这72个"sogenannt* Exzellenzinitiative"（所谓的精英倡议计划）在语料库中分布于不同年份、不同报刊来源的72篇文章中，在每篇文章中的位置（见图4-3）也

[①] 运用 Antconc 软件进行词汇搜索时，可以用 * 表示零个或多个字符。sogenannt* 就表示搜索所有以 sogenannt 开头的单词，如 sogenannt、sogenannte、sogenanntes 等。

话语分析视角下的德国精英倡议计划

没有规律可循。

......

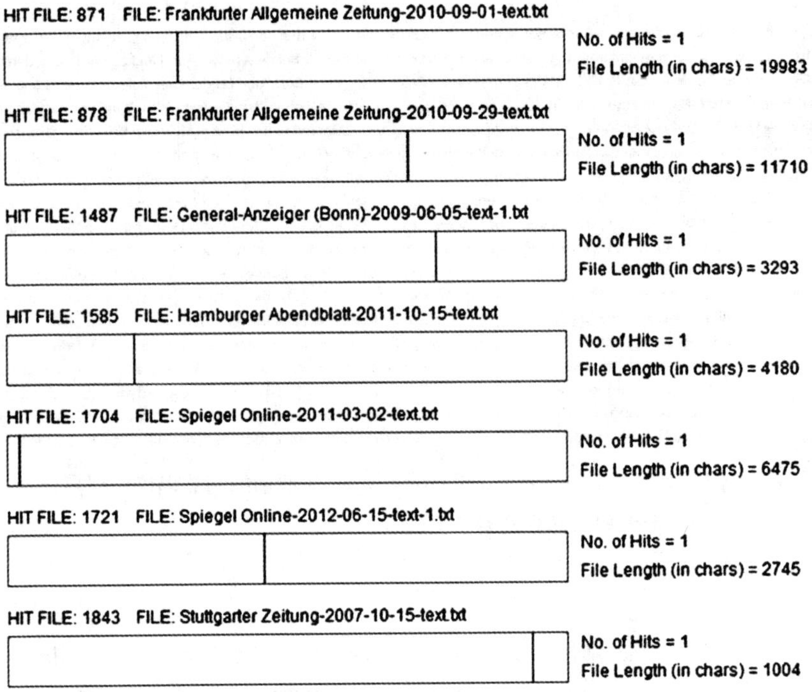

HIT FILE: 871   FILE: Frankfurter Allgemeine Zeitung-2010-09-01-text.txt
No. of Hits = 1
File Length (in chars) = 19983

HIT FILE: 878   FILE: Frankfurter Allgemeine Zeitung-2010-09-29-text.txt
No. of Hits = 1
File Length (in chars) = 11710

HIT FILE: 1487   FILE: General-Anzeiger (Bonn)-2009-06-05-text-1.txt
No. of Hits = 1
File Length (in chars) = 3293

HIT FILE: 1585   FILE: Hamburger Abendblatt-2011-10-15-text.txt
No. of Hits = 1
File Length (in chars) = 4180

HIT FILE: 1704   FILE: Spiegel Online-2011-03-02-text.txt
No. of Hits = 1
File Length (in chars) = 6475

HIT FILE: 1721   FILE: Spiegel Online-2012-06-15-text-1.txt
No. of Hits = 1
File Length (in chars) = 2745

HIT FILE: 1843   FILE: Stuttgarter Zeitung-2007-10-15-text.txt
No. of Hits = 1
File Length (in chars) = 1004

......

图 4-3 "sogenannt* Exzellenzinitiative"（所谓的精英倡议计划）
的部分词图

资料来源：截取自 Antconc 软件。

此外，28 个"sogenannt* Exzellenzinitiative"（所谓的精英倡议计划）的左向、右向搭配均没有太多的规律。

必须说明的是，"sogenannt/so genannt"（所谓的）作为距离指示词，是话语语言学分析中的一个重要指示词，在长时间跨度的语料库中可以利用距离指示词的出现频率分析话语行为体对相关话语的态度变化。在第四章第三节，笔者将对三个子语料库中的距离指示词进行历时比较，以探究精英倡议计划随着时间的推移被公众接受情况的变化。

利用 Antconc 软件还可以对"Exzellenzinitiative"（精英倡议计划）

第四章 精英倡议计划话语：词汇层面的分析

一词的表语搭配进行分析，以帮助了解整个话语勾勒出的精英倡议计划的形象，考察相关话语反映出的该计划的某些性状。具体而言，可以运用 Antconc 软件的语料检索功能列出原始（未进行词性还原的）语料库中"Exzellenzinitiative"（精英倡议计划）的"左1（1L）到右2（2R）"范围内搭配"是（ist、war）"的条目（见图4-4），统计结果共112条。

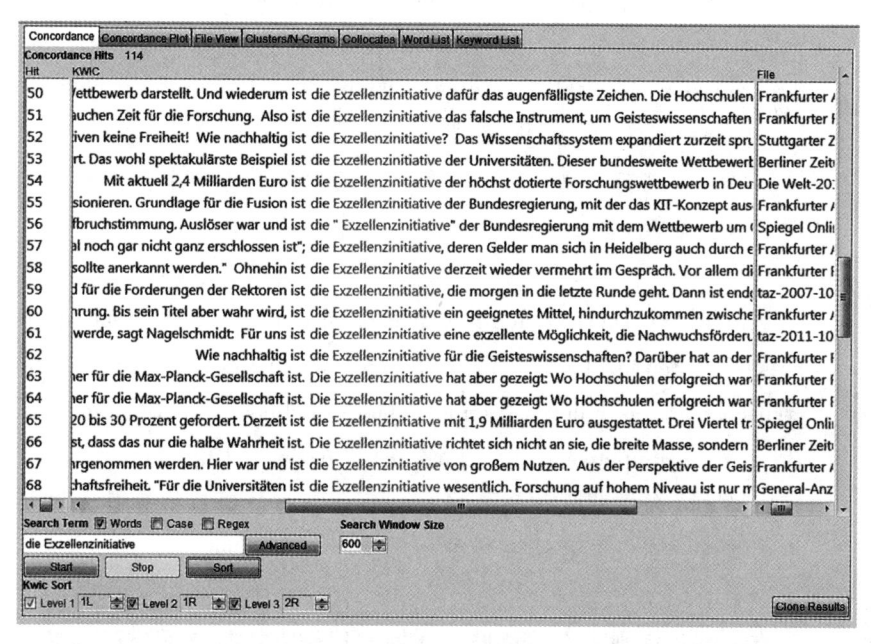

图4-4 "Exzellenzinitiative"（精英倡议计划）表语搭配的部分检索结果
资料来源：截取自 Antconc 软件。

根据这些表语搭配所涉及的主题可以看出人们对精英倡议计划的"集体知识"，通过进一步分类，找到与竞争性元素相关的线索，并呈现如下。

"精英倡议计划"一词的表语搭配中有一类强调了精英倡议计划的原则和理念，具体涉及两个方面：其中一些陈述反映出精英倡议计划具有很强的竞争性，认为精英倡议计划是"竞争""制度性的竞争""公众最可见的较强竞争的信号"，如：

例 4 – 1：Die Exzellenzinitiative ist ein Wettbewerb, der im Jahr 2005 von Bund und Ländern ins Leben gerufen wurde. ("Forscherwettstreit in drei Klassen", *FAZ*, 20. 10. 2007)

译文：精英倡议计划是2005年由联邦和各州推出的一项竞争。

例 4 – 2：Die Exzellenzinitiative war immer auchein institutioneller Wettbewerb zwischen Universitäten, doch wie der am förderlichsten verwirklicht werden könnte, ist bis heute ungeklärt. ("Allgemeine Nervosität", *FAZ*, 12. 01. 2016)

译文：精英倡议计划一直是大学间的制度性竞争，但通过该项目如何最大化地达到资助效果，至今还不清楚。

例 4 – 3：Die Exzellenzinitiative ist das vielleicht öffentlich sichtbarste Zeichen für den erheblich stärkeren Wettbewerb, in dem sich die deutschen Hochschulen seit einigen Jahren befinden. ["Überlegungen zur Exzellenzinitiative (1)", FAZ. net, 26. 06. 2012]

译文：精英倡议计划可能是对公众而言最明显的竞争大幅加剧的信号，近几年德国高校就处于这样的竞争中。

还有一些陈述则指出精英倡议计划的运作方式是公平公正、以科学为导向的，而不是以政治为导向的，如称精英倡议计划是作为"公开的方法"组织的，是"科学主导的计划"，是"研究竞争"，而不是"结构政策上的资助项目"。

例 4 – 4：Kleiner: Die Exzellenzinitiative ist von Anfang an als offenes Verfahren organisiert gewesen und bleibt dies auch in der zweiten Phase. ("Keine Etiketten auf Dauer", Spiegel Online, 26. 08. 2010)

译文：克莱纳：精英倡议计划从一开始就是作为公开程序组

第四章 精英倡议计划话语：词汇层面的分析

织的，这也将保持到第二阶段。

例4-5：Nein, die Exzellenzinitiative ist ein ganz alleinwissenschaftsgetriebenes Programm. ("Jetzt geht es um Zukunftsvisionen", *FAZ*, 28.07.2005)

译文：不，精英倡议计划是一个只由科学主导的项目。

例4-6：Die Exzellenzinitiative ist ein Forschungswettbewerb und kein strukturpolitisches Förderprogramm. ("Im Geiste der Wissenschaftsfreiheit", *FAZ*, 16.10.2006)

译文：精英倡议计划是一项研究竞争，而不是结构政策上的资助项目。

精英倡议计划的这种竞争比较接近哈耶克（Friedrich A. von Hayek）提出的竞争的含义，即多个行为体同时尝试获取同一种稀缺资源，但最终结果不由他们自己决定，而是由第三方决定。[①] 在精英倡议计划的框架下，各大学按照设定的规则，参与竞争，为争夺资助经费、获资助的头衔及其带来的名声，最终谁能获得这"稀缺资源"并不由大学自己说了算，而是由评审专家组成的委员会决定。因此，精英倡议计划的话语特别强调它是公平公正的、以科学为主导的竞争，而不是以政治为导向的竞争。

通过设定的规则，精英倡议计划为竞争提供制度化保障，德国媒体中的相关话语也清晰地反映出类似信息。在上述关于该计划的陈述中，该计划直接等同于竞争，"Exzellenzinitiative"（精英倡议计划）一词的表语搭配更是为竞争性元素作为精英倡议计划的原则性理念进一步提供了合法性。

---

① Friedrich A. Hayek, *Individualismus und wirtschaftliche Ordnung*, Salzburg: Neugebauer, 2. Auflage, 1976. Zitiert nach Ruth Kamm, *Hochschulreformen in Deutschland. Hochschulen zwischen staatlicher Steuerung und Wettbewerb*, Bamberg: University of Bamberg Press, 2014, S. 18.

二 "Wettbewerb"（竞争）一词的搭配

根据研究问题，笔者还通过查看语料库中"Wettbewerb"（竞争）一词搭配的名词、动词、形容词，考察其所在的语境，进一步了解其含义。

具体操作方法如下：利用 Antconc 软件统计"Wettbewerb"（竞争）一词左向五个单词位置到右向五个单词位置（5L—5R）范围内出现的单词及 Antconc 软件自动统计的搭配强度（Stat）[①]进行排序。由于研究时间和本书篇幅的限制，在此仅选出频次为 3 次及以上的、搭配强度排名为前 50 的名词、动词和形容词。随后，笔者对上述 50 个名词、动词和形容词中与竞争性元素相关的词汇的搭配进行二次搭配统计。同样利用 Antconc 软件统计每个单词左向五个位置到右向五个位置（5L—5R）范围内出现的单词及 Antconc 软件自动统计的搭配强度（Stat）进行排序，并仅选出频次为 3 次及以上的、搭配强度排名为前 20 的名词、动词和形容词。

按照上述统计，其结果用 Gephi 软件[②]可进行可视化展示，详见图 4-5。

通过上述搭配统计结果可以看出"Wettbewerb"（竞争）一词所在的语境，尤其是哪些词汇构成"Wettbewerb"（竞争）的语义场并处于相对中心的位置。

名词类搭配中，主要包括以下几方面的词汇：

（1）竞争的行为体：staffel（接力队）、wettbewerber（竞争者）、landesuniversität（联邦州大学）；

（2）竞争的过程：leistungsanreiz（绩效奖励）、konkurrenzfähigkeit（竞争力）、ausgang（起点）、endrunde（最后一轮）、säule（支柱）；

[①] 在 Antconc 软件选择 Sort by Stat，系统就会按照默认的计算方式计算出搭配强度（Stat），并对统计结果进行排序。

[②] Gephi 软件免费下载网址：https://gephi.org/。

第四章 精英倡议计划话语：词汇层面的分析

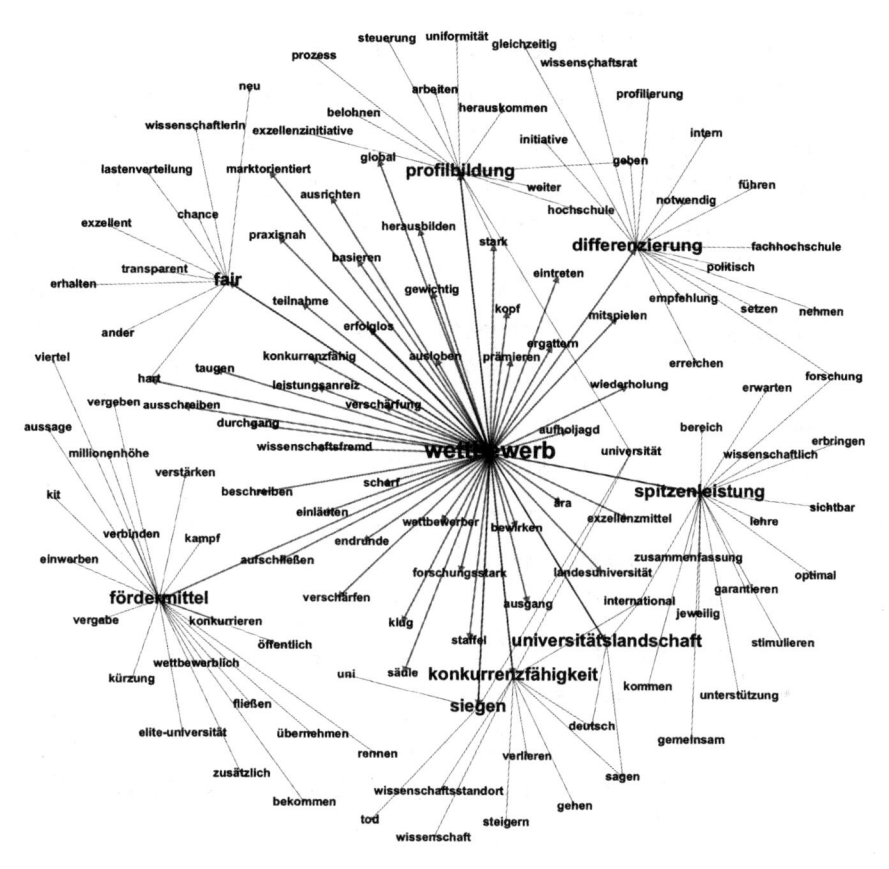

图 4-5　"Wettbewerb"（竞争）的搭配
资料来源：笔者自制。

（3）竞争的行为或状态：wiederholung（重复）、verschärfung（激烈）、durchgang（通行）、teilnahme（参加）、aufholjagd（追赶）；

（4）竞争的目标或结果：universitätslandschaft（大学格局）、ära（时代）、exzellenzmittel（精英经费）、kopf（头脑）、profilbildung（特色形成）、spitzenleistung（尖端成绩）、fördermittel（资助经费）、differenzierung（差异化）。

这些搭配的名词构成了"Wettbewerb"（竞争）所在的语义场，

其中 profilbildung（特色形成）、differenzierung（差异化）、spitzenleistung（尖端成绩）、fördermittel（资助经费）、universitätslandschaft（大学格局）、konkurrenzfähigkeit（竞争力）等词强调通过竞争获得"尖端成绩"，促进德国大学的"特色形成"、大学之间的"差异化"发展，优化德国的"大学格局"。

动词类搭配，由于缺乏搭配的宾语无法单从词汇判断，在分类过程中有些困难，但也有如 eintreten（进入）、mitspielen（参加）、verschärfen（激烈）等词汇与参与竞争的行为或状态相关；prämieren（奖励）、siegen（成功）等与竞争的结果相关。

形容词搭配，主要包括以下几方面的词汇：

(1) 竞争的状态：marktorientiert（市场导向的）、scharf（猛烈的）、hart（艰难的）、wissenschaftsfremd（远离科学的）、fair（公平的）、praxisnah（紧贴实践的）、stark（强烈的）、gewichtig（重要的）、global（全球的）；

(2) 参与竞争的行为体的状态：klug（聪明的）、erfolglos（失败的）、forschungsstark（研究实力强的）、konkurrenzfähig（有竞争力的）。

从中可以看出，精英倡议计划被视为一种竞争，这种竞争是"猛烈的""艰难的"，甚至可能是"全球的"。支持这场竞争的人认为它是"公平的""紧贴实践的""重要的"，反对它的人则认为它是"市场导向的""对科学而言陌生的"。竞争的目的则是更佳的"大学格局"、各大学的"特色形成""差异化""尖端成绩"，而参与竞争的大学则希望获得"精英经费""资助经费"，甚至是"聪明的""头脑"（人才）。在这场竞争中会有大学获得"成功"，自然也会有"失败的"大学，归根到底是要检验大学是否具有"竞争力"，是否是"研究实力强的"。

这些构成"竞争"语义场的词汇也将反复出现在后面几个章节的分析中，因为它们也是构成精英倡议计划话语的隐喻和论证的重要元素。除了词汇层面的语言表征，竞争性元素也将反映在相关话语的隐喻和论证层面等话语的深层结构，这意味着"Wettbewerb"（竞争）一词本身不一定会在话语中反复出现，但是这些构成"竞争"语义场的词汇可以共同或单独作为精英倡议计划话语所反映出的竞争性元素的指示器。通过对话语进行隐喻和论证层面的分析，笔者将对这些词汇给予关注，并进一步探索它们在精英倡议计划话语中的作用与深层含义。

第三节 子语料库研究

根据第二章"精英倡议计划话语的背景框架"所介绍的精英倡议计划的发展历程，我们将不同时间段的文章分为三个子语料库：2004—2005子语料库、2006—2012子语料库、2013—2016子语料库。通过对三个子语料库进行比对研究，可以发现精英倡议计划话语所反映的竞争性元素在不同时期是否发生过变化。使用的对比语料库是完整的定量研究语料库。将三个经过词性还原的子语料库分别导入Antconc软件，并析出该子语料库中最显著的关键词。[①] 2004—2005子语料库、2006—2012子语料库、2013—2016子语料库中最显著的50个关键词分别见表4-3—表4-5。

表4-3　　　　　2004—2005子语料库中最显著的关键词

序号	词频	相关度	关键词	中文翻译	词性
1	120	330341	bulmahn	布尔曼	名词
2	742	264289	sollen	应该	情态动词
3	89	235582	koch	科赫	名词
4	109	222983	ministerpräsident	州长	名词
5	104	218341	ga	《指针总报》（缩写）	名词

---

① 三组子语料库的构成以及将完整的定量研究语料库作为对比语料库的说明见第三章第三节中的"语料库语言学的定量研究方法"相关内容。

续表

序号	词频	相关度	关键词	中文翻译	词性
6	92	203770	winnacker	温纳克	名词
7	64	144369	ag	股份公司（缩写）	名词
8	517	136662	land	州	名词
9	47	130639	bund-länder-kommission	联邦和州委员会	名词
10	48	120737	edelgard	埃德尔加德	名词
11	103	103818	studiengebühr	学费	名词
12	52	101840	csu	基社盟	名词
13	80	91134	union	联盟党	名词
14	165	85106	förderung	促进，资助	名词
15	51	83909	focus	《焦点》	名词
16	84	80843	wissenschaftsminister	科学部长	名词
17	34	80319	goppel	戈佩尔	名词
18	30	78786	stoiber	斯托伊伯	名词
19	29	68207	fischer	菲舍尔	名词
20	33	60855	roland	罗兰	名词
21	35	55112	kompromiss	妥协，和解	名词
22	20	54765	blk	联邦和州教育规划委员会（缩写）	名词
23	66	54083	hessen	黑森州	名词
24	16	53926	unionsgeführt	联盟党领导的	形容词
25	18	51838	föderalismuskommission	联邦制改革委员会	名词
26	51	51696	spitzenuniversität	尖端大学	名词
27	36	51104	einigung	统一	名词
28	17	50481	gaehtgens	格特根斯	名词
29	362	49425	euro	欧元	名词
30	317	48518	bund	联邦	名词
31	20	48476	ministerpräsidentenkonferenz	各州州长联席会议	名词
32	16	48172	unionsregiert	联盟党领导的	形容词
33	19	47310	bundeskanzler	联邦总理	名词
34	637	46176	wir	我们	人称代词

第四章 精英倡议计划话语：词汇层面的分析

续表

序号	词频	相关度	关键词	中文翻译	词性
35	90	43089	programm	计划，方案	名词
36	18	42926	lüthje	吕特耶	名词
37	18	42926	spitzen-uni	尖端大学	名词
38	95	42747	spitzenforschung	尖端研究	名词
39	58	40918	bundesregierung	联邦政府	名词
40	17	40503	gentechnik	基因工程	名词
41	12	40444	focus-ranking	《焦点》排名	名词
42	15	40218	arbeitslosengeld	失业救济金	名词
43	1373	40187	werden	变成	动词
44	17	39155	bildungsplanung	教育规划	名词
45	41	39079	forschungsförderung	促进研究	名词
46	161	39068	milliarde	十亿	数词
47	29	37491	februar	二月	名词
48	22	37417	fh	应用技术大学（缩写）	名词
49	32	37151	nrw	北莱茵-威斯特法伦州（缩写）	名词
50	33	37074	streit	争论	名词

资料来源：笔者自制。

表 4-4　　2006—2012 子语料库中最显著的关键词

序号	词频	相关度	关键词	中文翻译	词性
1	513	20266	zöllner	策尔纳	名词
2	526	19731	karlsruhe	卡尔斯鲁厄	名词
3	5867	18870	er	他	人称代词
4	655	18404	fu	自由大学（缩写）	名词
5	1045	18284	runde	轮	名词
6	1017	17217	schavan	沙万	名词
7	688	16479	geisteswissenschaft	人文科学	名词
8	597	13966	stuttgart	斯图加特	名词

续表

序号	词频	相关度	关键词	中文翻译	词性
9	935	12469	antrag	申请	名词
10	980	12097	zweit	第二个	序数词
11	253	11784	bochum	波鸿	名词
12	1114	11745	graduiertenschule	研究生院	名词
13	440	10523	freiburg	弗莱堡	名词
14	807	9578	tu	工业大学（缩写）	名词
15	359	9262	charité	夏利特	名词
16	500	9110	heidelberg	海德堡	名词
17	378	9034	lenzen	伦岑	名词
18	677	8862	zukunftskonzept	未来构想	名词
19	141	7867	tud	达姆施塔特工业大学（缩写）	名词
20	2700	7800	erst	第一的	序数词
21	228	7649	kit	卡尔斯鲁厄理工学院（缩写）	名词
22	236	7616	abschneiden	取得成绩	动词
23	258	7450	wowereit	沃维雷特	名词
24	270	7436	exzellenzwettbewerb	精英竞争	名词
25	365	7340	annette	安妮特	名词
26	210	6932	ressel	雷塞尔	名词
27	1563	6660	professor	教授	名词
28	639	6646	rektor	校长	名词
29	348	6566	gutachter	评审专家	名词
30	123	6559	gundelach	古内拉克	名词
31	4289	6245	sagen	说	动词
32	224	6146	klaus	克劳斯	名词
33	110	6137	auweter-kurtz	奥维特－库尔茨	名词
34	133	5978	wintermantel	温特曼特尔	名词
35	381	5963	oktober	十月	名词
36	572	5762	senat	大学评议会，州（市）政府委员	名词

续表

序号	词频	相关度	关键词	中文翻译	词性
37	139	5523	steinberg	斯坦伯格	名词
38	690	5509	technisch	技术的	形容词
39	12104	5353	mit	和……一起	介词
40	344	5294	forschungszentrum	研究中心	名词
41	347	5273	jürgen	于尔根	名词
42	275	5266	olbertz	奥尔伯兹	名词
43	2444	5140	uni	大学（缩写）	名词
44	92	5133	wörner	沃纳	名词
45	95	4998	markschies	马克希斯	名词
46	160	4995	seminar	讨论课	名词
47	13840	4970	haben	有，完成时助动词	动词
48	347	4842	aachen	亚琛	名词
49	208	4778	rwth	（亚琛）工业大学	名词
50	227	4774	elite-universität	精英大学	名词

资料来源：笔者自制。

表4–5　　2013—2016子语料库中最显著的关键词

序号	词频	相关度	关键词	中文翻译	词性
1	370	344514	wanka	万卡	名词
2	1421	169146	bund	联邦	名词
3	221	138414	grundfinanzierung	基础资金	名词
4	159	137190	johanna	约翰娜	名词
5	130	126047	imboden	英伯顿	名词
6	100	97700	fegebank	菲格巴恩克	名词
7	140	77356	befristet	有期限的	形容词
8	81	75366	programmpauschale	项目经费	名词
9	185	75106	dauerhaft	持久的	形容词
10	1676	72000	land	州	名词
11	143	67226	exzellenzuniversität	精英大学	名词

续表

序号	词频	相关度	关键词	中文翻译	词性
12	192	61867	wissenschaftssystem	科学系统	名词
13	65	57969	wolff	伍尔夫	名词
14	126	55217	kooperationsverbot	合作禁令	名词
15	52	50804	imboden-kommission	英伯顿委员会	名词
16	3649	47377	sie	她，他们	人称代词
17	83	46104	koalitionsvertrag	联盟协议	名词
18	44	42988	exzellenzstrategie	精英战略	名词
19	95	42763	bauer	鲍尔	名词
20	102	41947	bafög	《联邦教育促进法》（缩写）	名词
21	125	41436	elf	十一	数词
22	216	39465	finanzierung	资助	名词
23	109	37750	grüne	绿党	名词
24	68	36931	wissenschaftskonferenz	（德国）科学联席会	名词
25	567	36180	milliarde	十亿	数词
26	81	36101	grundgesetzänderung	《基本法》修订	名词
27	70	35936	gwk	德国科学联席会（缩写）	名词
28	383	32368	spd	社民党（缩写）	名词
29	163	29482	pakt	协定	动词
30	34	28726	flüchtlinge	难民	名词
31	126	28337	koalition	联盟	名词
32	60	28028	entlasten	减轻……的负担	动词
33	107	27930	grundgesetz	《基本法》	名词
34	83	27885	verbund	联盟	名词
35	81	26809	wissenschaftsministerin	科学部长（女）	名词
36	43	26469	expertenkommission	专家委员会	名词
37	56	25223	mittelbau	中间层	名词
38	34	24835	energiewende	能源转型计划	名词
39	25	24425	vigo	比戈	名词
40	25	24425	wankas	万卡的	形容词

第四章 精英倡议计划话语：词汇层面的分析

续表

序号	词频	相关度	关键词	中文翻译	词性
41	35	24355	schäuble	朔伊布勒	名词
42	30	24055	prenzel	普伦泽尔	名词
43	44	23831	theresia	特里西亚	名词
44	24	23448	klucken	克鲁肯	名词
45	24	23448	ourense	奥伦塞	名词
46	87	23332	fortsetzen	继续	动词
47	63	23243	bundesrat	德国联邦参议院	名词
48	150	22959	union	联盟党	名词
49	25	22568	hwwi	汉堡世界经济研究所（缩写）	名词
50	76	21857	bericht	报告	名词

资料来源：笔者自制。

将2004—2005、2006—2012、2013—2016三个子语料库的前50个关键词进行比对，考察词汇使用的变迁，可以看出以下几个特点。

第一，2004—2005、2006—2012、2013—2016三个子语料库的前50个关键词的重合度极低，没有关键词同时出现在三个子语料库中。"bund"（联邦）、"land"（州）、"milliarde"（十亿）、"union"（联盟党）这四个词同时出现在2004—2005及2013—2016两个子语料库中，从2006—2012子语料库析出的关键词与其他两个子语料库均无重合。

"bund"（联邦）、"land"（州）（多以复数形式Länder出现）同时出现在2004—2005及2013—2016两个子语料库的统计结果中，是一个值得进一步分析的语言现象。精英倡议计划是联邦与州共同资助、共同实施的项目，察看这两个词所在的语境发现，在未进行词性还原的2004—2005原始子语料库中，Bund和Länder*[①]同时出现在3

---

① 运用Antconc软件进行词汇搜索时，可以用 * 表示零个或多个字符。länder* 就表示搜索所有以länder开头的单词，如länder、ländern等。

个单词距离内（3L 或 3R）的搭配共 175 次，其中 107 次以"Bund und Länder(n)"（联邦和州）的形式出现，还有 52 次以"Bund-Länder-"（联邦和各州的）作为名词复合词前缀的形式出现，构成的复合词包括：

Bund-Länder-Kommission（联邦和州委员会）（38 次）；
Bund-Länder-Exzellenzinitiative（联邦和州的精英倡议计划）（4 次）；
Bund-Länder-Programm（联邦和州的计划）（4 次）；
Bund-Länder-Vereinbarung（联邦和州的协议）（2 次）；
Bund-Länder-Projekt（联邦和州的项目）（1 次）；
Bund-Länder-Arbeitsgruppe（联邦和州的工作小组）（1 次）；
Bund-Länder-Konferenz（联邦和州联席会议）（1 次）；
Bund-Länder-Pakt（联邦和州的协定）（1 次）。

在 2013—2016 子语料库（未进行词性还原的原始子语料库）中，Bund 和 Länder* 同时出现在 3 个单词距离内（3L 或 3R）的搭配共 563 次，其中 486 次是以"Bund und Länder(n)"（联邦和各州）的形式出现的。

依此可以推断，联邦和州常常作为一对在精英倡议计划话语中同时出现。在讨论和实施精英倡议计划的过程中，联邦和各州之间同时存在着三种关系：首先，联邦政府和各州政府这两类行为体总是共同参与其中。如本书第一章第四节所述，按照《基本法》的规定，德国联邦政府无法单独实施精英倡议计划，因为高等教育的自治权掌握在联邦州政府的手中。尽管 2015 年起实施的《基本法》赋予联邦政府更多的权力，联邦政府对高校的资助不再局限于项目形式，但所有的资助依然需要征得联邦州政府的同意。因此，精英倡议计划话语不断强调精英倡议计划的合法性。其次，联邦政府和各州政府之间具有合作关系。由于联邦政府只能以项目的方式参与各州的高等教育事务，项目的实施必须得到各州的同意，而各联邦州对高等教育的经费投入长期不足，亟须获得联邦政府的额外资助。当各大学在精英倡议计划的竞争中争夺各类资源时，联邦政府和各州政府则相互合作成为这场竞争的规则制定者和"幕后主导者"。再次，联邦政府和各州政府之间同时具有竞争关系。联邦和各州针对精英倡议计划选拔、资助等事宜进行反复讨论、斡旋时，始终处于竞争对手的位置，就联邦与州在精英倡议计划的权责范围以及在推进德国高等教育发展、尖端研究发展方面的权责划分不断进行博弈和竞争。不过，联邦与各州之间的权力竞争在实施精英倡议计划之前就长期存在，它与笔者所研究的精英倡议计划话语反映的竞争性元素的主要内涵不同，是大学治理范围内讨论的主题，涉及大学与国家的关系。

第二，三个子语料库中各自特有的关键词，显示出三阶段话语的差异性和侧重点。三组语料展现出的话语变迁也反映出不同阶段精英倡议计划的发展变化，比如精英倡议计划涉及的对象、机构或行为体在三个时间段中产生了显著变化。相应的，这些对象、机构或行为体所对应的名词就出现在三组统计结果中，如"bulmahn"（布尔曼）、"schavan"（沙万）、"wanka"（万卡）分别是这三个时间段的德国联邦教研部部长，他们的名字理所当然地出现在三个关键词列表中，而且作为精英倡议计划实施的重要推动者，他们在列表中的排名也相当靠前。除了大量的人名、地名、机构名称、职务名称外，每个子语料库中也有几个可以反映出精英倡议计划话语中竞争性元素的关键词，值得进一步分析。

一 2004—2005 子语料库

2004—2005 子语料库中，"kompromiss"（妥协，和解）、"einigung"（统一）和"streit"（争论）三个关键词展现出这一时期围绕精英倡议计划展开热烈讨论、最终达成一致的景象。

其中，"kompromiss"（妥协，和解）共出现 35 次，排名第 21 位。其左向、右向搭配并没有太多规律可循，从上下语境可以判断，该词表示联邦与各州经过长时间的讨论后，对精英倡议计划的实施达成了一致的意见。

"einigung"（统一）共出现36次，排名第27位。其左向、右向搭配也没有太多规律可循，从上下语境可以判断，该词也表示联邦与各州经过长时间的讨论后，对精英倡议计划的实施达成了统一的意见。

"streit"（争论）这个关键词在2004—2005子语料库中出现了33次，在2004—2005的精英倡议计划话语中究竟出现了怎样的争论或者是关于什么方面的争论？通过在2004—2005子语料库（未进行词性还原的原始子语料库）中考察"streit"（争论）一词①出现的语境发现如下情况：streit(s)的右向搭配类型共23种，其中streit um的搭配形式出现10次，streit über的搭配形式出现7次。streit um和streit über都可以表示"对……进行争论"，通过考察它们的搭配情况能够进一步获悉它们所在的语境。

从表4-6所展示的"streit um"（对……进行争论）的右向搭配可以看出，根据语义来分类，"streit um"（对……进行争论）结构后搭配的"争论的对象"主要包括联邦政府与联邦州在高教领域的职权划分（6次）、对精英大学的资助（2次）、精英倡议计划项目本身（1次），以及教学的质量（1次）。

表4-6　　　　　　"streit um（对……进行争论）"的右向搭配

		搭配内容	中文翻译
1	Streit um	Zuständigkeiten	职权范围
2	Streit um	die Zuständigkeiten des Bundes im Hochschulbereich	联邦在高等教育领域的职权范围
3	Streit um	die Zuständigkeiten von Bund und Ländern	联邦和联邦州的职权范围
4	Streit um	Zuständigkeiten von Bund und Ländern	联邦和联邦州的职权范围
5	Streit um	die Bildungshoheit	教育主权
6	Streit um	die Reform des Föderalismus	联邦制改革

---

① 在Antconc中输入搜索内容streit | streits，"|"在Antconc软件中表示"或"，可用于检索多个词项。

续表

		搭配内容	中文翻译
7	Streit um	die Förderung von Elite-Unis	对精英大学的资助
8	Streit um	die Förderung von Elite-Unis	对精英大学的资助
9	Streit um	... ja, was denn nun? Jetzt heißt das Programm, das Deutschlands Unis fit machen soll, Exzellenzinitiative.	……是的,什么呢?现在这个要使德国大学保持活力的项目叫精英倡议计划
10	Streit um	die Qualität der Lehre	教学的质量

资料来源:笔者自制。

从表4-7所展示的"streit über"(对……进行争论)的右向搭配可以看出,"streit über"(对……进行争论)结构后搭配的"争论的对象"主要包括精英倡议计划项目本身(4次)、联邦政府与联邦州在教育政策领域的职权划分(1次)、学费(1次),以及主题为安乐死的一次会议(1次)。

表4-7　　"streit über"(对……进行争论)的右向搭配

		搭配内容	中文翻译
1	Streit über	die sogenannte Exzellenzinitiative	所谓的精英倡议计划
2	Streit über	die sogenannte Exzellenzinitiative	所谓的精英倡议计划
3	Streit über	die Exzellenzinitiative	精英倡议计划
4	Streit über	die beiden Förderprogramme ("Exzellenzinitiative" und "Pakt für Forschung und Innovation")	两个资助项目("精英倡议计划"和"研究与创新协定")
5	Streit über	die Zuständigkeiten in der Bildungspolitik	教育政策领域的职权范围
6	Streit über	die Studiengebühren	学费
7	Streit über	eine Tagung zum Thema Sterbehilfe	主题为安乐死的一次会议

资料来源:笔者自制。

Streit(s)的左向搭配最多的表达形式是"im Streit(um/über)"(在关于……的争论中)(9次)。

如前所述,在精英倡议计划的探讨和实施过程中,联邦与各州之间同时存在着三种关系,即"必须共同参与"的关系、合作关系和竞争关系。在精英倡议计划的萌芽阶段,联邦与州的竞争关系最为突出,各行为体对"联邦政府与联邦州在高教领域的职权划分"所进行的"streit"(争论)最多。

此外,各行为体还对"精英倡议计划项目本身""对精英大学的资助"等具有争议的内容进行了长时间的争论。对"精英倡议计划项目本身"和"对精英大学的资助"进行争论说明精英倡议计划作为一种新资助计划,一时不能为所有人接受,可能因为有行为体对设定的竞争规则不满,亦可能因为精英倡议计划带来的竞争性元素将打破德国高等教育原本均衡发展的状态。

"einigung"(统一)和"kompromiss"(妥协、和解)这两个关键词则表现出在经历了长达数月之久的争论之后,联邦与州终于就精英倡议计划的实施以及具体方案达成了统一的意见与妥协。从上述分析可以看出,在2004—2005的精英倡议计划话语中,该计划作为德国高等教育的一项新改革颇具争议,而计划所带来的竞争性元素是其中最具争议之所在。

二 2006—2012 子语料库

随着精英倡议计划第一阶段的实施,在2006—2012子语料库中最显著的50个关键词列表中出现了"antrag"(申请)、"gutachter"(评审专家)等与精英倡议计划的遴选过程相关的关键词,但与研究设问更为相关的两个关键词是"abschneiden"(取得成绩)和"exzellenzwettbewerb"(精英竞争)。

其中,"abschneiden"(取得成绩)共出现236次,列第22位,该词作为一种体育竞赛隐喻的表达(相关分析见第五章第二节),用以说明参加精英倡议计划角逐的各所大学最终是否获得各条资助主线的资助,所获成绩如何,而精英倡议计划话语中体育竞赛隐喻展示出的就是精英倡议计划所具有的竞争性。

第四章 精英倡议计划话语：词汇层面的分析

"exzellenzwettbewerb"（精英竞争）① 这一关键词共出现270次，列第24位。根据上下语境判断，"exzellenzwettbewerb"（精英竞争）直接被用作"精英倡议计划"的别称，充分展现了精英倡议计划的"竞争"理念，同时将"竞争"显性地表达出来也反映出社会各界承认存在竞争这一事实。考察其搭配时发现，"exzellenzwettbewerb"（精英竞争）的左向搭配出现最多的形式是"in/bei der/zur ersten/zweiten/letzten Runde der Exzellenzwettbewerb"（在第一/二/最后一轮精英竞争中）（27次），右向搭配出现最多的是"Exzellenzwettbewerb der (deutschen) Hochschulen"[（德国）高校的精英竞争]的形式（8次）。

三　2013—2016子语料库

2013—2016子语料库的前50个关键词列表反映出这一时间段发生的几个重要事件。"grundgesetz"（《基本法》）、"grundgesetzänderung"（《基本法》修订）、"kooperationsverbot"（合作禁令）指向2014年末修订的《基本法》第91b条，即联邦和各州可以基于协定在具有跨地区的意义的情况下对科学、研究和教学共同进行资助。这涉及联邦与州在高等教育领域的权力竞争，这一点在第四章第三节分析 Bund 和 Länder* 的使用时已经介绍，在此不再赘述。"exzellenzstrategie"（精英战略）则是指2016年6月16日，德国联邦总理默克尔与各联邦州州长共同签署的《关于根据〈基本法〉第91b条第1款、联邦和各州旨在促进大学尖端研究的管理协议——精英战略》，也就是精英倡议计划的后续资助项目。

除此以外，"befristet"（有期限的）、"dauerhaft"（持久的）、"fortsetzen"（继续）三个与时间的期限性、延续性相关的关键词共同出现在2013年至2016年这一时间段中，亦颇为引人注意。

"befristet"（有期限的）一词共出现140次，排名第7位。其左向搭配最多的是"zeitlich befristet"（有时间期限的）（25次）；右向

---

① 在 Antconc 中输入搜索内容 exzellenzwettbewerb | exzellenzwettbewerbs。

搭配中，befristet 作为形容词，搭配的名词包括①：

Stelle（n）（职位）（14），Verträge（n）（协议）（12），Arbeitsvertrag/Arbeitsverträge（工作协议）（7），Projekt（e）（项目）（7），Programme（n）（计划）（5），Förderung（资助）（3），Beschäftigungsverhältnisse（雇佣关系）（3），Universitätsangestellten（大学职员）（2），Professuren（教席）（2），Mittelbau（中间层）（2），Kooperationen（合作）（2），Familienplanung（家庭规划）（2），Arbeitsverhältnisse（工作关系）（2），Zusammenarbeit（合作）（1），Schwerpunkte（重点）（1），Qualifizierungsstellen（培训职位）（1），Projektzeitraum（项目时间段）（1），Pakte（协定）（1），Nachwuchsstellen（后备人才职位）（1），Mittelzufluss（资金流）（1），Mittel（资金）（1），Jobs（工作）（1），Initiativen（倡议）（1），Hochschulpaktmitteln（高校协定资金）（1），Gelder（资金）（1），Förderprogramme（资助项目）（1），Förderlaufzeiten（资助时限）（1），Forschungsstellen（研究职位）（1），Forscher（研究者）（1），Finanzierung（资助）（1），Drittmittelverträge（第三方经费协议）（1），Bund-Länder-Programme（联邦与各州的共同项目）（1）。

befristet 作为副词，搭配的形容词或动词包括②：

angestellt（受雇）（5），gefördert（受资助）（4），beschäftigt（从事）（5），kooperieren（合作）（2），besetzt（被占用的）（2），vergeben（分配）（1），tätig（任职）（1），arbeiten（工作）（1）。

---

① 在 Antconc 中输入搜索内容 befristet*，搜索范围 0—1R。
② 同上。

第四章 精英倡议计划话语：词汇层面的分析

可以看出，"befristet"（有期限的）常与职位及其相关的合同、资助经费、资助项目等连用，强调了精英倡议计划等项目资助的有期限性。精英倡议计划的有期限性主要是受到《基本法》的限制，在第一章第四节中，笔者曾介绍过，依照2014年12月31日前的《基本法》第91b条第1款，联邦不能对高校进行持续性的资助，只能对高校、单个机构或机构联盟进行有主题和有期限的项目资助。但是随着精英倡议计划的实施，不少行为体希望能够通过精英倡议计划持续资助大学的发展，2013年至2016年关于精英倡议计划的讨论开始转向不再设定期限，从有期限性转向持久性。因此，"dauerhaft"（持久的）一词在该时段的关键词列表中列第9位，共出现185次。通过在2013—2016子语料库（未进行词性还原的原始子语料库）中考察"dauerhaft"（持久的）一词出现的语境发现如下情况。

dauerhaft作为形容词，搭配的名词包括[①]：

Förderung（资助）（13），Finanzierung（en）（资助）（8），Mitfinanzierung（共同资助）（4），Stelle（职位）（3），Finanzhilfen（财政支持）（3），Beteiligung（参与）（3），Professuren（教席）（2），Kürzungen（缩减）（2），Einstieg（晋升）（2），Einrichtungen（设施）（2），等等。

dauerhaft作为副词，搭配的动词词组包括[②]：

dauerhaft an der Förderung/ an der Hochschulfinanzierung/ an der Finanzierung von Hochschulen/ an der Finanzierung eines Hochschulprojektes/ an der Grundfinanzierung der Hochschulen beteiligen（长期参与资助/高校资助/高校的资助/高校项目资助/高校基本资助）（9），die Stellen/ Forschung und Lehre/ Bildungs-und Forschungspro-

---

① 在Antconc中输入搜索内容dauerhaft*，搜索范围0—1R。
② 在Antconc中输入搜索内容dauerhaft，搜索范围2—6。

jekte/ Hochschulen/ Schulen und Hochschulen/ 300 neue Lehrerplanstellen dauerhaft finanzieren（长期资助职位/研究与教学/教育和研究项目/高校/中小学和高校/300个新增教师职位）（9），die deutschen Spitzenuniversitäten/ Forschungsvorhaben/ Exzellenzhochschulen/ Hochschulen/ Projekte von "überregionaler Bedeutung" an Hochschulen dauerhaft（mit jährlich 533 Millionen Euro）fördern［（每年5.33亿欧元）长期资助德国尖端大学/科研计划/精英高校/高校/高校的具有"跨地区意义"的项目］（9），dauerhaft in Hochschulprojekte/ in die Bildung investieren（长期投资高校项目/教育）（7），dauerhaft an der Universität bleiben/arbeiten（长期在大学工作/留在大学）（6），（von den Kosten des Bafög）dauerhaft（um etwa 1,2 Milliarden Euro）/ dauerhaft jährlich um 1,17 Milliarden Euro/ um 1,15 Milliarden Euro pro Jahr entlasten［长期每年（从助学贷款中）减少（大约12亿欧元）/每年减少11.7亿欧元/11.5亿欧元）（6），dauerhaft（Hochschulen/ Universitäten/ vom Bund）mitfinanzieren［长期（由联邦）共同资助（高校/大学）］（5），Universitäten/ Hochschulen dauerhaft（finanziell）unterstützen［长期对大学/高校进行（财政）支持］（5），Hochschulen/ Spitzenunis dauerhaft gefördert werden（高校/尖端大学长期得到资助）（2），die Förderung/ die Grundfinanzierung/ die Ausbildung von jungen Forschern dauerhaft sichern（长期保证对青年研究人员的资助/基础资助/培训）（3），dauerhaft an den Rand drängen（长期被推向边缘）（2），mehr Professoren und Mitarbeiter dauerhaft beschäftigen（长期雇佣更多教授和职员）（2），die Ausgaben dauerhaft gegenfinanzieren（长期满足支出的资助需求）（2），dauerhaft in die Forschung zieht（长期从事研究）（2），dauerhaft internationale Relevanz beanspruchen（长期对国际相关性作出要求）（2），den Wissenschaftsstandort Deutschland dauerhaft stärken（长期增强德国科研要地）（2），dauerhaft und nicht nur zeitlich befristet kooperieren（长期地而不是有时间期限地合作）（2），

dauerhaft geförderte Exzellenzuniversitäten（长期受资助的精英大学）（2），dauerhaft weiterfinanziert werden（长期得到继续资助）（2），dauerhaft zusammenarbeiten（长期合作）（2），dauerhaft in der Hochschulfinanzierung/ an den hochschulen engagieren（长期致力于高校资助/参与高校事务）（2），等等。

可以看出，"dauerhaft"（有期限的）多与"Förderung"（资助）、"Finanzierung"（资助）、"Kooperation"（合作）、"Beteiligung"（参与）等搭配。一方面，强调精英倡议计划应当不再进行有年限限定的资助，而是长期、持久的资助；另一方面，也强调了联邦与州长期持久的合作。2015年1月1日起新的《基本法》修正案实施，其中第91b条第1款就允许联邦政府对高校进行长期资助，不再设期限，也可以不通过项目的形式，由此，精英倡议计划的后续计划——精英战略得以对德国大学进行较长年限的资助。

与"dauerhaft"（持久的）搭配的动词词组中也不乏反映精英倡议计划的长期持续性效果的例子，如在人才方面：Top-Forscher dauerhaft nach Berlin holen/ dauerhaft in die Forschung zieht（将顶级研究人员持续地吸引到柏林/持续地吸引到研究中），等等。

与"dauerhaft"（持久的）如出一辙的还有"fortsetzen"（继续）一词，在2013—2016子语料库中共出现87次，排名第46位。与"fortsetzen"（继续）搭配最多的、作为其宾语的名词包括①：

Exzellenzinitiative（精英倡议计划）（22），Hochschulpakt（高校协定）（4），Förderung（资助）（4），Trend（趋势）（3），Projekt（项目）（3），Karriere（职业生涯）（3），Wettbewerb（竞争）（2），Studium（大学学习）（2），Praxis（实践）（2），Initiative（倡议）（2），等等。

---

① 在Antconc中输入搜索内容fortsetzen，搜索范围5L—0。

其中搭配最多的就是继续实施精英倡议计划相关的表达。"befristet"（有期限的）、"dauerhaft"（持久的）、"fortsetzen"（继续）共同表达了精英倡议计划话语中打破该计划的有期限性的愿望、倡导对大学资助的持久性、延续性，因此这三个词也可以被视为精英倡议计划"竞争"理念弱化的信号。

从2004年至2005年对精英倡议计划实施方案的"kompromiss"（妥协，和解）、"einigung"（统一）和"streit"（争论），到2006年至2012年的体育竞赛隐喻词汇"abschneiden"（取得成绩）和精英倡议计划的别称"exzellenzwettbewerb"（精英竞争）所反映出的高竞争性，再到2013年至2016年的"befristet"（有期限的）、"dauerhaft"（持久的）、"fortsetzen"（继续）释放出的精英倡议计划竞争性元素弱化的信号。精英倡议计划话语所呈现的竞争性在历时发展的角度呈现出由弱变强再转弱的变化发展过程。图4-6可以用于简要表达2004年至2016年竞争性元素在精英倡议计划话语中的历时发展与变化。

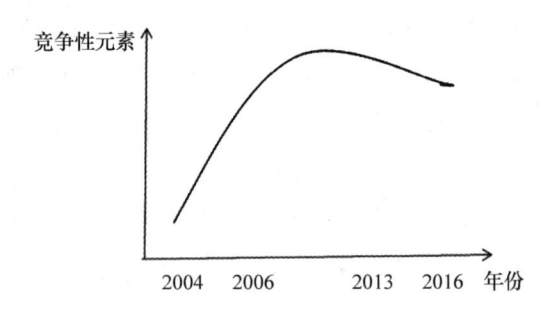

图4-6 精英倡议计划话语中竞争性元素的历时变化
资料来源：笔者自制。

精英倡议计划话语中所反映出的竞争性元素信号的强弱变化与该计划的实际政策变化与实施效果相符。在2004年至2006年项目被提出至实施第一阶段，德国联邦政府与各州政府进行着博弈，德国大学虽先后加入竞争，但大都对这种新的机制与模式还未能完全适应。2006年至2013年计划实施第二阶段，竞争进入了白热化状态，各大学拼尽全力去争夺"桂冠",因而竞争的激烈程度也逐步达到了顶峰。计划实施两个阶段后,德国政府在其后续资助项目"精英战略"中对资助规则进行了修改,资助期限从精英倡议计划的5年延长为两个7年(最多可达14年),申请资助的流程也更为优化,政府不再一味地追求竞争,而是开始重视项目本身的质量,希望将更多的资源(包括人力、物力、财力和时间等)用于研究本身,而不是资助申请。

第四节 距离指示词比较

在关键词搭配分析中,笔者发现了"sogenannt/so genannt"(所谓的)作为距离指示词这一有趣的现象[①],它可以用以强调或提出某一主题,也可以用于表示其后搭配的名词是有问题的。为了进一步了解"sogenannt/so genannt"(所谓的)在精英倡议计划话语中的作用,笔者对三个子语料库中的"so genannt* / sogenannt* Exzellenzinitiative"(所谓的精英倡议计划)进行进一步统计[②]。两种形式的"所谓的精英倡议计划"出现频率见表4-8。

表4-8 "so genannt*/sogenannt* Exzellenzinitiative"(**所谓的精英倡议计划**)
在三个子语料库中的出现频率

	2004—2005	2006—2012	2013—2016
so genannt* Exzellenzinitiative	12	16	0
sogenannt* Exzellenzinitiative	15	45	12
频率总计	27	61	12
子语料库形符数	407504	1286359	915379
出现频率比(‰)	0.66257	0.47421	0.13109

资料来源:笔者自制。

---

① 参见第四章第二节"'Exzellenzinitiative'(精英倡议计划)一词的搭配"相关内容。

② 在Antconc中输入搜索内容 *genannt* Exzellenzinitiative。

从上述统计可以看出,"so genannt*/sogenannt* Exzellenzinitiative"(所谓的精英倡议计划)在2006—2012子语料库中出现频率最高(61次),在2004—2005子语料库和2013—2016子语料库中出现的频率分别为27次和12次。"so genannt*/sogenannt* Exzellenzinitiative"(所谓的精英倡议计划)的表达在三个子语料库中虽然出现频率的绝对值是浮动的,但由于三个子语料库的形符数不同,出现频率比似乎更能够反映这一表达被使用的情况。数据显示,该表达在三个子语料库中出现频率比呈递减状态,从2004年至2005年的0.66‰递减到2006年至2012年的0.47‰,到2013年至2016年更是跌至0.13‰。(见图4-7)

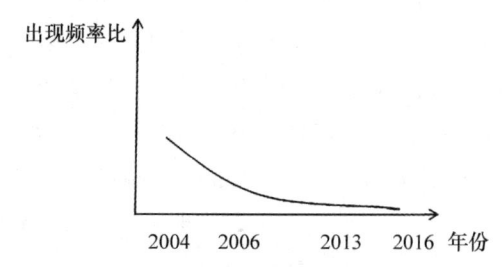

图4-7 "所谓的精英倡议计划"(so genannt*/sogenannt* Exzellenzinitiative)出现频率比的历时变化

资料来源:笔者自制。

由此可以推断,"so genannt*/sogenannt* Exzellenzinitiative"(所谓的精英倡议计划)的表达在精英倡议计划被提出伊始,由于话语发出者对该计划并不熟悉,往往会使用距离指示词"sogenannt/so genannt"(所谓的)表示与该计划之间的距离感。如果随着时间的推移,话语发出者依然大量使用距离指示词,则往往表示对它的负面印象,而这一情况并没有出现在研究语料中,由此可以推断,精英倡议计划作为竞争的制度化载体随着时间的推移逐渐为公众所接受。德国政府在2015年上半年宣布将精英倡议计划延长10年,这恰恰也印证了该计划在德国被公众逐渐接受、获得认可的现实。

此外,与"so genannt*/sogenannt* Exzellenzinitiative"(所谓的精

英倡议计划）搭配最多的为"der sogenannten Exzellenzinitiative von Bund und Ländern"（联邦政府和联邦州的所谓的精英倡议计划）（7次）、"im Rahmen der sogenannten Exzellenzinitiative..."（在所谓的精英倡议计划的框架下……）（7次），都是距离指示词较为中性的用法。

第五节 词汇层面总体特征

在进行词汇层面的话语分析时，由于词汇数量巨大，笔者无法对话语中所有的词汇进行分析，只能借助语料库语言学的研究方法找出那些在话语中与研究问题具有相关性的，对话语的发展结构、主题的集中起重要作用的词汇。

通过上述对精英倡议计划话语进行的词汇层面的定量分析，笔者初步获得了精英倡议计划话语中所呈现的竞争性元素的一系列线索。"竞争"在精英倡议计划话语中成为具有多重含义的词汇，在此，笔者将尝试总结和梳理分散在话语中与"竞争"相关的线索。

从对完整的德国媒体语料库中最显著的500个关键词进行词性和语义分类、"Exzellenzinitiative"（精英倡议计划）一词搭配的表语结构、"Wettbewerb"（竞争）一词的语义场分析可以看出，精英倡议计划本身是一种"竞争"，是竞争的制度化载体。笔者找到了关于竞争的行为体及行为体状态、竞争的载体、竞争的过程、竞争的行为或状态，以及竞争的目标或结果等内容。各大学在精英倡议计划所设置的各个环节的竞争中互相角逐，目的是获得几条资助主线的资助以及精英称号。此外，竞争性元素隐藏在精英倡议计划的各项目标之中，如通过差异化、特色形成将不同的大学区别开来，不再呈现均衡发展的态势；还有发展德国的尖端研究，提高德国大学和科研领域在国际上的显示度等联邦与州在推出精英倡议计划时所设定的目标，也包含着竞争性元素，需要区别出优良中差，才能得以实现。

从关键词、关键词的搭配中，可以看到，竞争性元素所处的两个不同维度，即国际维度和国内维度。精英倡议计划的实施首先是源于外部的竞争压力，也就是国际范围内的竞争，这种竞争是既定的、已经有的，不以一个国家的意志为转移的。在这样的背景下，德国需要通过加强其国内高等教育领域的竞争，以应对全球环境内的竞争。由此，通过精英倡议计划这个竞争性元素的制度化载体，德国大学纷纷投入了德国国内对于各类资源，尤其是精英倡议计划资助的竞争中。

对精英倡议计划话语在词汇层面的分析显示出公众对竞争性元素持有褒贬不一的态度，这一点从"Wettbewerb"（竞争）一词搭配的形容词可以看出。支持这场竞争的人认为它是"公平的""重要的"，反对它的人则认为它是"市场导向的""对科学而言陌生的"，等等。关于对精英倡议计划的支持和反对性意见将在第六章进行详细分析。

通过对三个子语料库进行历时比较，笔者析出了精英倡议计划三个发展阶段中与竞争性元素具有相关性的关键词。由此可以看出，媒体话语呈现出 2004 年至 2016 年的竞争性元素的发展变化，即从第一阶段的联邦与州进行权责分配的"竞争"到第二阶段精英倡议计划的"竞争"理念释放强烈信号，达到顶峰，在第三阶段"竞争"理念则日渐式微。而从距离指示词比较分析则可以看出，随着时间的推移，精英倡议计划作为竞争的制度化载体逐渐被公众所接受。

除了上述关于德国大学在精英倡议计划的框架下对资助主线进行竞争，以此增强德国高等教育领域的竞争性，形成各大学差异化发展外，精英倡议计划话语中还出现了另一种竞争，即联邦与联邦州的关于高等教育领域权力分配的竞争。关于这类竞争的探讨在精英倡议计划刚被提出时尤其集中，随着各行为体经过对精英倡议计划长时间的争论，最终达成一致并确定精英倡议计划的"游戏规则"后，就不再是精英倡议计划话语的重点内容了。

此外，本书所进行的对定量研究语料库和子语料库的关键词分析，都是语料库语言学中的语料库驱动研究，即在没有任何研究假设的前提下发现精英倡议计划中的语言现象。在这样的情况下，笔者依然找到了一系列竞争性元素的线索以及历时变化，看出竞争性元素在精英倡议计划话语中的主导性地位。其他语料库语言学分析则是基于语料库研究，即从研究问题出发，找寻构成竞争性元素线索的语言现象。

第五章　精英倡议计划话语：
隐喻层面的分析

"不论在语言上还是在思想和行动中，日常生活中隐喻无所不在，我们的思想和行为所依据的概念系统本身是以隐喻为基础的。"① 隐喻构建了我们日常的思维、言语和行为，这是莱考夫和约翰逊的隐喻理论的核心论点。在精英倡议计划话语中也充斥着不少日常生活中就存在的隐喻，对精英倡议计划话语在隐喻层面的分析需从大量的、不同的隐喻中甄别出与精英倡议计划密切相关、对话语具有主导性作用的隐喻类型。

关于隐喻类型，不同学者提出过不同的分类方法。莱考夫和约翰逊在《我们赖以生存的隐喻》一书中将人们日常生活中常用的隐喻类型分为结构隐喻、方位隐喻和实体隐喻，这三种隐喻类型一般可以被视为基础隐喻类型。针对不同主题的话语还会出现特殊语境下的隐喻类型，如施皮思在生物伦理辩论话语中找到道路隐喻、战争隐喻、工业隐喻和商品隐喻、建筑隐喻、平衡隐喻、自然灾害隐喻、边界隐喻等隐喻类型。②

隐喻的分类可能性也是多种多样的，研究者可以自行决定隐喻概念的分类，但一般的分类方法都是根据上下文进行的，篇章的情景语境为单个隐喻表达按照概念领域分类的标准提供了线索。③ 对精英倡

---

① ［美］乔治·莱考夫、马克·约翰逊：《我们赖以生存的隐喻》，何文忠译，浙江大学出版社2015年版，第4页。
② Constanze Spieß, *Diskurshandlungen. Theorie und Methode linguistischer Diskursanalyse am Beispiel der Bioethikdebatte*, Berlin/Boston: de Gruyter, 2011, S. 379.
③ Ibid., S. 382–383.

议计划话语进行隐喻层面的分析，主要是通过在 55 篇媒体文章构成的定性研究语料库①中寻找将精英倡议计划及其资助主线、精英倡议计划的目标和理念、精英倡议计划的参与行为体和参与的行为等作为目标域的隐喻，并将每个隐喻的源域根据所在的概念领域合并同类项，总结出精英倡议计划话语中的隐喻类型。

例如，以下陈述就展示了精英倡议计划话语中所使用的自然隐喻的一个例子：

例 5 - 1： Ich gehe zugleich davon aus, dass Bildung und Wissenschaft weiterhin von der Politik mit Priorität unterstützt werden. Keiner kann einen Wald ernten, wenn er nur Gras gesät hat. Dass es ohne Aufforsten nicht geht, diese Erkenntnis ist in der Gesellschaft angekommen. [...] Ist in Ostdeutschland zu wenig aufgeforstet worden? Es gab Kritik, weil das Geld der Exzellenzinitiative größtenteils im Westen verteilt wurde. ("International sind wir wieder sichtbar", *Frankfurter Rundschau*, 09.07.2010)

译文：同时我认为，教育和科学必须继续在政治上获得优先支持。一个只种草的人是不会收获森林的。不植树造林是行不通的，这一认识已经成为社会共识。（……）德国东部植树太少吗？过去有批评声认为精英倡议计划的大部分资金流向了西部。

在这个例子中，德国大学所取得的成绩或者说德国高等教育体系是"Wald"（森林），精英倡议计划是"aufforsten"（植树造林），是指对德国高等教育的重视，包括在资金方面的大量投入，而与之相对的"Gras säen"（种草）则表示对德国高等教育的不重视、少投入。该隐喻用以表达对精英倡议计划的支持态度。

在精英倡议计划话语中，笔者找到了自然隐喻、道路隐喻、边界隐喻等多种隐喻类型，但因它们与研究问题关联不大，将不进行全面

---

① 定性研究语料库的构成见第三章第四节相关内容。

第五章 精英倡议计划话语：隐喻层面的分析

展示，接下来仅对精英倡议计划话语中能够呈现竞争性元素的隐喻类型进行阐释，并做详细分析。

第一节 方位隐喻

方位隐喻（Orientierungs-Metaphorik）是莱考夫和约翰逊提出的人们日常生活中常用的一种隐喻类型。之所以在此首先介绍方位隐喻，是因为这种来源于日常生活的隐喻类型在精英倡议计划话语中也可以被视为一种隐喻的基础类型，由它发展出了一系列其他特殊语境隐喻类型。

方位隐喻是通过组织一个互相关联的概念的完整系统来构建另一种概念，这类隐喻多跟空间方位有关，比如上—下、里—外、前—后、上去—下来、深—浅、中央—外围。这些空间方向来自于我们的身体以及它们在物理环境中所发挥的作用。①

方位隐喻提供空间方位的概念，但这些隐喻方向并不是任意的，而是以人们的自然及文化经验为基础。在精英倡议计划话语中，"上—下"这对方位隐喻概念出现的频率特别高，表现出"上即是好、下即是坏"的概念（见图5-1），以上下关系表示德国大学所处地位的好坏、排名的次序，或者是否进入精英倡议计划的资助名单，这也构成了精英倡议计划框架下的竞争性元素的基础。

图5-1 精英倡议计划话语中的方位隐喻"上—下"

资料来源：笔者自制，参见［美］乔治·莱考夫、马克·约翰逊《我们赖以生存的隐喻》，何文忠译，浙江大学出版社2015年版，第19页。

---

① ［美］乔治·莱考夫、马克·约翰逊：《我们赖以生存的隐喻》，何文忠译，浙江大学出版社2015年版，第11页。

定性研究语料库中有不少与方位隐喻相关的例子，比如：

例 5 – 2：Ähnlich sieht das mitunter die Wissenschaftsministerin von Sachsen, Eva-Maria Stange (SPD). "Es muss ein Auf und Ab geben und einen fairen Einstieg in den Wettbewerb für die, denen das Geld der geförderten Altkandidaten fehlt. Beide, alte und neue Bewerber, müssen unterschiedlich bewertet werden." ("Gremien fordern mehr Geld für Exzellenzinitiative", *Frankfurter Rundschau*, 11.07.2008)

译文：萨克森州科学部部长施坦格（Eva-Maria Stange，社民党）也这样认为。"必须要有上升或下降的可能性，对于那些缺少资金的老申请者而言，应该有一个公平的进入竞争的机会。必须用不同的标准评判新老申请者。"

例 5 – 3：Vorerst ist diese Runde im Exzellenzwettbewerb der Universitäten die letzte. Wer nach der Entscheidung am Freitag oben oder unten ist, wird es womöglich für lange Zeit bleiben. ("Die Stimmung ist gespannt, aber nicht ängstlich", *Berliner Zeitung*, 18.10.2007)

译文：目前这一轮是德国大学在精英竞争中的最后一轮。星期五作出决定后，谁上谁下，这个排名可能会保持很长时间。

例 5 – 4：Alt: Wir sind mit Dortmund vergleichbar. Wir waren vor 15 Jahren ganz unten und haben trotz massiver Kürzung der Grundmittel eine gewaltige Steigerung der Forschungsaktivitäten, der internationalen Sichtbarkeit und der Kooperationsfähigkeit entwickelt, die uns an die Spitze der deutschen Hochschullandschaft geführt hat. ("Es wird Verlierer geben", *Die Tageszeitung*, 12.06.2012)

译文：阿尔特（Alt）：我们能与多特蒙德相抗衡。十五年前我们还处在很低的位置，尽管缺少基础资金，我们在科研活动、国际显示度和合作能力方面得到了巨大的提升，这些提升把我们引向了德国高校格局的尖端。

第五章 精英倡议计划话语：隐喻层面的分析

例 5-5：Auffallend am Hochschulwettbewerb ist, dass er sich bislang im Wesentlichen als ein Besser-schlechter-Wettbewerb darstellt. Und wiederum ist die Exzellenzinitiative dafür das augenfälligste Zeichen. Die Hochschulen konkurrieren darum, besser zu sein als die Konkurrenz und in Hochschulrankings möglichst weit oben zu stehen, wobei die im Exzellenzwettbewerb erfolgreichen Hochschulen die besten sind. ("Besser anders", FAZ. net, 26.06.2012)

译文：值得注意的是，这场高校竞争到目前为止实质上是一场比较优劣的竞争。精英倡议计划是最让人瞩目的一个标志。高校间为了比其他竞争者表现得更优秀，为了在排名榜上排在前列而竞争，在竞争中最成功的大学就是最好的大学。

例 5-6：Dresden ist dafür ein gutes Beispiel. Die Technische Universität hat sich inzwischen in Rankings weit nach oben gearbeitet, genießt international einen sehr guten Ruf und wirbt im Zehnjahresvergleich ein Vielfaches an Drittmitteln an, also Geld von der Deutschen Forschungsgemeinschaft oder aus der Wirtschaft. Wären damals schon nur frühere Leistungen bewertet worden, hätte es die TU nie in die Elite-Gruppe geschafft. ("Elite-Unis werden neu verhandelt", *Die Welt*, 30.01.2016)

译文：德累斯顿就是一个很好的例子。（德累斯顿）工业大学在此期间的排名向上攀升了许多，在国际上享有非常好的声誉，与十年前相比获得了大量第三方经费，即来自德国科学基金会或来自企业的钱。如果当初只是根据过往成绩进行评价的话，那（德累斯顿）工业大学决不可能进入精英集团。

精英倡议计划话语中偶尔也会用"前—后"概念来表示排名的次序，前即是好、后/落后即是坏（见图 5-2）。

```
       好                          前
       ┠─────┬─────────┬─────┨
             │ 经验基础2 │
       ┠─────┴─────────┴─────┨
       坏                          后
```

图 5-2　精英倡议计划话语中的方位隐喻"前—后"

资料来源：笔者自制，参见［美］乔治·莱考夫、马克·约翰逊《我们赖以生存的隐喻》，何文忠译，浙江大学出版社 2015 年版，第 19 页。

例 5-7：Dass diese Strategie wenige Gewinner und viele Verlierer erzeugt, liegt auf der Hand. Die jetzigen Absteiger in der Exzellenzinitiative können in Zukunft schlecht damit werben, einmal exzellent gewesen zu sein. Noch weniger können jene Hochschulen, die weit hinten in wie auch immer gewonnenen Hochschulrankings stehen, damit werben, dass sie nicht noch weiter hinten liegen. Die Hochschulen sollten deshalb stärker darauf schauen, was sie besonders macht und worin sie sich von anderen unterscheiden. ("Besser anders", FAZ. net, 26. 06. 2012)

译文：显而易见的是，通过这一战略产生的胜利者是少数，而失败者是多数。在这一轮精英倡议计划中降级出局的大学未来很难以"曾经精英"的口号来为自己宣传。那些在排名榜中远远落后的高校更无法在宣传中说，它们并没有更落后。所以高校更应该关注它们有些什么特别之处以及它们和其他高校的区别在哪里。

例 5-8：Auch die Universität Köln ist unterfinanziert. Wir bilden in Nordrhein-Westfalen die meisten Studenten aus und sind auch in der Forschung ganz vorne dabei, doch bei der Grundfinanzierung liegen wir nur auf Platz fünf. ("Uni Köln: Die Masse macht's", *Welt am Sonntag*, 22. 07. 2012)

第五章 精英倡议计划话语：隐喻层面的分析

译文：科隆大学也处于经费不足的境地。在北莱茵—威斯特法伦州，我们培养的学生最多，在研究领域我们排名相当靠前，但是我们的基础经费只排名第五。

精英倡议计划话语借助人们日常的空间经验，通过上—下、前—后等方位隐喻，轻松形象地将德国大学之间的竞争关系呈现出来，德国大学不再是等值的、均质的，不再是过去处于同一水平线的状态，在精英倡议计划的竞争中，它们被区分开来。

文化中最根本的价值观与该文化中最基本的概念的隐喻结构是一致的，基于这些文化中的价值观，不同隐喻概念的使用也获得了不同的优先权。① 例如，在方位隐喻中，使用最多的是上—下的概念，尤其是"更多为上""好为上"的概念在话语中获得了最大的优先权，莱考夫和约翰逊将其原因解释为它们的"身体基础最为清晰"②。

在方位隐喻的框架下，"Ganz oben ist das beste"（最上即是最好）的隐喻在精英倡议计划话语中尤为凸显。这一点从关键词列表中各种以"Spitzen-"（尖端）构成的复合词就可见一斑，如"Spitzenforschung"（尖端研究）、"Spitzenuniversität"（尖端大学）、"Spitzenforscher"（尖端研究者）、"Spitzenförderung"（尖端资助），等等，都用以表示尖端的就是最好的。定性分析语料中也不乏这样的表达，如"Spitzeneinrichtungen"（尖端机构）、"Spitzenkräfte"（尖端力量）、"Spitzenleistungen"（尖端成绩）、"Spitzenqualität"（尖端质量），等等。有时，语料中也会出现"Top-"（尖端）所构成的复合词。

例 5 – 9：In den neuen Bundesländern haben wir Universitäten, die sind Jahrhunderte alt und dennoch erst 20 Jahre jung. Das muss man bedenken. Wenn wir uns heute die Forschungslandschaft in Ost-

---

① ［美］乔治·莱考夫、马克·约翰逊：《我们赖以生存的隐喻》，何文忠译，浙江大学出版社 2015 年版，第 20—21 页。
② 同上书，第 21 页。

deutschland anschauen, dann hat es dort eine rasante Entwicklung gegeben. In manchen Feldern sind sie sogar Spitze, etwa Chemnitz in der Werkzeugmaschinen- und Umformtechnik. Oder auch das Max-Planck-Institut für molekulare Zellbiologie in Dresden ist Weltspitze. ("International sind wir wieder sichtbar", *Frankfurter Rundschau*, 09.07.2010)

译文：必须考虑到，在新联邦州，我们有拥有上百年历史的大学，也有才建校 20 年的大学。如果我们今天看看德国东部的研究格局，就会看到它们快速的发展。在某些领域它们甚至处于尖端，比如开姆尼茨的机床制造技术和成型技术。德累斯顿的马克思—普朗克分子细胞生物学研究所也处于世界尖端水平。

精英倡议计划甚至会直接被称为"尖端竞争"。

例 5 – 10：Wie kommt es aber, dass sich der Wissenschaftsrat löblich über die Geisteswissenschaften äußert und diese im Spitzenwettbewerb so eingebrochen sind? ("Es wird stärkere Akzente geben.", *Frankfurter Rundschau*, 14.02.2006)

译文：既然科学委员会表达了对人文学科的赞扬，为什么它们却在尖端竞争中失败了？

例 5 – 11：Ihnen bereitet vor allem Sorge, dass die kleineren Universitäten im Spitzenwettkampf abgehängt werden. Sie verweisen darauf, dass die zu den Top-Universitäten gekürten Kandidaten auch im Förder-Ranking der DFG Spitzenplätze belegten. Dieser Zusammenhang zeige sich aber auch für Unis, die nur in einzelnen Fachbereichen punkten konnten, wie etwa die Unis Mainz und Bochum. Nach ihrer Vorstellung müssten diese "sektoralen" Spitzenunis stärker gefördert werden. ("Gremien fordern mehr Geld für Exzellenzinitiative", *Frankfurter Rundschau*, 11.07.2008)

第五章 精英倡议计划话语：隐喻层面的分析

译文：让他们主要忧虑的是，较小型的大学在尖端竞争中被抛在后面。他们指出，被选为尖端大学的候选高校在德国科学基金会的资助排名中也位于前列。这一关联性同样适用于那些只能在个别领域得分的大学，比如美因茨大学和波鸿大学。在他们看来，这些个别领域的尖端大学应当获得更多的资助。

除了"尖端"的表达方式外，语料中也不乏用"高度"表达"上即是好"的隐喻，比如：

例 5-12：Obgleich München und Berlin noch nicht "auf Augenhöhe mit den Besten" in Harvard, Stanford, Oxford oder Cambridge seien, habe Deutschland mit gerade einmal knapp 500 Millionen Euro Exzellenzförderung pro Jahr Beachtliches erreicht. ["Erfolgsstory mit Schönheitsfehlern", *General-Anzeiger（Bonn）*, 06.02.2016]

译文：虽然慕尼黑和柏林的大学尚未与在哈佛、斯坦福、牛津或剑桥的最好的大学齐平，但德国通过每年接近5亿欧元的精英资助也获得了显著的成效。

这种唯上的竞争理念与精英倡议计划所设定的"可持续地强化德国科研要地，增强德国科研的国际竞争力，提高德国大学和科研领域在国际上的显示度"① 的目标相吻合。追求尖端科研是精英倡议计划一直强调的目标。

随之而来的也不乏批评声，对精英倡议计划这种只追求纵向向上发展的做法表示不认可。批评者认为这是以牺牲德国大学体系的广泛绩效为代价的。"Breitförderung"（广泛资助）在很长一段时间里成为批评者用以反对精英倡议计划的核心关键词。

---

① 俞宙明：《德国高校精英倡议计划综述》，载郑春荣、李乐曾主编《德国发展报告（2013）》，社会科学文献出版社2013年版，第165页。

例 5 – 13：Für die Deutsche Forschungsgemeinschaft (DFG), die gemeinsam mit dem Wissenschaftsrat den Wettbewerb ausrichtet, ist das ein Indiz, dass der Vorwurf, die Exzellenzinitiative fördere nur die Spitze zu Lasten der Breite, hinfällig ist. "In der Exzellenzinitiative werden auch jetzt bereits 31 Unis mit ihren Projekten gefördert. Das zeigt, dass die Spitzenforschungbreit aufgestellt ist", sagt DFG-Sprecher Marco Finetti. ("Eliteunis zittern an diesem Freitag", *Stuttgarter Zeitung*, 15.06.2012)

译文：先前被指责只资助尖端大学（高度）而牺牲大部分大学（宽度）的说法并不成立，这对于与科学委员会一起发起这场竞争的德国科学基金会（DFG）来说是一种信号。"精英倡议计划现在已经资助了 31 所大学的项目，这表明尖端研究已经在广泛开展了。"德国科学基金会发言人菲内提（Marco Finetti）说。

例 5 – 14：Herrmann: Deutschland hat sich daran gewöhnt, dass Spitzenförderung notwendig ist und wir Toptalente herausfiltern müssen, um sie in unser aller Interesse zu fördern. Wichtig ist aber auch, dass wir eine solide Breitenausbildung leisten. Das ist der doppelte Anspruch. ("Sichtbar gegen die Erdkrümmung", *Der Spiegel*, 23.01.2016)

译文：赫尔曼（Herrmann）：德国已经惯性地认为，尖端资助是必要的，我们必须挑选出尖端人才，并以符合我们所有人利益的方式对他们进行资助。但同样重要的是，我们也应提供一个稳定的广泛教育。这是一种双重要求。

方位隐喻作为一种隐喻的基础类型，被广泛应用于整个精英倡议计划话语中，而不仅仅局限于几个篇章。同时，精英倡议计划话语中方位隐喻呈现出的特点是对"Ganz oben ist das beste"（最上即是最好）概念的强调，当接受话语者不断接收这样的概念，他的脑海中就会逐步构建出与之匹配的竞争性元素并加入其知识体系中，以此为精英倡议计划的竞争性元素提供合法性。

第五章 精英倡议计划话语：隐喻层面的分析

在精英倡议计划的话语中，从方位隐喻这一基本隐喻类型的基础上，还衍生出多种特殊语境隐喻类型，在话语的隐喻层面都起到了重要作用，尤其是与竞争性元素相关的隐喻类型——体育竞赛隐喻和灯塔隐喻，接下来笔者就将对这两种重要的隐喻类型进行分析。

第二节 体育竞赛隐喻

体育竞赛隐喻（Sport-Metaphorik）是精英倡议计划话语中出现频率最高的隐喻类型，它以莱考夫和约翰逊提出的基本隐喻类型"方位隐喻"为基础，是专门针对精英倡议话语的特殊语境隐喻。

体育竞赛隐喻表现出"精英倡议计划是体育竞赛"这一隐喻概念，其中，源域是体育竞赛，目标域是精英倡议计划。在本书的定性研究语料库中，体育竞赛隐喻通过体育竞赛的对手/行为体、赛制/竞赛规则、行为、目标等方面的语言表达得以实现（见表5-1）。

表5-1　　　　　体育竞赛隐喻的内容分类及语言实现

隐喻框架	中间抽象层的中心内容	语言实现
体育竞赛隐喻 Sport-Metaphorik	对手/行为体 Gegner/Akteure	Spieler（运动员）、Sieger（胜利者）、Gewinner（胜利者）、Preisträger（得奖者）、Titelverteidiger（冠军等称号保持者）、Überraschungssieger（意料之外的获胜者）、Wettbewerbssieger（竞赛胜利者）、Mittelfeld（中间运队员、中场队员）、Absteiger（降级的运动队）、Verlierer（失败者）、Aufsteiger（晋级的运动队）、Riege（体操队）、Etappensieger（接力赛跑得胜者）、Rekordhalter（纪录保持者）、Club of Nine（九所大学俱乐部）等
	赛制/竞赛规则 Spielplan/Spielregel	Spiel（比赛）、Rennen（比赛）、Wettlauf（赛跑）、Vorausscheidung（预赛）、Endausscheidung（最后选拔赛）、Finale（决赛）、Runde（轮，回合）、Liga（级）、Bundesliga（德国足球甲级联赛）、Spielregel（比赛规则）、Pfeife（哨子）等

续表

隐喻框架	中间抽象层的中心内容	语言实现
	行为 Handlungen	mitspielen（参与比赛）、aufschließen（赶上）、Aufholjagd（追赶）、hinterherhinken（落在后面）、Rückstand（落后）、verteidigen（防守）、sich abspielen（传球）、aufsteigen（晋级）、die erste Hürde nehmen（跨过第一道障碍）、sich durchsetzen（获得成功）、den ersten Platz belegen（占第一名）、küren（推选）、Schlappe（失利）、absteigen（降级）、Abstieg（运动队降级）、zurückfallen（落后、倒退）、leer ausgehen（失败）、einbrechen（失败）、ausscheiden（淘汰）、abschneiden（取得成绩）、punkten（得分）等
	目标/理念 Ziele/Prinzipien	Champion（冠军）、Erfolg（成功）、Meisterschaft（冠军）、den ersten Platz belegen（占第一名）、küren（推选）等

资料来源：笔者自制。

在体育竞赛隐喻框架下的"对手/行为体"方面，源域是体育竞赛的对手/行为体，对应的目标域基本都是大学。申请精英倡议计划资助的大学是"Spieler"（运动员），最终获得资助的大学是"Sieger"（胜利者）、"Gewinner"（胜利者）、"Preisträger"（得奖者），而那些未能获得精英倡议计划资助的大学就被称为"Verlierer"（失败者）。

9所大学在精英倡议计划的第一轮获得了"未来构想"资助主线的资助，在第二轮申请时它们希望继续获得资助，因此被称为"Rekordhalter"（纪录保持者）或者"Titelverteidiger"（冠军等称号保持者）。也有第一轮未获得"未来构想"资助主线资助的大学进入了第二轮精英倡议计划的初选，有望获得第二轮资助，它们因此被称为"Etappensieger"（接力赛跑得胜者），以表达它们接力成为所谓的"精英大学"。还有进入第二轮初选的波鸿鲁尔大学，也被戏称为黑马——"Überraschungssieger"（意料之外的获胜者）。

例5-15：Auch andere NRW-Hochschulen konnten bei der zweiten Runde der Exzellenzinitiative punkten, mit der Spitzenfor-

第五章 精英倡议计划话语：隐喻层面的分析

schung an den deutschen Universitäten gestärkt werden soll. Neben dem Überraschungssieger Bochum ist das vor allem die RWTH Aachen, die sich ebenfalls als Elite-Uni bewerben darf. ("Elite-Gedanke lebt wieder auf", *Die Tageszeitung*, 18.01.2007)

译文：北莱茵—威斯特法伦州的其他高校也在旨在推动德国高校尖端研究的精英倡议计划的第二轮角逐中得分。除了波鸿这个"意料之外的获胜者"外，亚琛工业大学也同样获得申请精英大学头衔的资格。

例 5-16：Ein Rechenbeispiel: es gibt neun Titelverteidiger und sieben zugelassene Neubewerber—darunter sind neben Dresden auch so überraschende Etappensieger wie die als "rot" verschriene Uni Bremen oder die im Provinzgeruch stehende Uni Mainz. Da künftig maximal zwölf Elitetitel vergeben werden, aber höchstens fünf Neubewerber den Titel erhalten sollen, könnten zwei alte Eliteunis ihren Status verlieren. ("Eliteunis zittern an diesem Freitag", *Stuttgarter Zeitung*, 15.06.2012)

译文：一个计算实例：九所大学成为精英大学称号保持者，七所新申请的大学获得资助——其中，除了德累斯顿，被贴上"红色"标签的不来梅大学或者处于乡村地带的美因茨大学能够入选成为"接力赛跑得胜者"（进入候选名单）也十分出人意料。由于未来只有十二所大学能被评为精英大学，而其中最多五所为新的大学，所以两所上一轮获得资助的精英大学可能会失去头衔。

由于精英倡议计划共进行了两个阶段，且第一阶段又分为两轮，所以一些大学在第一阶段获得了精英倡议计划"未来构想"资助主线的资助，但在第二阶段被淘汰，如卡尔斯鲁厄理工学院、弗莱堡大学、哥廷根大学。也有一些大学在第一阶段未能入选，却幸运地获得了精英倡议计划第二阶段的资助，如柏林洪堡大学、不来梅大学、德累斯顿工业大学、科隆大学和图宾根大学（见图5-3）。在精英倡议计划的话语中，这些大学就被对号入座，称为"Absteiger"（降级的运动队）或"Aufsteiger"（晋级的运动队）。

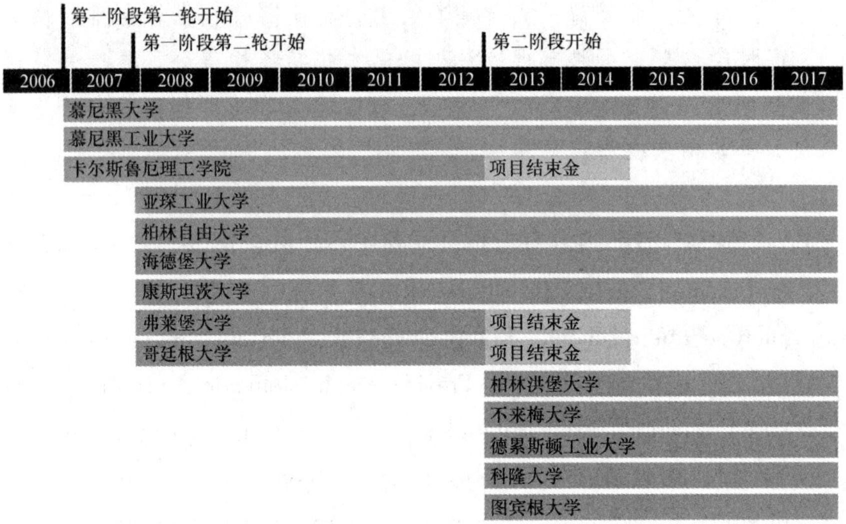

图5-3 "未来构想"资助大学及其资助年限

资料来源：Deutsche Forschungsgemeinschaft und Wissenschaftsrat, *Bericht der Gemeinsamen Kommission zur Exzellenzinitiative an die Gemeinsame Wissenschaftskonferenz*, 2015, https://www.bmbf.de/files/1_Bericht_an_die_GWK_2015.pdf, Stand: 15.01.2016, S.84。

例5-17：Die Entscheidung in der Exzellenzinitiative vom 15. Juni 2012 hat nicht nur Gewinner und Verlierer hervorgebracht, sondern diesmal auch Absteiger. Die Universitäten Freiburg und Göttingen sowie das Karlsruher Institut für Technologie (KIT) dürfen sich neuerdings nicht mehr zum exklusiven Kreis der sogenannten Eliteuniversitäten zählen. Ihre Zukunftskonzepte werden künftig nicht mehr mit Exzellenzmitteln gefördert. ["Überlegungen zur Exzellenzinitiative (1)", FAZ.net, 26.06.2012]

译文：2012年6月15日公布的精英倡议计划评选结果除了

带来胜利者和失败者，也产生了降级者。弗莱堡大学、哥廷根大学和卡尔斯鲁厄理工学院不再属于高贵的精英大学圈。它们的未来构想未来将无法获得资助。

而获得精英倡议计划"未来构想"资助主线资助的大学构成了精英大学的"Riege"（体操队），第一阶段获得资助的九所大学还被称为"Club of Nine"（九所大学俱乐部）。

例5-18：Man rechnet damit, dass es am 15. Juni insgesamt 12 Universitäten mit Exzellenzstatus geben wird. Eine in der ersten oder zweiten Runde gekürte Universität wird ihn verlieren, damit der Wettbewerbscharakter erhalten bleibt. In diesem Falle könnten vier Neubewerber in die Riege der Exzellenzuniversitäten gelangen. ("Exzellent bis zur Selbstaufgabe", FAZ.net, 09.06.2012)

译文：预计6月15日共12所大学将获得精英头衔。在第一轮或第二轮精英倡议计划入选的大学中的一所将失去精英大学称号，以保持竞争的特性。在这种情况下，可以有四所新申请的大学进入精英大学之列。

例5-19：Wichtig sei vor allem, so Leibfried, dass auch andere Hochschulen in den "Club of Nine" (neun sogenannte Spitzenunis gibt es bislang) wechseln könnten. ("Gremien fordern mehr Geld für Exzellenzinitiative", *Frankfurter Rundschau*, 11.07.2008)

译文：莱布弗里德认为，重要的是其他高校也能有机会轮换进入"九所大学俱乐部"（至今有九所所谓的尖端大学）。

有时，隐喻会直接被词汇化（lexikalisiert），有些隐喻在精英倡议计划话语中构成临时的新词（Okkasionalismen），比如一些获得资助的大学直接被称为"Siegerhochschule"（获胜的高校），而没有获得资助的大学则被称为"Verliereruniversität"（失败的大学）。

例 5 - 20：Die 6,5 Millionen Euro jährlich für ein Exzellenz-Cluster waren für die einzelnen Siegerhochschulen nicht immer ein Segen. ("Gremien fordern mehr Geld für Exzellenzinitiative", *Frankfurter Rundschau*, 11.07.2008)

译文：每年用于精英集群的 650 万欧元资助对于单个获胜的高校并不总是一件好事。

例 5 - 21：Radtke: Mein Part ist in diesem Gespräch kein einfacher, als Rektor einer Universität, die nicht mehr am Elitewettbewerb teilnimmt. Man könnte abgestempelt werden als Verliereruniversität. ("Es wird Verlierer geben", *Die Tageszeitung*, 12.06.2012)

译文：拉特克（Radtke）：作为一个无法再参与精英大学竞争的高校校长，这场谈话对我而言并不容易。我们学校可能会被盖上"失败的大学"的印戳。

体育竞赛隐喻框架下"赛制/竞赛规则"方面的语言表达主要可以分为三类。第一类与体育竞赛隐喻的概念一致，源域是体育竞赛，目标域是精英倡议计划，精英倡议计划是"Spiel"（比赛）、"Rennen"（比赛）、"Wettlauf"（赛跑）。

例 5 - 22：In einer ersten Auswahlrunde vor einem Jahr wurde bereits knapp die Hälfte des Geldes verteilt. Nun geht es um den Rest. Spannend wird vor allem, welche von acht Hochschulen das Rennen als Elite-Universitäten machen. Die etwa 20 Millionen Euro jährlich, die die Hochschulen fünf Jahre lang bekommen, sind eine stolze Summe, sagt der Vorsitzende des Wissenschaftsrats Peter Strohschneider. ("An den Universitäten herrscht Aufbruchstimmung", *Berliner Zeitung*, 19.10.2007)

译文：一年前的第一轮选拔已经用掉了一半经费，现在涉及的是剩余的部分。让人感到紧张的主要是八所高校里的哪几所能

第五章 精英倡议计划话语：隐喻层面的分析

参与精英大学的角逐。连续五年、每年得到 2000 万欧元，这对于高校来说是一个值得骄傲的数额，科学委员会主席施特罗施奈德（Peter Strohschneider）说。

在精英倡议计划的话语中，有媒体将该计划正式招标之前的阶段称为"Vorausscheidung"（预赛），也有的将第一阶段公布结果称为"Endausscheidung"（最后选拔赛）或是"Finale"（决赛）。而精英倡议计划两阶段三轮中的"Runde"（轮，回合）也是来自体育竞赛的词汇。

例 5 – 23：Bochums Rektor Elmar Weiler bekannte, er sei "traurig". Denn Bochum war dicht herangerückt an die Spitze der zehn besten deutschen Hochschulen. Bochums Konzept einer sieben Disziplinen übergreifenden "Research School" galt als heißer Kandidat für Forschungsförderung um die 120 Millionen Euro—kam aber nicht durch. Gleichwohl bleibt als Erfolg die hohe Bewertung bis in die Endausscheidung, dazu die Anerkennung aus dem Jahr 2006: Da erhielt die Ruhr-Universität eine Auszeichnung für ihre Graduiertenschule. ("Technik-Hochschule rückt zur Elite auf", *Welt am Sonntag*, 21.10.2007)

译文：波鸿大学的校长魏勒（Elmar Weiler）承认，他很"伤心"。因为波鸿和排名前十的德国高校差距很小。波鸿关于跨越七门学科的"研究院"的构想被认为是获得 1.2 亿欧元科研资助的热门候选者，却不幸失败了。但直至最后的选拔赛始终获得很高的评价，也算是一种成功，此外 2006 年也获得了认可：波鸿鲁尔大学赢得了一个研究生院项目。

第二类则是按照是否获得精英倡议计划的资助，多少项目获得哪些资助主线的资助，德国的大学也被分为三六九等不同的"Liga"（级），表现最佳者则晋级进入"Bundesliga"（德国足球甲级联赛）。

例 5-24：Die zwölfteilige Serie von *WELT* und welt. de über "Die Bundesliga der Hochschulen" hat die bei diesem Wettbewerb erfolgreichen und weniger erfolgreichen Universitäten wie ihr Elite-Konzept vorgestellt; mit dieser Folge endet diese Serie. ("Nachwuchswissenschaftler sollen den Nobelpreis holen", *Die Welt*, 11. 01. 2007)

译文：《世界报》和《世界报》网站在关于"高校甲级联赛"的十二期系列报道中介绍了在这场竞争中大获成功和略处下风的高校以及他们的精英构想。这一系列将在本期结束。

第三类则与体育竞赛的规则相关，精英倡议计划的申请、资助等规则被称为"Spielregel"（比赛规则），"Pfeife"（哨子）等与体育竞赛规则相关的词汇也出现在精英倡议计划的话语中。

例 5-25：Dann wird hoffentlich auch einmal darüber nachgedacht, wie sehr die Exzellenzinitiative das Verhältnis zwischen Politik und Wissenschaft aus dem Gleichgewicht gebracht hat. Es bekommt der Wissenschaft auf Dauer schlecht, wenn sie in Antrags- und Forschungskonformismus fast bis zur Selbstaufgabe nach der Pfeife der Politik tanzt. ("Exzellent bis zur Selbstaufgabe", FAZ. net, 09. 06. 2012)

译文：此外，需要得到思考的是，精英倡议计划如何平衡政治与科学之间的关系。长期来看，如果科学需要听命于政治的口哨，玩转于申请和研究的大潮中，甚至将此视为自己本身的任务，这并不利于科学的长期发展。

体育竞赛隐喻框架下的"行为"方面有不少词汇与体育竞赛隐喻框架下的"对手/行为体"方面的表达相对应，如"verteidigen"（防守）、"aufsteigen"（晋级）、"absteigen"（降级）、"Abstieg"（运动队降级）。

此外，还有不少词汇通过隐喻的方式展示德国各大学在精英倡议计划的角逐中的表现，如"aufschließen"（赶上）、"Aufholjagd"（追赶)、"sich durchsetzen"（获得成功）、"den ersten Platz belegen"（占第一名)、"küren"（推选）、"Schlappe"（失利）、"leer ausgehen"（失败）、"einbrechen"（失败）、"ausscheiden"（淘汰）。

例 5 - 26：Im zweiten Schritt schafften es dann Aachen, die FU Berlin, Freiburg, Göttingen, Heidelberg und Konstanz; Bochum und die Humboldt-Universität Berlin schieden auf den letzten Metern aus. ("Keine Ehre für die Lehre", Spiegel Online, 11. 07. 2008)
译文：亚琛、柏林自由大学、弗莱堡、哥廷根、海德堡和康斯坦茨都在第二轮获得了成功；而波鸿和柏林洪堡大学在最后时刻出局。

需要说明的是，在精英倡议计划话语中，"Aufholjagd"（追赶）除了表现某所落后的大学追赶其他较好的大学，以期获得精英倡议计划"未来构想"资助主线的资助外，还被用于表现德国希望通过实施精英倡议计划提升大学整体水平，追赶国际上其他更优秀的国家。

例 5 - 27：Der Rückstand des Ostens betrifft das gesamte Exzellenzrennen. [...] Es gibt keine einfache Antwort auf die Frage, warum Ostuniversitäten im Forschungswettbewerb hinterherhinken. ("Elite-Universitäten", *Berliner Morgenpost*, 26. 09. 2010)
译文：东部的落后影响到整场精英竞赛。（……）为什么德国东部的大学在研究竞争中落在后面，这个问题很难简单地回答。

表示落后的"Rückstand"（落后）、"hinterherhinken"（落在后面）两个词汇出现在同一语篇内，都用于表示德国东部地区的大学在精英倡议计划中表现不佳，相比德国西部地区的大学，处于落后地位。也可以用"zurückfallen"（落后、倒退）表示德国的科学研究与其他国家相比不能处于落后的地位。

例 5-28：Es war doch so, dass die Länder nicht die Kraft hatten, unsere Unis auf ein internationales Niveau zu heben. Wir als rohstoffarmes Land dürfen in der Wissenschaft aber nicht zurückfallen. ("Eliteunis zittern an diesem Freitag", *Stuttgarter Zeitung*, 15.06.2012)

译文：事实就是这样，各州在过去很难有能力把大学提升到国际水平。作为一个资源稀缺的国家，我们的科学研究决不能落后。

而"abschneiden"（取得成绩）一词在精英倡议计划话语中出现频率较高，与"好、坏、最好的、成功的、更好的"（gut、schlecht、am besten、erfolgreich、besser）等词连用，描述德国各大学在精英倡议计划中取得的成绩。

例 5-29：Aber auch weitere Universitäten in Baden-Württemberg haben bei Exzellenzclustern und Graduiertenschulen gut abgeschnitten. Zwölf Bewilligungen von 47 erfolgreichen Anträgen gingen in den Südwesten. ("Schavan: Exzellenzinitiative fortsetzen", *FAZ*, 20.10.2007)

译文：巴登—符腾堡州的其他大学在精英集群和研究生院两条资助主线方面表现得也很好。47个获批申请中的12个在西南部（的巴登—符腾堡州）。

例 5-30：Nach einigen Jahren könnte man dann sehen, ob diese Kontrollgruppe in der Außenwahrnehmung schlechter abschneidet als die Forschungsvorhaben, die ursprünglich als am erfolgversprechendsten wahrgenommen worden waren. ("Kollektives Backenaufblasen", *FAZ*, 06.04.2016)

译文：也许几年后可以看到，从外部视角看来，这一控制组是否比那些最初被认为最有可能成功的研究项目表现得略逊一等。

第五章 精英倡议计划话语：隐喻层面的分析

"punkten"（得分）一词则表示德国大学在精英倡议计划中获得资助主线的资助，就相当于在精英倡议计划的比赛中得分了。

例 5-31：Dieser Zusammenhang zeige sich aber auch für Unis, die nur in einzelnen Fachbereichen punkten konnten, wie etwa die Unis Mainz und Bochum. Nach ihrer Vorstellung müssten diese "sektoralen" Spitzenunis stärker gefördert werden. ("Gremien fordern mehr Geld für Exzellenz-initiative", *Frankfurter Rundschau*, 11.07.2008)

译文：这一关联性同样适用于那些只能在个别领域得分的大学，比如美因茨大学和波鸿大学。在它们看来，这些个别领域的尖端大学应当获得更多的资助。

而"sich abspielen"（传球）一词则表现出精英大学的头衔始终就是在固定的几所大学之间传递，也反映出该计划从设定开始就并没有让每一所大学都有获得资助的机会。

例 5-32：Zwar hat es bei der jetzigen Entscheidung Veränderungen gegeben. Sie spielen sich aber innerhalb der bisherigen Spitzengruppe ab. Bei den Clustern haben die Medizin und die Naturwissenschaften sich unter anderem zu Lasten der Geisteswissenschaften weiter etabliert. ("Der Wettbewerb spaltet die Hochschulen", *Frankfurter Rundschau*, 16.06.2012)

译文：虽然现在的决定发生了变化。但它（精英大学的头衔）依然在迄今的尖端大学组内传递。医药和自然科学领域的精英集群项目继续远超人文科学。

体育竞赛隐喻框架下的"目标/理念"方面的多数语言表达与夺冠、获奖的概念相关，在此，夺冠、获奖等是源域，获得精英倡议计划的资助是目标域。具体包括 Champion（冠军）、Erfolg（成功）、Meisterschaft（冠军）等。布鲁克林曾指出，体育竞赛隐喻关注的不是身体运动和无目的的比赛,也不是公平比赛的原则,而是竞争性元素本身,它关注的是通过好成绩取得成功或由于缺乏足够好的成绩或取得好成绩的能力而造成失败。总之,它关乎成绩之间的比较。①

例 5 – 33: Im Wettstreit um die deutsche Superuni, den noch die rot-grüne Bundesregierung auslobte, hat die LMU in allen drei Disziplinen abgeräumt: bei der Ausbildung von Nachwuchswissenschaftlern, mit ihren Forschungsverbünden und mit ihrem Konzept, wie sie es in die internationale Spitzengruppe der forschungsorientierten Universitäten schaffen will. Nicht gleich in die amerikanische Champions League, aber in eine Liga mit europäischen Hochschulen wie den britischen in Oxford oder in Cambridge. ("Der Rest studiert bei McDonalds", *Die Tageszeitung*, 22. 03. 2010)

译文:在红绿政府时就启动的评选德国超级大学的竞赛中,慕尼黑大学在以下所有三项竞争中都获得了成功:后辈人才培养、研究联盟和如何成为研究导向的世界尖端大学的构想。并不是立即与美国的冠军联盟齐平,而是进入欧洲高校的甲级联盟,比如英国的牛津或剑桥。

例 5 – 34: "Transforming Humboldt into the 21st Century" heißt das Konzept, das die Humboldt-Universität (HU) fit machen sollte für die Zukunft. Doch das Papier, mit dem sich die Humboldt-Universität unter der Leitung von Markschies bei der Exzellenzinitiative bewarb, brachte nicht den gewünschten Erfolg, die HU ging leer aus. Den ersten Platz belegte dagegen die Freie Universität Berlin in Dahlem, die vor wenigen Tagen von einer internationalen Einrichtung sogar unter die "Top 100" der weltbesten Universitäten gewählt wurde. ("Wohin geht

---

① Ulrich Bröckling, "Wettkampf und Wettbewerb. Semantiken des Erfolgs zwischen Sport und Ökonomie", *Leviathan*, Sonderband 29, 2014, S. 72.

die Humboldt-Universität?", *Welt am Sonntag*, 11. 10. 2009)

译文:"使洪堡大学面向 21 世纪"是计划使洪堡大学更加面向未来的方案。但是,由马基斯(Marschies)领导的洪堡大学提出的这份精英倡议计划申请书并没有带来预期的成功,洪堡大学失败了。而位于达勒姆的柏林自由大学却获得了第一名,几天前这所大学甚至被一个国际机构排在世界"百强"大学之后。

必须说明的是,与方位隐喻相同,体育竞赛隐喻也存在于整个精英倡议计划话语中,而不局限于某几个篇章或几个段落,不论是实施精英倡议计划的支持者还是反对者都使用该隐喻类型。

有时隐喻相关的单词只出现一次,但有时是一串词语一起出现,仿佛形成了一张网络,所传递的信息是:当我们谈论精英倡议计划时,我们在谈论什么?当我们谈论精英倡议计划时,就好像在讨论一场体育竞赛。

例 5 – 35:Eine Elite-Uni ist die Ruhr-Uni Bochum ja noch nicht. Aber das Wort "Spitzenuniversität" geht Rektor Elmar W. Weiler schon gut über die Lippen, seit die Ruhr-Uni bei der neuen Exzellenzinitiative die erste Hürde genommen hat. Jetzt darf die Ruhr-Uni einen ausführlichen Antrag einreichen. Wenn alles glatt geht, hat die Hochschule im Herbst den begehrten Titel: Elite-Uni.

Auch andere NRW-Hochschulen konnten bei der zweiten Runde der Exzellenzinitiative punkten, mit der Spitzenforschung an den deutschen Universitäten gestärkt werden soll. Neben dem Überraschungssieger Bochum ist das vor allem die RWTH Aachen, die sich ebenfalls als Elite-Uni bewerben darf. ("Elite-Gedanke lebt wieder auf", *Die Tageszeitung*, 18. 01. 2007)

译文:波鸿鲁尔大学还并不是一所精英大学。但自从波鸿鲁尔大学跨过新一轮精英倡议计划的第一道障碍起,校长魏勒(Elmar W. Weiler)就常常使用"尖端大学"这个词。现在鲁尔大学有资格提交一份详细的申请。如果一切顺利，该校在秋天就能获得"精英大学"这一荣誉称号。

北莱茵—威斯特法伦州的其他高校也在旨在推动德国高校尖端研究的精英倡议计划的第二轮角逐中得分。除了波鸿这个"意料之外的获胜者"外，亚琛工业大学也同样获得申请精英大学头衔的资格。

语料中常常出现比赛结果公布后，参赛者的情绪反应，比如胜利者会"jubeln"（欢呼）、"die Korken knallen"（开香槟庆祝）；失败者则会很"traurig"（伤心）。尽管这些词不被视为隐喻，但可以视作体育竞赛概念框架下的连锁反应。

例 5 - 36：Im Hauptgebäude der Universität knallten nach Bekanntgabe der Entscheidung zwar die Korken. So unverblümt und selbstbewusst aber wie einige ihrer Studenten wollte die Leitung der LMU mit dem Begriff der "Elite-Uni" nicht umgehen. ("Nachwuchswissenschaftler sollen den Nobelpreis holen", *Die Welt*, 11.01.2007)

译文：决定宣布后，大学的主楼里开始开香槟庆祝。但慕尼黑大学的领导们并不想像他们的一些学生那样坦率自信地面对"精英大学"这个头衔。

从析出的语料看，将精英倡议计划比作体育竞赛（Exzellenzinitiative als Sport）的这一隐喻类型所表现的正是精英倡议计划的竞争性。同时整个话语中相关内容一直强调"竞争创造精英"（Konkurrenz/Wettbewerb schafft Exzellenz），并认为精英和竞争是同一块奖牌的两面。① 通过体育竞赛隐喻，精英倡议计划背后的竞争性元素展露无遗。

---

① Vgl. "Konkurrenz schafft Exzellenz", *Die Welt*, 25.10.2006.

第五章 精英倡议计划话语：隐喻层面的分析

第三节 灯塔隐喻

另一种从"方位隐喻"这一基本隐喻类型发展出来的隐喻类型是灯塔隐喻（Leuchtturm-Metaphorik）。与体育竞赛隐喻等框架型隐喻不同，灯塔隐喻是从一个具象物体映射出来的具体隐喻，无法进一步细分。然而，它在精英倡议计划话语中具有独特的地位，有必要对其单独进行分析。

灯塔隐喻也是精英倡议计划话语中独特的隐喻类型或者说是特殊语境隐喻类型，在过往对不同话语的研究中都鲜少被提及。

2004年6月7日，时任德国教研部部长布尔曼宣布在德国资助尖端大学的计划（当时还没有定名为精英倡议计划）取得突破性进展，至2010年将斥资190万欧元资助德国的"科学灯塔"。随后，灯塔的形象就一直出现在精英倡议计划话语中。

有学者认为精英倡议计划的话语中使用"灯塔"这一概念，一方面是宣告德国高等教育发展的新方向，另一方面则是因为该计划的话语需要一种概念能够表达当时无法准确描述的目标，而灯塔隐喻恰好能作为这样一种概念。[①] 那么，灯塔隐喻究竟想表达什么含义？

德国杜登大辞典对"灯塔"的定义是"Turm（an oder vor einer Küste）mit einem starken Leuchtfeuer"（海岸边或海岸前发射强烈灯光信号的塔楼）[②]，该定义一方面通过塔楼的形象强调了灯塔的高度，另一方面则强调了灯塔的功能，即发射信号、指引方向。

在精英倡议计划话语中，灯塔是源域，德国大学是目的域。但并不是所有的德国大学都能被称为"科学灯塔"，只有少数获得精英倡议计划资助的大学才是。灯塔的功能（发射信号、指引方向）对应的主要是德国大学在国际上的显示度。

---

① Eva Barlösius, "'Leuchttürme der Wissenschaft'. Ein metaphorischer Vorgriff auf eine neuorientierte Wissenschaftspolitik", *Leviathan*, Nr. 1, 2008, S. 150.

② *Duden, Deutsches Universalwörterbuch*, Mannheim: Bibliographisches Institut & F. A. Brockhaus AG, 6. Auflage, 2007, S. 1074.

例 5-37: Die dritte Säule der Exzellenzinitiative sind schließlich die Zukunftskonzepte. Erst heute abend werden wir wissen, wie viele Universitäten als international sichtbare Leuchttürme gefördert werden. Dazu muß ein überzeugendes Gesamtkonzept vorliegen, das ein Exzellenzcluster oder eine Graduiertenschule enthalten muß. ("Ein kräftiger Schub für Deutschland", *Hamburger Abendblatt*, 20.01.2006)

译文：精英倡议计划的第三根支柱是未来构想。今天晚上我们才会知道，有多少大学能作为具有国际显示度的灯塔得到资助。它们必须提出一个使人信服的总方案，而且必须获得一个精英集群或一个研究生院项目。

例 5-38: Die drei Universitätsstädte in Thüringen und Sachsen bilden Leuchttürme in der Forschungswüste, der Ostdeutschland auch 20 Jahre nach der Einheit noch gleicht. ("Elite-Universitäten", *Berliner Morgenpost*, 26.09.2010)

译文：图林根州和萨克森州的三个大学城成为研究沙漠中的灯塔，在德国统一 20 年后依然起着平衡德国东西部的作用。

例 5-39: Besonders der Erfolg in der sogenannten dritten Förderlinie, in der die Zukunftsplanung der Hochschulen bewertet wurde, war besonders begehrt: Zunächst wurden Karlsruhe, die TU und die LMU München zu "Leuchttürmen" der deutschen Forschung promoviert. Im zweiten Schritt schafften es dann Aachen, die FU Berlin, Freiburg, Göttingen, Heidelberg und Konstanz; Bochum und die Humboldt-Universität Berlin schieden auf den letzten Metern aus. ("Keine Ehre für die Lehre", Spiegel Online, 11.07.2008)

译文：第三条资助主线主要考核高校的未来规划，所以在这条资助主线获得成功尤其受到追捧：卡尔斯鲁厄（理工学院）、慕尼黑工业大学和慕尼黑大学首先成为德国研究的"灯塔"。亚琛、柏林自由大学、弗莱堡、哥廷根、海德堡和康斯坦茨都在第

第五章 精英倡议计划话语：隐喻层面的分析

二轮获得了成功；而波鸿和柏林洪堡大学在最后时刻出局。

例 5-40：Dabei handelt es sich um ein vom SPD-Kanzler Gerhard Schröder 2004 angestoßenes Langzeitprojekt zur Hebung des Niveaus der Universitäten. Man wollte starke Hochschulen schaffen, "Leuchttürme" von Wissenschaft und Forschung, und schielte nach Harvard und Stanford. Von 2006 bis 2011 sind schon Milliardenbeträge ausgeschüttet worden, es sind fast 5000 Jobs—darunter 330 Professorenstellen—an den Universitäten geschaffen worden. ("Eliteunis zittern an diesem Freitag", *Stuttgarter Zeitung*, 15.06.2012)

译文：这关系到社民党总理施罗德（Gerhard Schröder）在2004年提出的一项旨在提升高校水平的长期项目。人们希望建设出一流大学，使其成为科学和研究的"灯塔"，与哈佛和斯坦福相媲美。从2006年到2011年支出已高达数十亿欧元，在大学内新增了5000个职位，其中包括330个教授职位。

灯塔一般都具有一定的高度，这样才能让远方的人们看到，找到方向。在精英倡议计划话语中，也能找到对此的阐述，这其实在很大程度上也是基于方位隐喻这一基本类型，尤其是"上即是好"的概念。

从灯塔概念出发，精英倡议计划话语中也不乏与德国大学的"Leuchtkraft"（辐射力）、"Sichtbarkeit"（显现度），或者与"leuchten"（发光）等行为相关的表达。

例 5-41：Sie ist eine Institution—die Humboldt-Universität Unter den Linden. Am Haupteingang steht das marmorne Standbild Wilhelm von Humboldts. Vor fast 200 Jahren gab er den Anstoß für die Gründung der Universität, dort Lehre und Forschung zusammenzuführen. Die großen Gelehrten und Forscher ihrer Zeit standen von Humboldt dabei Spalier: Fichte, Hufeland, Savigny und Schleiermacher. Preußens geistige Elite, die die Exzellenz in der Bildung vielen zugänglich machen wollten. Die hier, Unter den Linden, einen Musterbetrieb der Lehre, Forschung und Ausbildung errichten wollten, einen Leuchtturm der Wissenschaft. Doch in ihrem Jubiläumsjahr, das die Universität von morgen an ein ganzes Jahr feiern will, ist es um die Leuchtkraft der Hochschule nicht allzu gut bestellt. ("Wohin geht die Humboldt-Universität?", *Welt am Sonntag*, 11.10.2009)

译文：它是一个机构——位于菩提树下大道的洪堡大学。大学正门前立有威廉·冯·洪堡（Wilhelm von Humboldt）的大理石雕像。约200年前，他推动建立了这所大学并在此将教学和科研相统一。那一时期的伟大学者及科研工作者纷纷夹道支持洪堡：费希特（Fichte）、胡费兰（Hufeland）、萨维尼（Savigny）、施莱尔马赫（Schleiermacher）。他们是普鲁士的思想精英，希望让更多的人接受卓越的教育。这所位于菩提树下大街的大学，希望树立一个教学、科研和育人的范例，成为科学的灯塔。但在这从明天开始将持续庆祝一整年的校庆年，洪堡大学的辐射力并不是太好。

例5-42：Es stand für einen hoffnungsfrohen Aufbruch in der Wissenschaftspolitik und hat, jenseits aller sonstigen Leistungen, die Sichtbarkeit der deutschen Universitäten und Forschung national und international erkennbar verbessert. ("Leuchtturm und Lampion", FAZ.net, 28.09.2015)

译文：这代表了在科学政策上一个充满希望的开端，除了所有的其他成绩，主要提升了德国高校和研究在国内外的显现度。

例5-43：Erstens: Wettbewerb—Ein Post-2017-Programm muss weiterhin wettbewerbliche Elemente beinhalten, um Verkrustungen zu vermeiden und die Zufälligkeiten, die der Exzellenzauswahl auch innewohnten, nicht ein für allemal festzuschreiben. Gleichzeitig sollen neu-

第五章　精英倡议计划话语：隐喻层面的分析

geschaffene Profilierungen erhalten und den "Leuchttürmen" die Gelegenheit gegeben werden, weiter zu leuchten. ("Das Jahr 2017 wirft seine Schatten auf die Exzellenz", FAZ. net, 06. 11. 2012)

译文：首先：竞争——"2017年后的项目"必须继续包含竞争性元素，这既是为了避免僵化，也是为了避免精英大学评选中的偶然性，而不把一切都永久定格。同时，我们应该保持新的特色，让"灯塔"能够有机会继续发光发亮。

与前几类隐喻相同，灯塔隐喻也存在于整个精英倡议计划话语中，塑造"科学灯塔"作为精英倡议计划的重要目标之一，反复被提及。

然而，精英倡议计划话语中用"灯塔"所表达的概念也遭遇了不少反对的声音。比如，有学者曾质疑如果为入选的精英倡议计划的大学贴上"灯塔"的标签，那么其他大学是什么，小灯泡还是手电筒？①

巴勒希吾斯（Eva Barlösius）曾撰文指出，"Leuchtturm"（灯塔）一词归根到底要表达的含义就是差异化，准确地说是按照既定的质量标准进行纵向差异化发展。② "Leuchtturm"（灯塔）强调高度的概念恰好与地理隐喻中突出平面概念的"Landschaft"（地形）一词相对。③ 在精英倡议计划话语中，"Landschaft"（地形）一词多作为复合词的组成部分出现，如"Forschungslandschaft"（研究格局）、"Wissenschaftslandschaft"（科学格局）、"Hochschullandschaft"（高校格局）等。

例5-44：Im Gegenteil: Was wir mehr denn je benötigen, ist eine innerdeutsche Konkurrenz um die besten Köpfe und Ideen. Die

---

① Ingo von Münch, "*Elite-Universitäten*": *Leuchttürme oder Windräder?*, Hamburg: Reuter + Klöcker, 2005, S. 66.
② Eva Barlösius, "'Leuchttürme der Wissenschaft'. Ein metaphorischer Vorgriff auf eine neuorientierte Wissenschaftspolitik", *Leviathan*, Nr. 1, 2008, S. 164.
③ Ibid., S. 154.

bildungspolitischen Spielräume, welche die einzelnen Bundesländer immer schon besaßen, haben sie in der Vergangenheit bei Weitem nicht genutzt. Das wichtigste Ergebnis der Exzellenzinitiative ist die Wiederbelebung und Stärkung des Wettbewerbs. Vor anderthalb Jahrhunderten pilgerten Professoren aus Harvard nach Berlin, nicht umgekehrt. Die Weltgeltung der deutschen Wissenschaft beruhte damals auf der starken Konkurrenz der deutschen Wissenschaftsregionen untereinander. Die Wissenschaftslandschaft ähnelte, mit dem Wort von Theodor Fontane, einer "Royaldemokratie": Sie war ein Hochplateau mit einem alles überragenden Pic. Berlin war Spitze. ("Konkurrenz schafft Exzellenz", *Die Welt*, 25. 10. 2006)

译文：相反：我们更需要的是在德国范围内进行的关于最好的思想和最优秀的人才的竞争。各联邦州一直拥有的教育政治的行动空间在过去并未被最大限度地利用。精英倡议计划最重要的结果是复苏和增强竞争。一个半世纪前，哈佛的教授来到柏林朝拜，而没有德国的教授去美国的。当时德国科学在国际上受到认可完全得益于德国各科学领域之间的竞争。正如冯塔纳所说，科学格局和"皇家民主"相似：它是一片一切都呈现出处于领先地位景象的高地。柏林当时处于最顶端。

"Wissenschaftslandschaft"（科学格局）等表达指向高等教育的整体状况，突出德国长期奉行的均衡发展格局。在资源分配时，"Wissenschaftslandschaft"（科学格局）强调对整个领土分配的均等性，而"Leuchtturm"（灯塔）强调的则是将资源留在少数人的手中。①

巴勒希吾斯认为，精英倡议计划话语中还有一个隐喻与灯塔隐喻的概念相对，即"Gießkanne"（洒水壶）。② 这个词多用于复合词

---

① Eva Barlösius, " 'Leuchttürme der Wissenschaft'. Ein metaphorischer Vorgriff auf eine neuorientierte Wissenschaftspolitik", *Leviathan*, Nr. 1, 2008, S. 164.
② Ibid., S. 151.

第五章 精英倡议计划话语：隐喻层面的分析

"Gießkannenprinzip"（洒水壶原则），其引申的意思是均衡主义。在德语中，"Gießkannenprinzip"（洒水壶原则）的概念常包含贬义，意味着将有限的资源如水或金钱等进行平均分配，最终导致大家所获得的都太少。在精英倡议计划话语中，"洒水壶原则"却常常被精英倡议计划的支持者所使用，他们借此批评至今为止高等教育领域的均衡主义和按此进行的经费平均分配，支持通过竞争的方式或者按照绩效的原则分配经费，这意味着精英倡议计划的支持者强调了并非所有大学都应当获得资助。

例 5-45：Kritisch ist auch zu sehen, dass das Geld nach dem Gießkannenprinzip einfach auf die Uni verteilt werden soll. Die Verteilung wollen die Experten den Präsidenten überlassen："Die Universitätsleitungen sollen frei sein zu entscheiden, wie sie die Jahresprämie von 15 Millionen Euro pro Universität im Sinne der Spitzenforschung optimal einsetzen wollen." Daraus spricht ein enormes Vertrauen in die Kompetenz der Uni-Leitungen. Das überrascht, weil Imboden gleichzeitig deren "Beiß-hemmung" gegenüber Kollegen kritisiert. Durchsetzen sollten sie seiner Meinung nach auch eine fachliche Differenzierung. Das wäre allerdings ein Abschied von der klassischen Volluniversität. ("Elite-Unis werden neu verhandelt", *Die Welt*, 30.01.2016)

译文：同样有争议的是，资助金是否应该简单地按照洒水壶原则（均衡主义）分配给大学。专家们想把分配权交给校长："大学领导们应该自由决定每年1500万欧元尖端研究资助金额的最佳分配方案。"这意味着对大学领导权限的极大信任。这话让人惊讶，因为英伯顿同时也批评了他们与同事们之间的"钩心斗角"。他表示，专业之间的差异化也应该得到体现。无论如何，他们将告别传统的综合大学。

"Gießkanne"（洒水壶）隐喻实际上是以在许多话语中出现过的水

流隐喻（Wasser-Metaphorik）为基础的。精英倡议计划对于德国许多大学而言就是关于金钱或者说资助和声誉的竞争，因此，与金钱相关的水流隐喻以及与其相关联的"金钱是液体"（Geld als Flüssigkeit）概念常常出现在精英倡议计划话语中。金钱常被认为是某种液体，这一点从与之相连的动词如"fließen"（流淌）、"ertrinken（im Geld）"（在金钱中淹死）、"pumpen"（用水泵抽）、"spülen"（冲洗）、"pinkeln"（撒尿）就可以看出。也有一些语料中，将资助的经费比喻为"Forschungsspritze"（研究喷洒器/注射器）或"Forschungsregen"（研究雨）。

例 5-46：Baden-Württemberg hat von der Exzellenzinitiative für die Hochschulen von allen Bundesländern am meisten profitiert. Seit Beginn des Programms im Jahr 2006 bis zum Jahr 2014 hat der Bund rund 610 Millionen Euro in die wissenschaftlichen Lehranstalten im Südwesten gepumpt. Das Bundesland, das den zweitgrößten Nutzen aus dem Programm gezogen hat, ist Bayern. Dorthin sind aber "nur" rund 460 Bundes-Millionen geflossen.

2009 wurde die Initiative um eine zweite Förderphase verlängert. Bis 2017 wird sie den Hochschulen rund 4,6 Milliarden Euro an zusätzlichen Mitteln in die Kassen gespült haben. ("Leuchtturm und Lampion", FAZ. net, 28.09.2015)

译文：巴登—符腾堡州是从精英倡议计划获益最多的一个联邦州。从 2006 年项目开始到 2014 年，联邦向西南部的学术机构资助了 6.1 亿欧元。从项目中获益排在第二的联邦州是巴伐利亚州，来自联邦的 4.6 亿欧元流向那里。2006 年至 2014 年获批的资助金额共计 23 亿欧元。这一数据来源于联邦政府对左翼党团问询的答复。现在正处于第二个资助阶段，这一阶段将持续到 2017 年。

2009 年，精英倡议计划延长了第二个资助阶段。至 2017 年为止，它将为高校额外投入约 46 亿欧元资金。

第五章 精英倡议计划话语：隐喻层面的分析

例 5 – 47：Lediglich NRW-Wissenschaftsminister Andreas Pinkwart (FDP) sprach sich in der *Zeit* dafür aus, beim Exzellenzwettbewerb fortan die Lehre zu berücksichtigen. Dem widersprach prompt sein sein baden-württembergischer Kollege Peter Frankenberg (CDU): Die Lehre habe durch die Exzellenzinitiative in ihrer bisherigen Form vom warmen Forschungsregen profitiert, dafür müsse sie nicht Teil der Ausschreibung sein. "Niemand würde es verstehen, wenn wir die Spielregeln plötzlich ändern würden", so Frankenberg. ("Keine Ehre für die Lehre", Spiegel Online, 11. 07. 2008)

译文：只有北威州科学部部长平克瓦特（Andreas Pinkwart，自民党）在《时代报》上表示此后将在精英竞争中兼顾高校的教学。巴登—符腾堡州科学部部长弗兰肯伯格（Peter Frankenberg，基民盟）则立刻表达了反对意见：教学已经通过现有形式的精英倡议计划从研究的雨露中受益，所以没必要成为招标的一部分。他说："如果我们突然改变比赛规则，没有人会理解。"

与"Wissenschaftslandschaft"（科学格局）、"Gießkanne"（洒水壶）等这些作为"灯塔"概念的对立面的隐喻相比，"灯塔"隐喻在精英倡议计划的话语中显然更具显示度。因为"科学灯塔"本身是一个十分形象的符号，识别度高，容易记忆。

"科学灯塔"一方面凸显出获得精英倡议计划资助的大学的（国际）显示度，另一方面它也具有辐射效应，应当能够引领整个德国高等教育领域的发展，推进德国大学的差异化发展，优化大学的研究格局。尽管灯塔的形象本身不具有竞争性，但是灯塔所指向的含义，在国际竞争中的显示度、推动差异化发展等，均充分展示出精英倡议计划的竞争性元素。

第四节 经济隐喻

还有一类反映出精英倡议计划竞争性元素的隐喻类型是经济隐喻

(Wirtschafts-Metaphorik)。经济隐喻并不是精英倡议计划独有的隐喻类型，在很多话语中都曾出现过类似的或者说相关的隐喻类型，比如在关于生物伦理的讨论、关于移民的话语中，不少研究者归纳总结出的工业隐喻和商品隐喻[①]，就与本书中的经济隐喻在语言实现方面有许多相似之处。在此，笔者将系统地展示经济隐喻在精英倡议计划话语中的独特性、这一隐喻类型如何与论证的语境相结合以及这一隐喻与竞争性元素的关联。

精英倡议计划话语中经济隐喻也是由多个子隐喻类型所构成，具体包括生产要素、生产过程、经济/商业、资本主义等，中间抽象层的每类内容对应的语言实现例子参见表5-2。

表5-2　　　　　　　　　经济隐喻的内容分类及语言实现

隐喻框架	中间抽象层的中心内容	语言实现
经济隐喻 Wirtschafts-Metaphorik	生产要素 Produktionsfaktor	Rohstoffe（原料）、Ressourcen（资源）
	生产过程 Produktionsprozess	Produktion（生产）、produktiv（生产的）、produzieren（生产）、Arbeitskraft（劳动力）、Malocher（苦力）、Etiketten（标签）

[①] Vgl. Constanze Spieß, *Diskurshandlungen. Theorie und Methode linguistischer Diskursanalyse am Beispiel der Bioethikdebatte*, Berlin/Boston: de Gruyter, 2011, S. 429 – 438. Karin Böke, "Die 'Invasion' aus den 'Armenhäusern Europas'. Metaphern im Einwanderungsdiskurs", in Matthias Jung et al., Hrsg., *Die Sprache des Migrationsdiskurses. Das Reden über "Ausländer" in Medien, Politik und Alltag*, Wiesbaden: VS Verlag für Sozialwissenschaften, 1996, S. 188. Annette Krieger, "'Ein Haus mit offenen Fenstern und Türen'. Metaphern im Einwanderungsdiskurs von 1998 bis 2001", in Martin Wengeler, Hrsg., *Sprachgeschichte als Zeitgeschichte. Konzepte, Methoden und Forschungsergebnisse der Düsseldorfer Sprachgeschichtsschreibung für die Zeit nach 1945*, 2005, S. 410 – 436. Martin Wengeler, "Assimilation, Ansturm der Armen und die Grenze der Aufnahmefähigkeit: Bausteine einer linguistisch 'integrativen' Diskursgeschichtsschreibung", in Claudia Fraas und Michael Klemm, Hrsg., *Mediendiskurse. Bestandsaufnahme und Perspektiven*, Frankfurt am Main: Peter Lang, 2005, S. 46 – 47.

第五章 精英倡议计划话语：隐喻层面的分析

续表

隐喻框架	中间抽象层的中心内容	语言实现
	经济/商业 Wirtschaft/Kommerz	Unternehmen（公司）、Massenbetrieb（大型企业）、Musterbetrieb（示范性企业）、Zulieferbetrieb（供货企业）、Universitätsbetrieb（大学企业）、investieren（投资）、Forschungsmarkt（研究市场）、Spekulation（投机）、Erträge（盈利）、freier Markt（自由市场）、Sonderbonus（特别折扣）、profitieren（获利）、Nutzen（利润）
	资本主义 Kapitalismus	akademischer Kapitalismus（学术资本主义）、Forschungsmittelakkumulation（研究经费积累）、Kartellbehörden（卡特尔机关）、Hierarchien（等级制度）、Oligarchien（寡头政治）、patriarchalische Strukturen（族长制结构）、Hierarchisierung（等级化）、Monopolbildung（形成垄断）、Zweiklassengesellschaft（两级社会）

资料来源：笔者自制。

在经济隐喻的框架下，所有的语言表达构建出两层含义。第一层含义是："知识是市场、大学是企业、教育和研究是原材料"；经济隐喻表现的第二层含义是"联邦州是精英倡议计划的获益者、撰写精英倡议计划申请书是生产、精英头衔是标签"。

首先解析经济隐喻的第一层含义，即"知识是市场、大学是企业、教育和研究是原材料"。

针对经济隐喻的生产要素，精英倡议计划话语反映出"教育和研究是原材料"（Bildung und Forschung als Rohstoffe）的规定，其中"Rohstoffe"（原材料）是源域，"Bildung und Forschung"（教育和研究）是目的域。

例 5 - 48：In Deutschland gibt es eine Grundstimmung für ein verstärktes Engagement in Bildung und Forschung. Die Politik hat verstanden, dass beides die einzigen Rohstoffe sind, die wir haben, und dass man darin investieren muss. Wir brauchen ein Gesamtkunstwerk in der Bildung—vom Kindergarten bis zur Universität—und mehr Wettbewerb der Bildungsträger. ["Ein großes Dach für tausend Blumen", *General-Anzeiger (Bonn)*, 06.12.2005]

译文：在德国，增加教育和研究投入的呼声很高。政治家们清楚地知道，教育和研究是我们仅有的原材料，必须对此进行投资。在教育方面，我们需要一个从幼儿园到大学的完整体系，也需要更多教育者参与竞争。

知识和研究都被理解为资源，国际竞争被视为国家或地区间对资源——也就是原料或人力资源——进行的竞争。从这个角度看，精英倡议计划则被视为人力资源发展的政治工具，为了保证德国在国际竞争中的地位服务，也为了获得稀缺资源服务。[①]

在"经济/商业"方面，大学作为目的域，源域可以是"Unternehmen"（公司）、"Massenbetrieb"（大型企业）、提供人力和知识的"Zulieferbetrieb"（供货企业）；而从生产过程而言，获得精英资助的教师被称为"Spitzenforscher"（尖端研究人员），未获得资助、以教学为主的教师则被称为"Malocher"（苦力）。

例5-49：Schavan: Wir streben eine enge Kooperation zwischen Wissenschaft und Wirtschaft an, um exzellente Forschung zu fördern und neue Dienstleistungen, Verfahren und Technologien in die Praxis umzusetzen. Das bedeutet aber nicht, dass Universitäten zu reinen Zulieferbetrieben von Personal und Wissen werden, weil zu einer Universität immer die Freiheit von Forschung und Lehre und nicht allein Auftragsarbeit gehört. ("Für Bewerbung Bezahlen", *Focus Magazin*, 07.05.2007)

译文：沙万（Schavan）：我们致力于与科学和经济紧密合

---

① Hristina Markova, *Exzellenz durch Wettbewerb und Autonomie. Deutungsmuster hochschulpolitischer Eliten am Beispiel der Exzellenzinitiative*, Konstanz/München: UVK Verlagsgesellschaft mbH, 2013, S.42.

第五章　精英倡议计划话语：隐喻层面的分析

作，以推动精英研究，把新服务、新流程和新科技运用于实践。这并不意味着大学将成为纯粹的人才和知识的输出地（供货企业），因为大学不只有委托工作要做，也拥有研究和教学的自由。

例 5 – 50：Universitäten sind streng hierarchische Unternehmen. ("Wir haben viele Spitzenforscher", *Die Tageszeitung*, 19.10.2007)
译文：大学是等级森严的企业。

例 5 – 51：duz：Es geht aber auch um innere Effekte. Wie kann vermieden werden, dass innerhalb der Hochschulen eine Zweiklassengesellschaft entsteht: Hier die mit Millionen privilegierten Spitzenforscher, dort die Malocher, denen es in den chronisch unterfinanzierten Hochschulen obliegt, den Massenbetrieb in der Lehre aufrecht zu erhalten? ("Keine Etiketten auf Dauer", Spiegel Online, 26.08.2010)
译文：《德国大学报》：这也关乎内部效应。如何才能避免高校内产生一个两极社会：一边是拥有百万资产和特权的尖端研究者，另一边是在资金极度短缺的高校里当苦力、面对大规模的学生（大型企业）进行教学。

"大学作为企业"的逻辑实际上是源自 20 世纪 90 年代起逐步引入德国高等教育领域的新公共管理主义，大学不再被认为是结构松散的学术组织，而是以生产符合经济利益的知识为职能的企业，① 大学管理开始向能够让大学的产出更富效率、质量更高的大学治理模式转变。②

新公共管理主义为德国的高等教育带来了更多的竞争性元素，这种竞争强调自由市场的存在，市场甚至被等同于竞争，有学者指出充

---

① Hristina Markova, *Exzellenz durch Wettbewerb und Autonomie. Deutungsmuster hochschulpolitischer Eliten am Beispiel der Exzellenzinitiative*, Konstanz/München: UVK Verlagsgesellschaft mbH, 2013, S. 134.
② Martin Winter, "Wettbewerb im Hochschulwesen", *die hochschule*, Nr. 2, 2012, S. 22.

满竞争的高等教育具有市场化现象。①

例 5-52：Kreative Forschung bedarf des freien Wettbewerbs. Ist diese sattsam bekannte Idee, der freie Markt wird es schon richten, nicht ein Irrglaube? ("Wir haben viele Spitzenforscher", *Die Tageszeitung*, 19.10.2007)

译文：创造性的研究需要自由的竞争。认为自由市场已经建立的想法早已耳熟能详，但这种想法不是一种误解吗？

在新公共管理主义的影响下，德国大学从原先的一个"松散联合的系统"（Das lose gekoppelte System）② 转型为一个类似企业的机构，成为"知识生产厂家"（Wissensbetrieb）③。通过这一转变，大学的"产出"（Output）成为最重要的评价指标，包括科研领域的成果以及毕业生的"生产"（produzieren）④。

非常有趣的是，"大学是企业、教育和研究是原材料"这一论据确确实实隐藏在精英倡议计划的实施理念中，但支持精英倡议计划的行为体却无人直白地将其提出，相反，这一论据却被自1990年起德国高等教育改革的支持者广泛运用，这反映出"大学作为企业"的论据在很大程度上已经是精英倡议计划话语的隐藏性预设前提，被话语发出者视为理所当然的背景，因而没有在话语中明确表达出来。

实际上，德国高等教育领域的竞争性理念在很大程度上就是伴随着新公共管理主义而来的。竞争，这个来源于经济学的概念，是一种调

---

① Harry de Boer et al. , "Market governance in higher education", in Barbara M. Kehm et al. , Hrsg. , *The European Higher Education Area: Perspectives on a Moving Target*, Rotterdam/Boston/Taipei: Sense Publications, 2009, S. 61 – 78. Zitiert nach Martin Winter, "Wettbewerb im Hochschulwesen", *die hochschule*, Nr. 2, 2012, S. 25.

② [美] 罗伯特·伯恩鲍姆：《大学运行模式——大学组织与领导的控制系统》，别敦荣译，中国海洋大学出版社2003年版，第48页。

③ Frank Meier, *Die Universität als Akteur. Zum institutionellen Wandel der Hochschulorganisation*, Wiesbaden: VS Verlag für Sozialwissenschaften, 2009, S. 206.

④ Ibid. .

第五章 精英倡议计划话语：隐喻层面的分析

控原则。赫德尔（Erich Hödl）和策格林（Wolf Zegelin）指出，竞争理论将"起作用的竞争"（funktionsfähiger Wettbewerb）理解为一种动态的（向更好的市场供给引导的）过程，在这个过程中，企业试图通过比它的竞争对手取得更好的绩效赢得"需求"（Nachfrage）并实现企业目标。企业的竞争地位因其竞争对手的行动而遭受威胁，那么企业就必须对这样的威胁做出反应，通过改善其市场绩效，避免竞争劣势。[①]从上述对竞争的定义看，提高绩效是竞争过程中的一个重要组成部分。然而，如何量化绩效成为将经济学的竞争模式应用到高校体系的最大障碍。[②] 而且大学在本质上作为一个松散联合的系统，大学范围内的许多因果关系都是非线性的，并不是投入了就能有产出，后果往往不可预料且常常与起初所预料的大相径庭。[③] 因此，这种竞争性元素究竟能否在高等教育领域起作用，会带来怎样的影响，还不确定。

在定性研究的精英倡议计划话语中，反对者还认为精英倡议计划所带来的竞争会导致将有限的特定资源集中在一部分大学手中。从资本主义的角度而言，获得精英倡议计划资助的大学，尤其是获得"未来构想"资助主线的所谓的"精英大学"成为"Oligarchien"（寡头政治）、"Kartellbehörden"（卡特尔机关）、"patriarchalische Strukturen"（族长制结构），精英倡议计划造成了精英大学与非精英大学的层级是"Zweiklassengesellschaft"（两级社会），形成了"Hierarchien"（等级制度）、"Monopolbildung"（形成垄断），从而导致"akademischer Kapitalismus"（学术资本主义）。

例 5-53：Weil man versucht, den auf dem Forschungsmarkt

---

① Eirch Hödl und Wolf Zegelin, *Hochschulreform und Hochschulmanagement. Eine kritische Bestandsaufnahme der aktuellen Diskussion*, Marburg: Metropolis, 1999, S. 192-193.

② Georg Krücken, Hrsg., *Hochschulen im Wettbewerb—Eine Untersuchung am Beispiel der Einführung von Bachelor- und Masterstudiengängen an deutschen Universitäten*, Universität Bielefeld, 2005, http://www.uni-bielefeld.de/soz/personen/kruecken/pdf/Hochschulen_im_Wettbewerb_EB.pdf, Stand: 01.11.2017, S.40.

③ ［美］罗伯特·伯恩鲍姆：《大学运行模式——大学组织与领导的控制系统》，别敦荣译，中国海洋大学出版社2003年版，第48页。

führenden Hochschulen, insbesondere aus den USA, zu begegnen, indem man Institutionen in Unternehmen umwandelt. Es etabliert sich ein akademischer Kapitalismus, der Mittel und Zweck gegeneinander austauscht. Die Forschungsmittelakkumulation wird zum Selbstzweck. ("Wir haben viele Spitzenforscher", *Die Tageszeitung*, 19. 10. 2007)

译文：因为人们尝试通过把大学转化为企业来追赶那些在研究市场保持领先的高校，尤其是美国的高校。以此建立了一个本末倒置的学术资本主义。科研经费的积累成为目的本身。

例 5 – 54：Märkte entstehen nicht von selbst. Sie bedürfen einer strikten Regulierung durch eine Wettbewerbsordnung. In den wirtschaftlichen Märkten haben wir diese in Form der Kartellbehörden. Mit der Exzellenzinitiative arbeiten wir diesem Wettbewerb entgegen. Ich plädiere dafür, dass Fördergelder an die Personen gehen, die Spitzenleistungen erbringen—und nicht an die Institutionen. Nur so erzielt man mehr Offenheit und Chancengleichheit. Auch die Hierarchien oder besser Oligarchien samt der patriarchalischen Strukturen müssen abgebaut werden. Sie halten die Nachwuchswissenschaftler, bis sie etwa 40 Jahre alt sind, aus dem Wettbewerb heraus. ("Wir haben viele Spitzenforscher", *Die Tageszeitung*, 19. 10. 2007)

译文：市场不是自己产生的，它需要伴随通过竞赛制度产生的严格规范。在经济市场中我们也有这类卡特尔机关。通过精英倡议计划，我们正在与这样的竞争进行抗争。我赞成将资助金直接与产出尖端成果的人才相挂钩——而不是与机构。只有这样才能实现更高的开放度和机会均等。等级制度或者更确切地说寡头制度连同父系社会结构都必须被消除，因为这会让那些小于40岁的后备科学家一直被排除在竞争之外。

在此说明，"Hierarchien"（等级制度）、"Oligarchien"（寡头政治）、"patriarchalische Strukturen"（族长制结构）这三个词其实并非

第五章 精英倡议计划话语：隐喻层面的分析

来源于经济领域，而是来源于政治领域。"Hierarchien"（等级制度）是一般的权力分层，"Oligarchien"（寡头政治）是国家统治形式，而"patriarchalische Strukturen"（族长制结构）是社会权力结构，这三个词如今被广泛应用于经济领域。

不论是寡头、卡特尔、垄断还是形成等级化，势必让一部分大学"先富起来"，能够在国际上彰显其优质的教育资源，但更大一部分的大学却因此被变相"降级"，导致德国高等教育整体质量下降，并打破了德国长期奉行的均衡发展的教育格局。

经济隐喻表现的第二层含义是"联邦州是精英倡议计划的获益者、撰写精英倡议计划申请书是生产、精英头衔是标签"。在资源分配的精英倡议计划竞争中，为了能够贴上"精英大学"的"Etiketten"（标签），大学教师不断"生产"（produzieren）精英倡议计划申请书。

例 5-55：Drittens: Wissenschaftsgerechte Kriterien——Der politisch induzierte Wettbewerb erzeugte auch negative Effekte, die sich langfristig als problematisch erweisen können. Der Zeitaufwand für die Produktion und Evaluation umfassender Anträge muss wieder sinken. Wenn Wissenschaftler unentwegt Anträge schreiben und evaluieren, bleibt kaum Zeit für wissenschaftliche Neuerungen. Gute Antragsprosa und gute Wissenschaft sind zwei verschiedene Dinge. Es muss in jedem Falle die Überhitzung eines immer stärker auf Drittmitteleinwerbung ausgerichteten Systems verhindert werden. ("Das Jahr 2017 wirft seine Schatten auf die Exzellenz", FAZ. net, 06.11.2012)

译文：第三：科学导向的标准——政治家发起的这场竞争也引发了负面效应，长期来看这可能会被证明是有问题的。必须减少所有撰写和评估申请所花费的时间。如果科学家们总是在撰写申请、应对评估，就没有时间进行科学研究。好的申请书和好的科学是两码事。在任何情况下，都应该避免过度追捧一个以获得第三方经费为导向的体系。

例 5 – 56：Kleiner：Die bisher geförderten Projekte müssen zeigen, was sie tatsächlich liefern können. Nicht jeder Fortsetzungsantrag wird automatisch zum Zuge kommen. Wir vergeben keine Etiketten und Orden auf Dauer, mit denen Universitäten ihre Eingänge schmücken können, sondern wir fördern Projekte, die sich beweisen müssen. Das gilt auch für die Förderung der Zukunftskonzepte ganzer Universitäten. Hier steht ja eine Obergrenze von zwölf Zukunftskonzepten im Raum. Aber ich will offen lassen, ob am Ende die Zahl von zwölf erreicht werden kann. ("Keine Etiketten auf Dauer", Spiegel Online, 26.08.2010)

译文：克莱纳：目前获得资助的项目必须证明，它们确实可以提供些什么。并不是每份延长申请就能自动获批。我们并不授予高校能够用来长期粉饰自己的标签和勋章，我们只资助那些能够自我证明价值的项目。这也适用于对整个大学的未来构想的资助。我们设置了 12 个未来构想资助项目这一上限。但我也不清楚，最后这个数字是否能达到。

反对实施精英倡议者提出上述观点常常带有讽刺的意味，对他们而言，精英倡议计划是一种形式主义的竞争，为了获得资助，各大学花了大量的时间、人力、精力在撰写申请书上，而这些资源本该用于从事尖端研究或者提升大学的教育质量。

人们常常认为，精英倡议计划的受益者是德国大学，或者说那些获得资助并由此获得良好声誉的大学，但是经济隐喻显示出，"Bundesländer"（联邦州）是精英倡议计划的"Profiteur"（获益者）。获得精英倡议计划资助的联邦州虽然需要付出 25% 的精英倡议计划资助经费，但这些经费以及联邦投入的 75% 的经费实际上 100% 都流入了这些州。相对于长期处于经费不足境地的德国高等教育而言，这些州的高等教育经费将大幅提升，自然也就从中获益了。

对于经济隐喻还必须指出的是，这种隐喻类型在精英倡议计划话语中出现的频率远不及体育竞赛隐喻和方位隐喻，而且主要是由反对实施精英倡议计划的行为体所使用。当精英倡议计划的支持者用尖端

第五章 精英倡议计划话语：隐喻层面的分析

研究隐喻、灯塔隐喻和类似"这是一场最好的大学之间的竞争"的带有正面积极含义的话语表达其支持态度时，却隐藏了精英倡议计划对整个德国高等教育体系的影响甚至是损害，至少精英倡议计划的反对者是这样认为的。

第五节 隐喻层面总体特征

本章展示了在精英倡议计划话语中最为重要的、展现竞争性元素的几种隐喻类型：方位隐喻、体育竞赛隐喻、灯塔隐喻、经济隐喻。其中，方位隐喻作为体育竞赛隐喻、灯塔隐喻的基础隐喻类型，强调了"上即是好"（可延伸为"前即是好"等）的概念，让精英倡议计划的竞争性元素在话语中得以实现。另外，经济隐喻主要是由反对实施精英倡议计划的行为体所用，他们反对的是其背后所隐藏的"知识是市场、大学是企业、教育和研究是原材料"的理念。

各种隐喻类型逐年分布情况见图5-4，图中矩阵点的大小代表它们在话语中出现频次的相对关系。如前文中对每个隐喻类型进行描述时所说，各类隐喻都分布于整个精英倡议计划话语中，从历时的角度看没有太大的变化。唯一值得注意的是，体育竞赛隐喻类型在2007年与2012年出现的频次特别高，这主要是因为精英倡议计划的第一阶段第二轮和第二阶段的结果分别在这两个年份公布，引发了媒体的热烈报道以及讨论，而媒体在报道时多采用将精英倡议计划比作一场体育竞赛，并通过体育竞赛相关的隐喻词汇来描述精英倡议计划的资助情况。

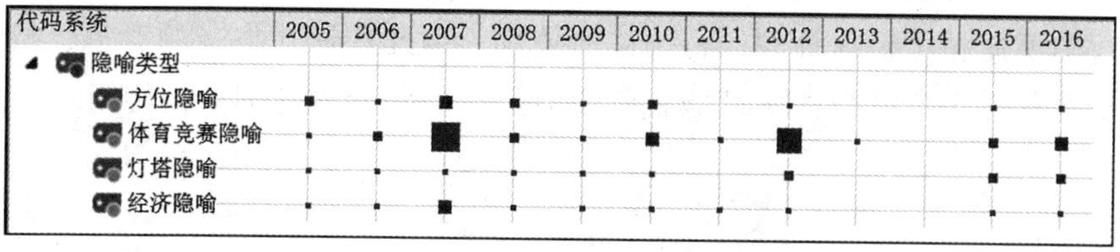

图5-4 隐喻类型逐年分布矩阵

资料来源：由Maxqda软件自动生成。

在研究时，笔者将上述隐喻类型排列在一起，试图从中进一步找到精英倡议计划话语中关于竞争性元素的线索，由此发现，除了方位隐喻这一基本隐喻类型外，其他三种隐喻都曾将德国的大学作为目的域：在体育竞赛隐喻中，大学是目的域，体育竞赛的对手/行为体是源域，大学成为参与体育竞赛的行为体，也就是竞争的主体；在灯塔隐喻中，大学是目的域，灯塔是源域，只有获得精英倡议计划资助的大学才能够被称为在国际竞争中具有显示度的"科学灯塔"；在经济隐喻中，大学是目的域，企业是源域，大学作为企业对知识、研究、人才等稀缺资源进行竞争。

在精英倡议计划话语中，多个与竞争性理念相关的隐喻类型都表明大学是竞争的主体，这正反映出在该计划的框架下德国高等教育领域的竞争主体发生了巨大的变化。在实施该计划前，德国高等教育范围内的竞争主体主要是个人，研究者对不同的职位、声誉、人际网络、头衔、奖项进行竞争，学生对学习位置、资助可能、在大学的工作机会等进行竞争。[1] 但是，精英倡议计划使整个高等教育的竞争主体发生了转变。大学成为高等教育领域的重要竞争主体，它们对科研人才、第三方经费或资助经费、生源等进行竞争，[2] 在国际上的声誉、排名成为它们最看重的"标签"。

每个隐喻概念都是通过具体的隐喻词汇得以实现的，而隐喻又是构成论证的重要组成部分，很多时候一个隐喻本身已经包含了论证的含义。在下一章分析论证模式的使用时，笔者会结合分析隐喻的作用。比如方位隐喻和灯塔隐喻分别称为构成尖端研究论证模式和科学灯塔论证模式的重要组成部分。但是经济隐喻却没有一一对应的论证模式，在分析经济隐喻类型时笔者已经提及，这一隐喻类型主要是被反对实施精英倡议计划的行为体所使用，因此在形式主义的竞争、机会均等多个论证模式中都能找到带有经济隐喻含义的词汇的使用。

---

[1] Martin Winter, "Wettbewerb im Hochschulwesen", *die hochschule*, Nr. 2, 2012, S. 25.
[2] Ibid..

第六章 精英倡议计划话语：
论证层面的分析

论证层面的话语分析旨在找出能够反映出集体知识和普遍性思维的论证模式。论证层面所选用的研究语料与隐喻层面的相同，主要是通过对定性研究语料库中的55篇媒体文章进行逐篇阅读、反复推敲，找出语料中出现的单个论据，将各个论据总结、合并同类项。

论证模式可以根据支持或反对精英倡议计划的倾向进行分类，在定性研究语料库中找到的具体论证模式见表6-1。

表6-1　　支持或反对精英倡议计划的论证模式

支持（pro）型论证模式	反对（contra）型论证模式
竞争（Wettbewerb）	形式主义的竞争（formalistischer Wettbewerb）
	机会均等（Chancengleichheit）
尖端研究（Spitzenforschung）	
科学灯塔（Wissenschaftliche Leuchttürme）	
差异化（Differenzierung）	广泛资助（Breitförderung）
特色形成（Profilbildung）	丧失多样化（Verlust von Vielfältigkeit）
新气象/新活力（Neuer Schwung, viel Dynamik）	
工作发动机（Jobmotor）	
改善教学（Verbesserung der Lehre）	忽视教学（Benachteiligen von Lehre）
	忽视文科（Benachteiligen von Geisteswissenschaften）

资料来源：笔者自制。

表 6-1 中列出的支持或反对精英倡议计划的论证模式是通过定性研究在精英倡议计划话语中找到的论证模式，从分析的抽象程度看，这些论证模式的抽象程度并不高，都属于专门存在于精英倡议计划话语中的特殊语境论证模式。每个论证模式都以一个中心关键词来确定，通过这些关键词可以更加清晰地辨识论证模式背后所包含的论证内容和推理规则。同时，这些关键词具有一定的抽象性，可以涵盖精英倡议计划话语中与之相关的一系列具体论据。

表 6-1 中将涉及同一内容的支持和反对型论证模式安排在一起，可以看出，并非所有的支持性论证模式都有对应的反对性论证模式，反之亦然。这反映出日常的论证实践常常不是按照学院派的那些反命题步骤进行的。① 此外，还反映出同一个领域的论证模式有时候既可以表达支持的观点，也可以表达反对的观点。

在此说明，根据研究设问，论证层面的话语分析只关注在对精英倡议计划的实施方面有哪些论证模式用以表示支持或反对的倾向，而不关注哪些论证模式被哪些行为体使用，因而无须对具体论据的使用行为体进行标注和分类，就以下面的例子来说明这两种研究的区别。

例 6-1：SPIEGEL：Auch einen anderen Vorschlag Ihrer Kommission lehnen die Politiker ab: Die Universitäten sollten nicht länger Strategiepapiere vorlegen, sondern sich an den tatsächlichen Leistungen messen lassen.

Imboden: Man kann nicht alle paar Jahre ein neues Zukunftskonzept aufstellen, das ist Unsinn. Die Konzepte klingen irgendwann auch alle gleich, die Hochschulen wissen doch mittlerweile genau, was sie schreiben müssen: Nachwuchsförderung, Profilbildung, Gleichstellung und so weiter. Dann bekommen sie nur noch Hochglanzpapier. Zumal

---

① Thomas Niehr, *Der Streit um Migration in der Bundesrepublik Deutschland, der Schweiz und Österreich: eine vergleichende diskursgeschichtliche Untersuchung*, Heidelberg: Universitätsverlag Winter, 2004, S. 114.

第六章 精英倡议计划话语：论证层面的分析

wir bei unserer Evaluation festgestellt haben, dass das positive Bild, das die Universitäten von sich zeichnen, oft nicht stimmt. ("Größe allein bringt nichts", *Der Spiegel*, 11. 07. 2016)

译文：《明镜》：您的委员会提出的另一个建议也被政治家们拒绝了：大学不再需要提交战略计划书，而应该（让专家）对实际成果进行测量。

英伯顿：人们不可能每几年就撰写全新的未来构想，这毫无意义。总有一天，这些构想听起来会千篇一律，而且高校已经清楚地知道，他们必须写些什么：后备人才培养、特色形成、平等，等等。然后他们提交的都只是修饰过的申请书。而且，我们通过评估可以确定，大学自己描绘的积极形象常常与事实不符。

上面这段陈述来源于《明镜》周刊2016年7月11日对"负责精英倡议计划评估的国际专家委员会"主席英伯顿教授进行的采访，从中可以了解英伯顿所代表的专家委员会建议在精英倡议计划大学的后续计划中取消让大学提交战略计划书的要求，并加强对大学的实际成果进行测量，以此作为后续计划资助的遴选标准。上述陈述的内容反映出英伯顿对精英倡议计划（至少部分内容）持反对意见，大学撰写的千篇一律的计划书，与事实往往并不相符，使得精英倡议计划沦为一种重形式、轻质量的竞争，这样的反对理由可以被归入"形式主义的竞争"的反对型论证模式，在研究中笔者也是这样归类的。如果研究着眼于探究不同行为体所使用的具体论据及其背后的论证模式，那么分出的类别将与之不同且更为复杂。在第一章第五节关于精英倡议计划的研究现状中，笔者曾提到"负责精英倡议计划评估的国际专家委员会"出具的评估报告的结论是肯定了精英倡议计划对德国高等教育的推动作用，并建议至少按照现有规模继续实施计划，也就是说，英伯顿作为这个国际专家委员会的主席，对该计划首先是持支持态度的，但这并不影响他认为计划的某一方面还需要完善改进，甚至取消。如果在研究中需要对行为体的论证模式使用进行分类，那么上述陈述中的论据则可以被视为一种摇摆的/中立的论据（abwägende/

neutrale Argumente)。① 也有学者将这类论据归入批判型赞同（kritisch-befürwortend）论证方向，② 即主要持支持态度，但对其中的部分内容持反对意见。

特殊语境论证模式因与话语中涉及主题相关，有时其分类会显得较为分散和不规整，因此，本书在对论证模式进行分类时也尝试按照克莱因教授的不限主题的抽象语境论证模式进行二次分类，分类结果见表6-2。

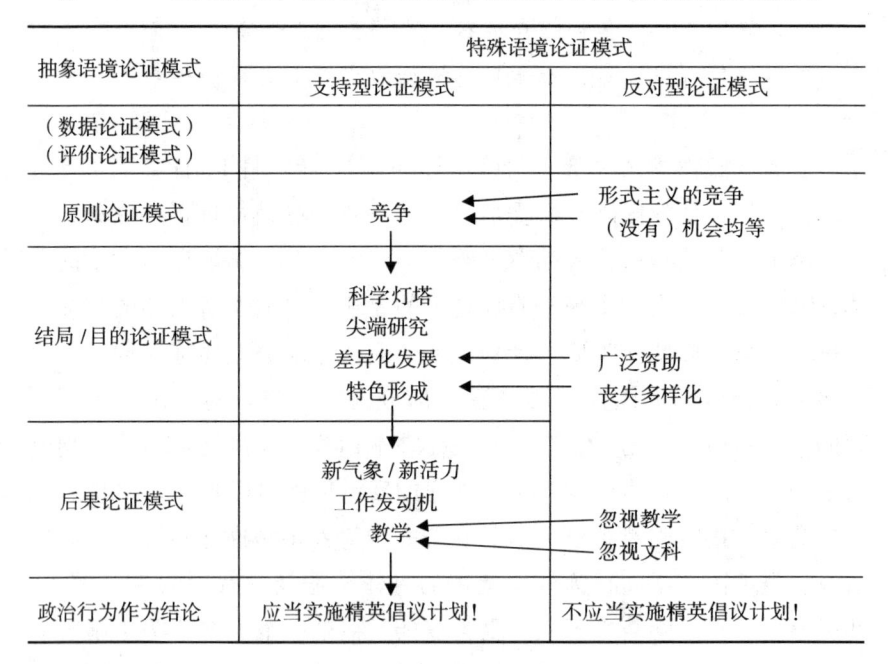

表6-2 精英倡议计划话语中的抽象语境论证模式和特殊语境论证模式

抽象语境论证模式	特殊语境论证模式	
	支持型论证模式	反对型论证模式
（数据论证模式） （评价论证模式）		
原则论证模式	竞争 ←	形式主义的竞争 （没有）机会均等
结局/目的论证模式	科学灯塔 尖端研究 差异化发展 ← 特色形成 ←	广泛资助 丧失多样化
后果论证模式	新气象/新活力 工作发动机 教学 ←	忽视教学 忽视文科
政治行为作为结论	应当实施精英倡议计划！	不应当实施精英倡议计划！

资料来源：笔者自制。

---

① Thomas Niehr, *Der Streit um Migration in der Bundesrepublik Deutschland, der Schweiz und Österreich: eine vergleichende diskursgeschichtliche Untersuchung*, Heidelberg: Universitätsverlag Winter, 2004, S. 107.

② Alexander Plitsch, *Parlament und Medien. Eine linguisitsche Analyse der Berichterstattung über die Bundestagsdebatten zum Afghanistan—Einsatz der Bundeswehr*, Bremen: Hempen Verlag, 2014, S. 83-84.

第六章 精英倡议计划话语：论证层面的分析

针对某一主题的话语，尤其是政治话语中，完整的论证模式应包括：数据论证模式、评价论证模式、原则论证模式、结局/目的论证模式和后果论证模式。一般而言，支持型论证模式会按照上述模式一步一步推导演绎，得出结论。[①] 从表6-2可以看出，在媒体中呈现出的精英倡议计划话语的支持型论证模式虽形成了体系，但跳空了前两种论证模式，只包含了后三种论证模式。推测数据论证模式、评价论证模式这两种论证模式作为实施精英倡议计划的讨论的出发点或者说初始辩论，多出现在政治讨论中，如联邦议会辩论的相关议题或针对该计划的德国科学联席会工作会议上，但在媒体中却鲜少出现。

政治语言学的反对型论证模式一般都不成体系，只针对某个问题进行驳斥。这就好比造房子，建造一幢房子需要打下坚实的地基，一层一层往上盖，房子才能造好；相反，只需破坏其任一承重结构就足以摧毁一栋房子。政治语言学的这个特点在精英倡议计划话语中也得到了体现，反对实施精英倡议计划的论据不需要一步一步相互论证，只需要指出精英倡议计划将带来某个不良后果，就足够了。

从抽象语境论证模式中各种论证模式的分布情况可以看出，精英倡议计划话语中只有支持型论证模式中的竞争论证模式、反对性论证模式中的形式主义的竞争和机会均等论证模式可以归入原则论证模式，其余大部分特殊语境论证模式都属于结局/目的或后果论证模式。其中，支持型论证模式中的尖端研究、科学灯塔、差异化发展、特色形成四种论证模式被列入结局/目的论证模式。它们强调的内容均与本书导论中所介绍的德国政府推出精英倡议计划的初衷相关，均为该计划的预设目标。随着计划的实施，精英倡议计划完成了促进德国尖端研究、塑造德国高校体系的"科学灯塔"、促进德国大学的差异化发展及特色形成，达到了预期的效果，因而这些内容

[①] Josef Klein, "Komplexe topische Muster. Vom Einzeltopos zur diskurstyp-spezifischen Topos-Konfiguration", in Thomas Schirren und Gert Ueding, Hrsg., *Topik und Rhetorik. Ein interdisziplinäres Symposium*, Tübingen: Niemeyer, 2000, S. 638.

也是实施该计划后获得的结果（结局）。新气象/新活力、工作发动机、改善教学三种论证模式表现出精英倡议计划的实施为德国高等教育体系带来了新气象和新活力、为德国创造了新的就业机会、改善了德国大学的教学情况，因其内容不是精英倡议计划推出的预设目标，只是该计划实施造成的后果或者说是"副产品"，因而，列入后果论证模式。按照支持型论证模式的分类方式，笔者将反对型论证模式也依次归入了对应的抽象语境论证模式中：形式主义的竞争、机会均等两种论证模式属于原则论证模式；广泛资助、丧失多样化两种论证模式属于结局/目的论证模式；忽视教学、忽视文科两种论证模式属于后果论证模式。

从定性研究语料库中梳理出精英倡议计划话语的论证模式后，笔者试图按照研究问题从中找出竞争性元素的线索，即考察每一种论证模式与竞争性元素的深层关联。有趣的是，所有与精英倡议计划话语中的竞争性元素相关的论证模式几乎都集中在原则论证模式和结局/目的论证模式中，这一结果与导论所述相呼应，反映出竞争性元素既是精英倡议计划的预设目标，又是该计划实施所造成的结果。

在下面的章节，笔者就将对表6-3中这些与竞争性元素相关的论证模式做详细阐述和解读。

表6-3　　　　　　　　**与竞争性元素相关的论证模式**

抽象语境论证模式	支持型论证模式	反对型论证模式
原则论证模式	竞争	形式主义的竞争
		机会均等
结局/目的论证模式	尖端研究	
	科学灯塔	
	差异化	广泛资助
	特色形成	丧失多样化

资料来源：笔者自制。

第六章 精英倡议计划话语：论证层面的分析

第一节 支持型论证模式

一 竞争论证模式

竞争（Wettbewerb）论证模式：精英倡议计划能够推动德国大学间的竞争，所以应当实施。①

例6-2：Exzellenz und Konkurrenz sind zwei Seiten der gleichen Medaille. Ein starker Konkurrenzföderalismus, der Wettbewerb zwingend fordert und Wettbewerb angemessen belohnt, tut der Wissenschaft in Deutschland am meisten not. Ein wichtiger Schritt ist getan. Die Bundesrepublik hat jetzt drei Hochschulen, die sich offiziell Eliteuniversitäten nennen dürfen. Im nächsten Jahr werden—basierend auf dem Urteil eines internationalen Gutachtergremiums—weitere hinzukommen. Bundesforschungs-ministerin Schavan kündigt an, den Exzellenzwettbewerb zu verstetigen. Deutschland begibt sich auf die Aufholjagd. Endlich. ("Konkurrenz schafft Exzellenz", *Die Welt*, 25.10.2006)

译文：精英和竞争是同一块奖牌的两面。一个强有力的竞争性联邦制强迫要求进行竞争并对竞争进行适当的奖励，这是德国科学最缺乏的。重要的一步已经踏出。德国现在拥有三所可以正式被称为精英大学的高校了。明年，经过国际评审委员会的评判还会有其他高校加入。联邦教育部长沙万宣布，将继续实施精英竞争。德国终于努力追赶了。

例6-3：Kleiner: Die Exzellenzinitiative ist von Anfang an als offenes Verfahren organisiert gewesen und bleibt dies auch in der zweiten Phase. Wir in der DFG kennen diese Art des Wettbewerbs seit mehr als 40 Jahren, und sie funktioniert. Es ist das bestmögliche System, weil es

---

① 论证模式的定义相当于第二章第三节中所介绍的图尔敏论证模型中的"推理规则"。

dabei nur auf Qualität ankommt, auf sonst nichts anderes. Dabei gewinnen keineswegs immer die Großen. Im Ergebnis waren in den ersten beiden Exzellenzrunden 37 Hochschulen mit ihren Anträgen erfolgreich. Das ist mehr als ein Drittel aller forschungsaktiven Universitäten. ("Keine Etiketten auf Dauer", Spiegel Online, 26.08.2010)

译文：克莱纳（Kleiner）：精英倡议计划从一开始就是作为公开的方法组织的，这也将保持到第二阶段。我们在德国科学基金会（DFG）40年前就开始接触这类竞争了，它确实有效。它可能是最好的机制，因为这一竞争过程只关注质量而非其他因素。规模大的高校不可能总是获胜。在前两轮竞争中有37所高校凭借其申请获得了成功，这超过了所有研究型大学的1/3。

竞争论证模式可以被视为精英倡议计划框架下的竞争性元素的元话语，它将竞争性元素作为精英倡议计划的实施理念直接揭示出来，也是精英倡议计划话语中的唯一一种原则论证模式。在精英倡议计划话语中，竞争论证模式主要被用于表达支持实施精英倡议计划的立场。在各行为体使用符合竞争论证模式的具体论据，对精英倡议计划的实施表达支持性意见时，均会直接使用"Wettbewerb"（竞争）一词，但对其实质内涵以及竞争的具体规则却未作进一步说明。该论证模式的使用主要基于"竞争能够创造精英""竞争能为德国高等教育带来生机与活力"等观点，并为计划实施以及强化德国高等教育的竞争性元素提供支撑，提供合法性。

但竞争论证模式并非精英倡议计划所特有的论证模式，布尔斯（Matthias Burs）曾在其博士论文《德国高等教育发展的话语与空间》中研究与空间相关的论据，如地区平衡和资源集中等，在德国高等教育话语变迁中所起的作用，并总结出冷战后德国高等教育领域发展的不同阶段以及对应话语中的论证模式与核心关键词。[①] 他

---

① Matthias Burs, *Diskurs und Raum in der deutschen Hochschulentwicklung*, Berlin: LIT Verlag, 2013.

第六章 精英倡议计划话语：论证层面的分析

指出1990年以来，从德国高等教育领域论证模式及核心关键词（见图6-1），如精英、竞争、特色形成等，可以看出，当时的各种理念与文化为精英倡议计划的诞生和发展提供了肥沃的土壤，而竞争论证模式也是1990年以来德国高等教育领域相关话语的主要论证模式之一。①

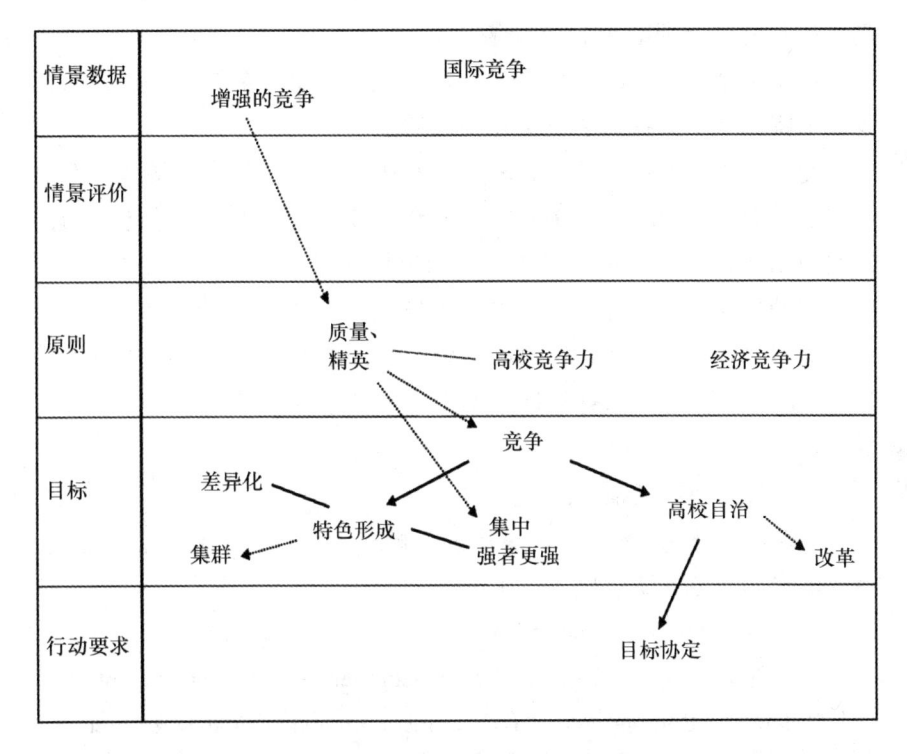

情景数据	国际竞争 增强的竞争
情景评价	
原则	质量、精英　　高校竞争力　　经济竞争力
目标	差异化　　竞争 集群　　特色形成　　集中 强者更强　　高校自治　　改革
行动要求	目标协定

图6-1　1990年以来的德国高等教育领域论证模式及核心关键词

资料来源：Matthias Burs, "Diskursiver Wandel und räumliche Bezüge in der deutschen Hochschulentwicklung", *die hochschule*, Nr. 2, 2010, S. 146。

实际上，竞争性理念早在20世纪80年代中期就开始被广泛讨论，面对当时德国高等教育领域缺乏活力、效率低下、缺少显示度的

---

① Matthias Burs, *Diskurs und Raum in der deutschen Hochschulentwicklung*, Berlin: LIT Verlag, 2013, S. 146.

局面，德国科学委员会于1985年发表了《关于德国高校体系中的竞争的建议》，将竞争视为改变德国高等教育格局的"一剂良药"，对透明作为竞争的前提、高校教师的绩效激励、高校体系和高校内部的重点建设、关于学生的竞争等方面提出了建议①，但当时舆论对竞争颇有争议，未形成一致的支持性意见。② 20世纪90年代开始，德国政府在高等教育领域陆续实施多项改革措施，如科研经费分配改革、高等教育财政分配改革、教师激励机制改革等，致力于以财政为杠杆，鼓励大学竞争，改变均衡发展的格局。③ 这些改革也为精英倡议计划的提出及实施提供了政策和理念的铺垫。

此外，值得注意的是，竞争论证模式在本书的定性研究语料库中只出现在2006和2007两个年份，并作为实施该计划的支持性意见。这反映出在计划实施的最初几年，竞争性元素还是一个需要被论证、被说明的理念，随着计划的实施以及逐渐成为被接受的事实，④ 该计划所显示的竞争性元素也不再具有争议，逐渐固化为整个社会的集体知识的一部分，这一点在第四章的分析中已经得到了佐证。

二 尖端研究论证模式

尖端研究（Spitzenforschung）论证模式：精英倡议计划能够促进德国的尖端研究，所以应当实施。

例6-4：Gegen die Exzellenzinitiative wird vorgebracht, sie fördere die Bildung einer "Liga weniger Eliteuniversitäten"; es sei jedoch wichtiger, die Leistungsbreite des ganzen Hochschulsystems zu erhalten. Tatsächlich weist das deutsche Hochschulsystem eine große

---

① Wissenschaftsrat, *Empfehlungen zum Wettbewerb im deutschen Hochschulsystem*, Köln: Wissenschaftsrat, 1985.

② Matthias Burs, "Diskursiver Wandel und räumliche Bezüge in der deutschen Hochschulentwicklung", *die hochschule*, Nr. 2, 2010, S. 145.

③ 郑春荣、欧阳凤：《精英倡议计划对德国高等教育差异化的影响分析》，《外国教育研究》2014年第2期，第70页。

④ 相关分析见第四章第四节"距离指示词比较"。

第六章 精英倡议计划话语：论证层面的分析

Leistungsbreite auf. Aber es fehlt an Hochschulen mit weltweit anerkanntem Spitzenniveau in der Forschung. Solche Hochschulen könnten zweifellos die Attraktivität des gesamten Systems deutlich steigern. Spitzeneinrichtungen entstehen nicht durch eine kurzfristige und im Grunde überschaubare Zusatzfinanzierung; sie benötigen vielmehr viele Jahrzehnte lang ungleich höhere Budgets und einen großen Entscheidungs- und Handlungsspielraum. Die Exzellenzinitiative schafft immerhin einen Anreiz zur Leistungsdifferenzierung durch einen für alle Hochschulen offenen Wettbewerb: Eine einmal geförderte Hochschule muß ihr Leistungsniveau immer wieder unter Beweis stellen.

Leider werden Begriffe wie "Eliteuniversität" in der öffentlichen Diskussion benutzt, um das ganze Fördervorhaben, das auch international auf große Zustimmung stößt, in Mißkredit zu bringen. Wer wirklich daran interessiert ist, international sichtbare Spitzenforschung wenigstens an einigen, im Leistungsvergleich zu ermittelnden Hochschulen zu ermöglichen, der darf sich von solcher Etikettendebatte nicht beirren lassen. ("Die Politik blockiert die Wissenschaft", *Die Welt*, 30.04.2005)

译文：精英倡议计划的反对者中有人表示，这一计划资助了"少数精英大学联盟"的教育，维持全国高校教育体系的广泛绩效更为重要。事实上，德国高校体系的总体表现维持在较高水平。但在研究领域缺少达到国际认可的尖端水平的高校。这些高校毫无疑问能显著提升整个体系的吸引力。尖端研究机构并不是通过短期地、简单地增补资金而产生的；它们需要长达数十年的、更高昂的钱款和更大的决策和行动空间。精英倡议计划通过面向所有高校开放的竞争创造了区分高校绩效的动力：曾获得资助的高校必须反复证明它们的能力水平。

可惜"精英大学"这样的概念在公众的讨论中常常被用于破坏实际上在国际上已得到广泛认可的整个资助计划的形象。那些真心希望至少在某几所能力需要得到认可的大学里开展具有国际显示度的尖端研究的人，不应该被这些标签误导。

例 6-5：Die Exzellenzinitiative ist ein Instrument zur Förderung universitärer Spitzenforschung, darauf sollte man sich konzentrieren. ("Exzellenz muss den Blick für Themen schärfen", *FAZ*, 26.08.2015)

译文：精英倡议计划是资助尖端研究的一个工具，而人们应集中力量资助尖端研究。

尖端研究论证模式是一种结局/目的论证模式，该论证模式反映出尖端研究既是精英倡议计划的目的也是其结果，它将精英倡议计划与德国的尖端研究相关联，将精英倡议计划工具化，指出利用这一工具就能使德国大学或者说高等教育体系产出更多的尖端研究。

该论证模式的核心关键词是具有隐喻含义的"Spitzenforschung"（尖端研究）。在第五章第一节关于方位隐喻的介绍中，笔者已经分析了"Spitzen-"（尖端）作为复合词的组成部分，强调了"最上即是最好"的概念。在这些复合词中，"Spitzenforschung"（尖端研究）被使用得最多，它是在精英倡议计划被提出时，由德国当时执政的社民党在2003年底的议会辩论中提出的全新概念。[1]

"Spitzenforschung"（尖端研究）从字面上看，与竞争性元素并无直接关联，但它却在两个较深层面透露出与竞争性元素相关的线索。一方面，各行为体使用基于该论证模式的具体论据时，常与"weltweit anerkanntem Spitzenniveau"（国际认可的尖端水平）、"international sichtbare Spitzenforschung"（具有国际显示度的）等表达搭配使用，意味着"Spitzenforschung"（尖端研究）所特指的高水平研究是以国际竞争为前提的，是在全球范围内最好的研究，而不能只是在德国或者欧洲境内最好的。另一方面，最好的研究势必要通过竞争与比较的方式才能被认识到。尽管在公共话语中难以说清究竟如何识别出尖端

---

[1] 俞宙明：《德国高校精英倡议计划综述》，载郑春荣、李乐曾主编《德国发展报告（2013）》，社会科学文献出版社2013年版，第164—165页。

第六章 精英倡议计划话语：论证层面的分析

研究,① 而不同研究领域因评价方式与指标不同，也无法在媒体中发布各领域的评价指标，将如此专业的问题剖析清楚。这导致在媒体的精英倡议计划话语中"Spitzenforschung"（尖端研究）的概念只是一种空泛的口号、一个各大学通过努力去无限接近的方向。但这丝毫不会影响，将推动德国的尖端研究设定为精英倡议计划的目标,② 并通过各条资助主线的资助达成这个目标。此外，"Spitzenforschung"（尖端研究）多与"Qualität"（质量）、"Spitzenuniversitäten"（尖端大学）连用，显示出精英倡议计划为德国大学带来高质量的尖端研究、尖端大学也更能够产出尖端研究。

精英倡议计划的实施的确对德国大学的科学研究起到了正向提升的作用。德国科学基金会 2015 年发布的《资助年鉴》显示，2002 年至 2013 年，全球著作、论文等成果的发表数量不断攀升。③ 德国各类研究机构在物理和化学领域的著作、论文等的发表数量也从 2002 年的 22000 份增加至 2013 年的 28000 份（增长率约为 25%），尽管这个数值低于全球增长率（49.2%），但却高于美国、英国、中国、荷兰、德国这五大科研强国的总增长率（17.1%）。在物理和化学领域受到精英倡议计划资助的大学共 21 所，它们在 2002 年至 2013 年的成果数量增幅为 42.8%，明显高于所有德国大学在此期间的成果数量增长率（34.1%）（见图 6-2）。2006 年，这 21 所大学就属于成果发表最多的德国大学，至 2013 年，它们的优势则更加明显，在物理和化学领域的成果数量也呈现显著增长。④ 此外，从德国学者对 2003 年至 2006 年及 2008 年至 2011 年"科学网"（Web of Science）前 10% 的高引论文进行的调查可以看出，获得精英倡议计划资助的

---

① Ariane Neumann, *Die Exzellenzinitiative—Deutungsmacht und Wandel im Wissenschaftssystem*, Wiesbaden: Springer VS, 2015, S. 283.
② Ibid., S. 282.
③ Deutsche Forschungsgemeinschaft, *Förderatlas 2015. Kennzahlen zur öffentlich finanzierten Forschung in Deutschland*, 2015, http://www.dfg.de/download/pdf/dfg_im_profil/zahlen_fakten/foerderatlas/2015/dfg_foerderatlas_2015.pdf, Stand: 15.01.2017, S. 95-96.
④ Ibid..

大学产出的高水平论文远高于其他高校。[①]

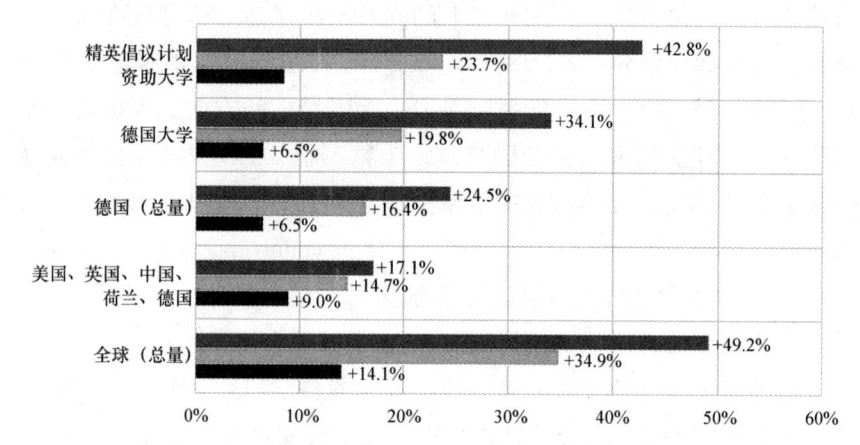

类别	2013年	2009年	2005年
精英倡议计划资助大学	+42.8%	+23.7%	—
德国大学	+34.1%	+19.8%	+6.5%
德国（总量）	+24.5%	+16.4%	+6.5%
美国、英国、中国、荷兰、德国	+17.1%	+14.7%	+9.0%
全球（总量）	+49.2%	+34.9%	+14.1%

■ 2013年成果数量，与2002年比较结果　　■ 2009年成果数量，与2002年比较结果
■ 2005年成果数量，与2002年比较结果

图6-2　2002—2013年全球、科研强国以及德国的
（化学/物理）成果数量变化

资料来源：Deutsche Forschungsgemeinschaft, *Förderatlas 2015. Kennzahlen zur öffentlich finanzierten Forschung in Deutschland*, 2015, http://www.dfg.de/download/pdf/dfg_im_profil/zahlen_fakten/foerderatlas/2015/dfg_foerderatlas_2015.pdf, Stand: 15.01.2017, S.95。

精英倡议计划的实施推动了德国尖端研究的发展，这一结果也影响了相关话语的表达。在例6-5中，尖端研究论证模式在2015年的具体表达相比过往也显示出更为坚定、确信的态度，进一步反映出该计划与尖端研究的关联性和因果关系。

需要说明的是，这里的尖端研究既包括基础研究又包括应用研究，这与德国大学在整个科研体系中的位置相关联。德国从事科学研究的机构众多，除了传统的大学和应用技术大学（FH）外，还有科研实力强劲的大学外研究机构，其中包括世界闻名的弗朗霍夫学会、亥姆霍兹联合会、莱布尼茨科学联合会、马普学会四大研究机构，以及不少受联邦

[①] Stefan Hornbostel und Torger Möller, *Die Exzellenzinitiative und das deutsche Wissenschaftssystem. Eine bibliometrische Wirkungsanalyse*, BBAW, 2015, http://www.bbaw.de/publikationen/wissenschaftspolitik_im_dialog/BBAW_WiD-12_PDF-A1b.pdf, Stand：15.01.2016.

第六章 精英倡议计划话语：论证层面的分析

或联邦州资助的研究机构、研究院。此外，德国工业界也十分注重科研创新，不少企业都有自己的研发部门。科研机构类型多样、数量众多，但分工明确且相互之间合作甚密，这为德国的科研创新发展奠定了非常好的基础，精英倡议计划也承袭了德国科研创新体系的这一特点与优势。从图6-3可以看出，四个著名的大学外研究机构中只有弗朗霍夫学会主要从事应用研究，此外从事应用研究的机构还包括各类企业的研发部门和各联邦州资助的研究机构。而联邦政府资助的研究机构与莱布尼茨科学联合会、马普学会则主要从事基础研究。德国的大学和亥姆霍茨联合会介于两者之间，同时从事基础研究和应用研究或将两者相结合。由于大学在整个德国科研创新体系中的定位介于应用研究和基础研究之间，精英倡议计划及精英战略的资助也按此定位，受到精英倡议计划及精英战略资助的项目中几乎没有纯应用研究类的项目。

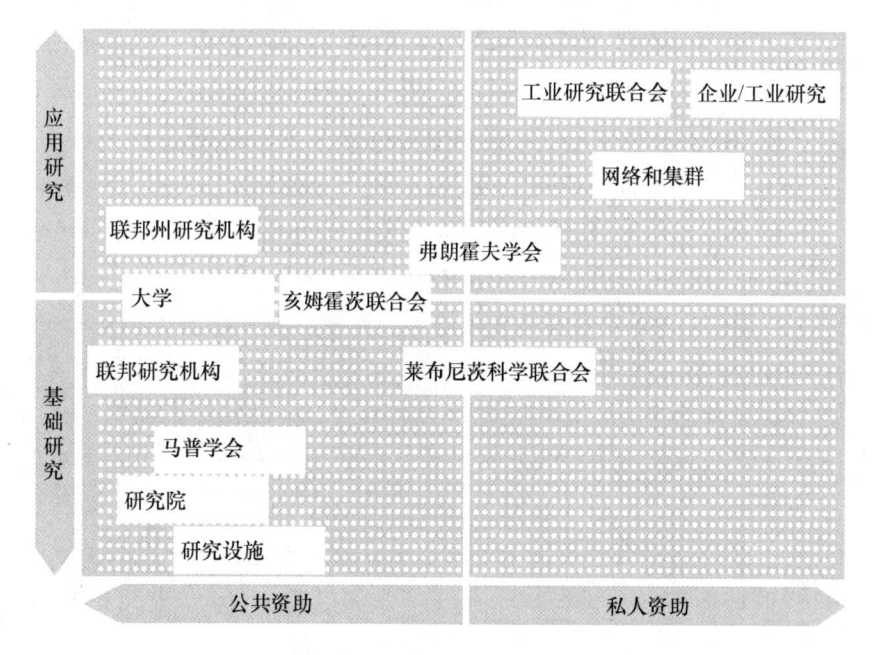

图6-3 德国科研机构定位

资料来源：Fedeal Ministry of Education and Research, *The German Research Landscape. Who does research in Germany?*, 2013, https://www.mpie.de/2979703/The-German-research-landscape.pdf, Stand: 15.05.2019, p.9。

与"Spitzen-"(尖端)构成的复合词相同,尖端研究论证模式也被大量应用于精英倡议计划话语中。从历时变化的角度看,该论证模式从精英倡议计划被提出伊始,就存在于德国媒体中的精英倡议计划话语中,并出现在各个时间段的定性研究语料中,被多次用于表达支持实施该计划的立场或反驳对该计划的批评性意见。

三 科学灯塔论证模式

科学灯塔(wissenschaftliche Leuchttürme)论证模式:精英倡议计划能够为德国高校体系带来"科学灯塔",所以应当实施。

例6-6:Schmachtenberg, der Präsident der Unigruppe TU 9 ist, zollt der Exzellenzinitiative großes Lob. Sie habe deutsche Unis im weltweiten Wettbewerb gestärkt. Er erinnert an die Anfänge:"Es war doch so, dass die Länder nicht die Kraft hatten, unsere Unis auf ein internationales Niveau zu heben. Wir als rohstoffarmes Land dürfen in der Wissenschaft aber nicht zurückfallen."Für seine Aachener Uni habe das Prädikat"Elite"viel Reputation gebracht, es sei gelungen, Studenten aus den USA nach Aachen zu holen. ("Eliteunis zittern an diesem Freitag", *Stuttgarter Zeitung*, 15.06.2012)

译文:德国九所理工大学联盟主席施马赫腾贝格(Schmachtenberg)高度赞扬了精英倡议计划。他表示,该计划增强了德国高校的国际竞争力。他在回忆项目初期时说:"实际情况就是,各联邦州很难有力量把我们的大学提升到国际水平。作为一个资源稀缺的国家,我们不能让科学水平落后。""精英"这一头衔给他所在的亚琛大学带来了很多名誉,也成功地把很多美国留学生吸引到亚琛。

例6-7:Herrmann: Die nächste Runde sollte tatsächlich ganze Standorte und Regionen erfassen. Wenn man schon von Leuchttürmen spricht, sollten die auch eine bestimmte Höhe haben, um gegen die

第六章 精英倡议计划话语：论证层面的分析

Erdkrümmung sichtbar zu sein. Je stärker wir Einzelinstitutionen zusammenführen, desto stärker würden diese Exzellenzstandorte international wettbewerbsfähig. ("Sichtbar gegen die Erdkrümmung", *Der Spiegel*, 23.01.2016)

译文：赫尔曼（Herrmann）：下一轮实际上应该包括所有地点和区域。我们谈起"灯塔"，它也应该有一个特定的高度，以对抗地球的曲面而具有显示度。我们把每所机构建设得越强，这些精英要地就会越有国际竞争力。

科学灯塔论证模式也是一种结局/目的论证模式，在德国媒体的精英倡议计划话语中主要用于支持该计划的实施。科学灯塔论证模式以灯塔隐喻为基础，在第五章第三节曾述及灯塔隐喻强调显示度和高度的双重含义。在精英倡议计划话语中，"科学灯塔"的概念与精英倡议计划的多重目的都有着密切的联系，如可持续地强化德国科研要地、增强德国科研的国际竞争力等，而塑造多所大学为德国高等教育领域的"科学灯塔"本身也是该计划的重要目标之一。

与"Spitzenforschung"（尖端研究）的概念一样，"科学灯塔"的形象也必须在国际竞争的范畴内得以解读，精英倡议计划将塑造多所具有国际竞争力的德国大学，成为"科学灯塔"，辐射地区甚至覆盖全球。精英倡议计划话语中的"科学灯塔"也是一个旗帜性词汇，是精英倡议计划的目标，该计划的推动者希望也相信通过各条资助主线的资助能够达成这个目标。

精英倡议计划的实施也大大提升了德国大学体系在国际上的显示度，塑造了一些"科学灯塔"。国际排名是"科学灯塔"相关的重要指标，研究显示，获得精英倡议计划第三条资助主线——未来构想的资助在一定程度上对德国大学的世界排名起到了积极的作用，从表6-4可以看出德国排名前十的大学都曾经或正在获得未来构想的资助，而且国际排名呈上升态势。

表 6-4　　2008—2014/2015 年德国 QS 排名前十的大学

	2008	2009	2011	2012—2013	2013—2014	2014—2015
海德堡大学	57	57	53	55	50	49
慕尼黑大学	93	98	62	60	65	52
慕尼黑工业大学	78	55	54	53	53	54
弗莱堡大学	147	122	105	106	102	121
卡尔斯鲁厄理工学院	207	184	147	141	116	127
柏林洪堡大学	139	146	132	130	126	134
图宾根大学	155	149	152	144	134	141
哥廷根大学	166	186	149	119	128	146
亚琛工业大学	216	182	140	150	147	147
柏林自由大学	137	94	66	87	109	150

资料来源：Strategiekommission des Wissenschaftsrates,"Bericht der Strategiekommission des Wissenschaftsrates: Auswertung der geförderten Zukunftskonzepte—als gesonderter Band (Anhang 6.3)", in Deutsche Forschungsgemeinschaft und Wissenschaftsrat, Bericht der Gemeinsamen Kommission zur Exzellenzinitiative an die Gemeinsame Wissenschaftskonferenz, 2015, https://www.bmbf.de/files/1_Bericht_an_die_GWK_2015.pdf, Stand: 15.01.2016, S.37.

此外，许多精英集群项目在国际上都被视为在其研究领域的高水平机构。研究生院项目则吸引了大量的来自世界各国的关注与兴趣。获得精英倡议计划资助的项目或大学成为受到其他机构热捧的合作伙伴，大大增强了其国际竞争力。①

与尖端研究论证模式相同，科学灯塔论证模式也被应用于各个阶段的精英倡议计划话语中。具体而言，该论证模式出现在 2006 年 10 月 13 日获得第一阶段第一轮未来构想资助名单公布后，并在 2012 年 6 月 15 日获得第二阶段未来构想资助名单公布前后达到顶峰。此外，科学灯塔论证模式始终伴随着灯塔隐喻的应用。

---

① Deutsche Forschungsgemeinschaft und Wissenschaftsrat, Bericht der Gemeinsamen Kommission zur Exzellenzinitiative an die Gemeinsame Wissenschaftskonferenz, 2015, https://www.bmbf.de/files/1_Bericht_an_die_GWK_2015.pdf, Stand: 15.01.2016, S.132.

第六章 精英倡议计划话语：论证层面的分析

四 差异化论证模式

差异化（Differenzierung）论证模式：精英倡议计划能够促进德国大学的差异化发展，所以应当被实施。

例6-8：Auf der einen Seite schreitet die Differenzierung sicher fort. Eine Universität, die wie die Freie Universität Berlin vor 20 Jahren, also lange vor der Exzellenzinitiative, begonnen hat, Verbundforschung zu fördern und Drittmittel einzuwerben, hat, wenn sie einmal erfolgreich war, bessere Chancen, wieder solche Verbünde zu etablieren. Die Exzellenzinitiative hat diesen Prozess noch etwas beschleunigt. Vor allem aber hat sie eines getan, was im System selber angelegt war, nämlich die Fiktion widerlegt, alle seien gleich. ("Es wird Verlierer geben", *Die Tageszeitung*, 12.06.2012)

译文：一方面，差异化发展稳步推进。柏林自由大学在20年前，也就是精英倡议计划还未启动前，就已经开始推动合作研究、申请第三方经费。这样一所大学一旦获得过成功，那么现在也就有更好的机会来建立这样的联盟。而精英倡议计划加快了这一进程。它主要做了一件事，这一体系内本身就要做的事，也就是反驳了"所有大学都是一样的"的假设。

例6-9：Kleiner：Die Exzellenzinitiative will ausdrücklich die Differenzierung im deutschen Hochschulsystem. Wenn wir das tatsächlich erreichen, sollte man sich darüber nicht beklagen. Natürlich darf der jetzt erreichte Status quo nicht zementiert werden. Aber das wird er auch nicht. Ich sehe viel Bewegung. ("Keine Etiketten auf Dauer", Spiegel Online, 26.08.2010)

译文：克莱纳（Kleiner）：精英倡议计划想要强调的就是德国高校体系中的差异化发展。如果我们确实做到了，人们不该对此有所抱怨。当然我们也不能就此止步于现在完成的情况。而它也不会停。我看到许多进步。

第三种用于表示支持精英倡议计划实施的结局/目的论证模式是差异化论证模式，它同样既是计划实施的动因又是其结果。"Differenzierung"（差异化）的概念在一定程度上是基于方位隐喻所蕴含的空间经验。

德国科学委员会在2006年发表的《关于大学在科研体系中的未来地位的建议》中把高校之间的差异分为纵向差异和横向差异。其中纵向差异是指高校在科研成果、教学质量和社会服务等方面产生的等级化差异，但这一差异常常被简单地缩小到科研成果范围；而横向差异则涉及高校在不同方面的多种功能。在一个具有横向差异的高校体系中，各个高校的重点并不局限在单一方面（如科研），而是根据社会需要及高校自身的特点，打造每个高校自己的特点，设立自己的重点领域。[1]

精英倡议计划设定的目标主要是为了打破德国高等教育原有的均衡发展格局，追求德国高等教育的纵向差异。该计划两个阶段的实施也确实起到了预期的作用：具有世界尖端科研能力的大学受到资助，进一步挖掘其研究潜能，各高校在第三方经费等方面拉开差距，等等。

从表6-5可以看出，2012年，参与精英倡议计划的45所大学共有147924名科研人员，约占德国高校科研人员总量的2/3，共有教授16677名，约占德国高校教授总量的38%。而德国高校2012年所获得的67.598亿欧元第三方经费中，有51.405亿欧元由这45所大学获得，超过总量的3/4。获得未来构想资助的14所大学则获得了37.5%的第三方经费，甚至高于这些大学的教授占比（15%）的两倍。获得两个或两个以上研究生院或精英集群项目的大学也获得了27.4%的第三方经费，略低于这些大学的教授占比（15.3%）的两倍，获得一个研究生院或一个精英集群项目的大学则获得了11.1%

---

[1] Wissenschaftsrat, *Empfehlungen zur zukünftigen Rolle der Universitäten im Wissenschaftssystem*, Köln: Wissenschaftsrat, 2006, S.13. 转引自俞宙明《德国精英倡议计划和高校差异化进程》，《德国研究》2013年第2期，第106页。

的第三方经费，与这些大学的教授占比（7.7%）相当。①

表6-5   2012年德国高校科研人员数量与第三方经费获得情况

大学类型	总计 数量	科研人员					2012年第三方经费	
		总计		教授			总计	
		数量	百分比（%）	数量	百分比（%）	平均值	亿欧元	百分比（%）
大学	110	189886	84.4	23559	53.7	214.2	62.691	92.7
其中，参与精英倡议计划的大学	45	147924	65.7	16677	38.0	370.6	51.405	76.0
获得未来构想资助的大学	14	64198	28.5	6589	15.0	470.6	25.360	37.5
获得两个或两个以上研究生院/精英集群项目的大学	17	56052	24.9	6715	15.3	395.0	18.509	27.4
获得一个研究生院或精英集群项目的大学	14	27674	12.3	3373	7.7	240.9	7.536	11.1
其中，未参与精英倡议计划的大学	65	41963	18.6	6882	15.7	105.9	11.285	16.7
其他高校	317	35228	15.6	20303	46.3	64.0	4.907	7.3
高校总计	427	225114	100.0	43862	100.0	102.7	67.598	100.0

资料来源：Deutsche Forschungsgemeinschaft, *Förderatlas 2015. Kennzahlen zur öffentlich finanzierten Forschung in Deutschland*, 2015, http://www.dfg.de/download/pdf/dfg_im_profil/zahlen_fakten/foerderatlas/2015/dfg_foerderatlas_2015.pdf, Stand: 15.01.2017, S.86。

参与精英倡议计划的大学获得的德国科学基金会、联邦政府、欧盟等的纵向项目资助额也远高于未参与精英倡议计划的大学（见表6-6）。获得未来构想资助的14所大学所获得的欧盟第七框架科研资助额占资助总额的46.6%，获得的联邦政府科研项目资助额占资助

---

① Deutsche Forschungsgemeinschaft, *Förderatlas 2015. Kennzahlen zur öffentlich finanzierten Forschung in Deutschland*, http://www.dfg.de/download/pdf/dfg_im_profil/zahlen_fakten/foerderatlas/2015/dfg_foerderatlas_2015.pdf, Stand: 15.01.2017, S.87-88。

总额的 34.6%，获得的德国科学基金会资助额占资助总额的 43.8%。获得两个或两个以上研究生院/精英集群项目的大学所获得的纵向项目资助额也均占资助总额的 30% 左右。①

表 6-6　　2011 年至 2013 年德国高校获得德国科学基金会、
联邦政府及欧盟科研资助额

大学类型	德国科学基金会获批经费*		联邦政府科研项目资助		欧盟第七框架科研资助**	
	亿欧元	百分比(%)	亿欧元	百分比(%)	亿欧元	百分比(%)
大学	67.125	99.5	31.906	92.2	10.962	98.4
其中，参与精英倡议计划的大学	58.398	86.6	25.341	73.2	9.651	85.7
获得未来构想资助的大学	29.537	43.8	11.968	34.6	5.188	46.6
获得两个或两个以上研究生院/精英集群项目的大学	20.499	30.4	9.168	26.5	3.188	28.6
获得一个研究生院或精英集群项目的大学	8.362	12.4	4.205	12.2	1.165	10.5
其中，未参与精英倡议计划的大学	8.727	12.9	6.565	19.0	1.421	12.8
其他高校	0.338	0.5	2.700	7.8	0.174	1.6
高校总计	67.462	100.0	34.606	100.0	11.136	100.0

注：* 包括精英倡议计划框架下的 10.761 亿欧元。

** 德国大学获得欧盟第七框架科研资助总额为 25.985 亿欧元，表中数据是将 2011 年至 2013 年的数值单独计算后的结果。

资料来源：Deutsche Forschungsgemeinschaft, *Förderatlas 2015. Kennzahlen zur öffentlich finanzierten Forschung in Deutschland*, 2015, http：//www.dfg.de/download/pdf/dfg_im_profil/zahlen_fakten/foerderatlas/2015/dfg_foerderatlas_2015.pdf, Stand: 15.01.2017, S. 87。

---

① Deutsche Forschungsgemeinschaft, *Förderatlas 2015. Kennzahlen zur öffentlich finanzierten Forschung in Deutschland*, http：//www.dfg.de/download/pdf/dfg_im_profil/zahlen_fakten/foerderatlas/2015/dfg_foerderatlas_2015.pdf, Stand：15.01.2017, S. 88.

第六章 精英倡议计划话语：论证层面的分析

第四章第二节关于"Wettbewerb"（竞争）一词的搭配分析显示出，"Differenzierung"（差异化）是构成"Wettbewerb"（竞争）语义场的重要关键词。德国大学的差异化发展也反映出德国高等教育领域的竞争增强，尤其是在纵向差异化方面，竞争成为各高校分出高低等级差异的手段。

随着精英倡议计划的实施，德国高等教育逐步向差异化方向发展，发挥了积极的作用，也逐步成为社会各界的共识，成为一个不争的事实。差异化论证模式在后来的几年中声音渐弱，在2013年后的定性研究语料库中再也没有出现过。

五　特色形成论证模式

特色形成（Profilbildung）论证模式：精英倡议计划能够促进德国大学的特色形成，所以应当实施。

例6-10：Die gesamte deutsche Wissenschaftslandschaft wird an Profil gewinnen: Das is noch wichtiger als das Geld, das bei Weitem nicht ausreicht, um eine deutsche Harvard-Universität zu schaffen. International sichtbare Forschungsschwerpunkte können nur dadurch geschaffen werden, indem wir die Kompetenzen unterschiedlicher Forschungseinrichtungen zusammenbringen. Interdisziplinarität und neue Ansätze in zukunftsträchtigen Forschungsgebieten müssen dabei im Vordergrund stehen. ("Ein kräftiger Schub für Deutschland", *Hamburger Abendblatt*, 20.01.2006)

译文：整个德国科学体系将赢得良好形象：这比金钱重要得多，但用此来建设一所德国的哈佛大学还远远不够。具有国际显示度的研究重点只能通过整合不同研究机构的能力来实现。我们必须优先考虑跨学科性和在未来充满希望的研究领域的新方法。

例6-11：Alt: Wir haben, denke ich, alle profitiert, weil wir die Fähigkeit entwickelt haben, zu planen und zu überlegen, wo unsere

Schwerpunkte liegen sollen. ("Die Stimmung ist gespannt, aber nicht ängstlich", *Berliner Zeitung*, 18.10.2007)

译文：阿尔特（Alt）：我想，我们大家都从中获益了，因为我们的计划和思考我们的重点应该在何处的能力都得到了发展。

最后一种表示支持精英倡议计划实施的结局/目的论证模式是特色形成论证模式，它同样既是德国政府实施该计划的目的，又是计划实施后所达到的结果。

"Profilbildung"（特色形成）也是存在于"Wettbewerb"（竞争）语义场中的一个重要的关键词。德国高等教育领域专家泰西勒（Ulrich Teichler）曾指出德国大学的"Profil"（特色）具有以下三个重要特点：首先，该特色在横向比较中必须具有一定的特点，如可以证明特别紧密的、跨学科的合作，或者专业上的重点设置；其次，整个高校或机构的一大部分都呈现出该特色；最后，这不仅仅是一种表面的特色，而需确确实实反映在"高校的绩效"中。[1] 早在20世纪70年代，德国就形成了不同类型的高校，如综合性大学、应用技术大学、高等艺术院校、神学院、教育学院等。而高校特色建设发展较晚，直到90年代初才成为德国高校政策的目标，特色建设也陆续被一些联邦州写入其高等教育法。[2] 精英倡议计划成为德国高等教育特色建设的"催化剂"，通过竞争使各高校的特色逐渐显现，一方面，高校面向公众、整个社会展示其特色；另一方面，高校自身也对各自的特色有了越来越清晰的认识，通过集中资源，逐步发展自身的特色。

德国科学基金会和德国科学委员会组建的共同委员会2008年向

---

[1] Ulrich Teichler, "Profilierungspfade der Hochschulen im internationalen Vergleich", in Jan-Hendrik Olbertz und Peer Pasetrnack, Hrsg., *Profilbildung, Standards, Selbststeuerung. Ein Dialog zwischen Hochschulforschung und Reformpraxis*, Weinheim: Beltz Deutscher Studien Verlag, 1999, S. 30–31.

[2] 郑春荣、欧阳凤：《精英倡议计划对德国高等教育差异化的影响分析》，《外国教育研究》2014年第2期，第73页。

第六章　精英倡议计划话语：论证层面的分析

德国科学联席会（GWK）提交的精英倡议计划第一阶段的评估报告①就显示，精英倡议计划对德国的科研起到了积极的促进作用，使之进行了较大的结构性调整，形成了较鲜明的特色。其中，研究生院和精英集群两条资助主线对各大学在形成重点建设的特色学科方面起到了重要的作用。而获得未来构想主线资助的大学则在学校内部探索新的大学内部的竞争措施，以促进大学的特色形成，例如：

柏林自由大学：集群建设倡议；

弗莱堡大学：弗莱堡大学高等研究院（FRIAS）研究领域设置的交替更迭；

哥廷根大学：致力于确定特色的、多层开放的选择过程和精英领域的新发现；

卡尔斯鲁厄理工学院：设置卡尔斯鲁厄理工学院的重点、建设卡尔斯鲁厄理工学院研究中心；

康斯坦茨大学：按主题建设研究中心；

慕尼黑大学：2004年起实施的致力于特色形成的慕尼黑创新竞赛。②

与差异化论证模式相同，随着精英倡议计划的实施，德国大学在特色形成方面不断发展，在2013年后的定性研究语料库中，该论证模式被使用的频率也逐渐降低了。此外，相对前三种结局/目的论证模式，特色形成论证模式在定性研究语料库中使用频率相对较低，究其原因是该论证模式对德国政府而言在精英倡议计划实施目标中是权重占比不高的一个目标，但是实际上，该目标对各所德国大学本身而言却是十分重要的一个发展目标。

---

① Deutsche Forschungsgemeinschaft und Wissenschaftsrat, *Bericht der Gemeinsamen Kommission zur Exzellenzinitiative an die Gemeinsame Wissenschaftskonferenz*, 2008, http://www.gwk-bonn.de/fileadmin/Papers/GWK-Bericht-Exzellenzinitiative.pdf, Stand: 15.01.2016.

② Ibid., Teil III, S. 19.

第二节 反对型论证模式

一 形式主义的竞争论证模式

形式主义的竞争（formalistischer Wettbewerb）论证模式：精英倡议计划是一种形式主义的竞争，所以不应当实施。

例 6 – 12：Die Exzellenzinitiative belastet den Unibetrieb mit einem hohen Aufwand für das Antragswesen. Der Hamburger Unirektor Dieter Lenzen meint, dass sich einige Unis "zu Tode gesiegt" oder an den Rand der Erschöpfung "geantragt" hätten. Er regt eine zehnjährige Pause dieser "Großwettbewerbe" an. ("Eliteunis zittern an diesem Freitag", *Stuttgarter Zeitung*, 15.06.2012)

译文：精英倡议计划庞杂的申请给大学的运行造成了极大的耗费。汉堡大学校长伦岑（Dieter Lenzen）认为，有的大学是在"用生命战斗"或者说"申请"至精疲力竭的边缘。他提议这项"大型比赛"应有一个十年的休息期。

例 6 – 13：Das wird einen Effekt der Exzellenzinitiative weiter verstärken-nämlich den, dass die Universitäten sehr viel Energie in das Aufhübschen ihrer Schauseiten stecken. Ethnographische Studien über die Exzellenzinitiative würden die faszinierende Beobachtung zutage fördern, wie Wissenschaftler ihre Präsentationen minutengenau einstudieren und wie—ähnlich dem amerikanischen Wahlkampf—Experten engagiert werden, die mögliche kritische Fragen an die Kandidaten ersinnen sollen. Es gibt inzwischen Betreuungsangebote für Hochschulen, mit deren Hilfe das eigene professionelle Auftreten bei sogenannten "Begehungen" durch Gutachter eingeübt wird und Details wie Bewirtung, Kleidung und Stimmführung vorgeplant werden. ("Kollektives Backenaufblasen", *FAZ*, 06.04.2016)

第六章 精英倡议计划话语：论证层面的分析

译文：这会进一步强化精英倡议计划导致的效果，即大学会在美化它的展示面方面投入许多精力。关于精英倡议计划的人类学研究将展示这一有趣的观察，即科学家们是如何精确到分钟地排练他们的演讲以及专家们如何像美国大选那样为候选大学提出可能的批判性问题。在此期间也有为高校提供的辅导项目，使它们应付好专家对它们的专业出场进行所谓的"检查"，并提前设定好宴请、衣着、音调等细节。

形式主义的竞争论证模式与竞争论证模式相对，是反对型论证模式中属于原则论证模式的两种论证模式之一。在第二章，笔者曾介绍过精英倡议计划各个阶段的申请过程，申请大学先提交申请草案，获批后再提交正式申请，评估阶段还要接受额外的专家评审。德国大学为了获得资助，花费了大量人力与财力。因此，精英倡议计划程序庞杂的申请遭到了反对该计划的行为体的诟病，认为精英倡议计划是形式主义的竞争，其竞争的形式远远大于竞争的内容。这一点也反映在经济隐喻类型中，反对精英倡议计划的批评者将撰写精英倡议计划申请书喻为生产，而精英头衔成为产品的标签。

关于形式主义的竞争论证模式还必须指出的是，尽管这一论证模式被用于反对精英倡议计划的实施，但它从根本上是主张增强在德国高等教育领域的竞争性的，只是当精英倡议计划框架下的竞争沦为形式主义的竞争，而不是真正的竞争，才会遭到批评与反对。

在定性研究语料库中，形式主义的竞争论证模式多次出现在精英倡议计划公布结果的几个年份，包括公布第一阶段第二轮资助结果的2007年、公布第二阶段资助结果的2012年。在2016年对精英倡议计划的后续计划如何开展进行热烈讨论时，该论证模式在话语中的出现频次达到了顶峰，可以看出反对者通过该论证模式在新政策制定前对过去两阶段"游戏规则"的设定提出批评意见，以表达对精英倡议计划的不满，甚至以此阻止精英倡议计划及其后续计划继续实施。

精英倡议计划话语中的上述反对意见也得到了德国政府的重视，他们对计划的后续资助项目——精英战略在规则设定和申请流程等方面进行了优化。其中,资助期限从精英倡议计划的 5 年延长为两个 7 年,降低申请的频率;只有获得"精英大学"资助资格的大学才需要提交相应的申请书,能够避免其他学校的多余劳动。因此,反对型论证模式对于精英倡议计划的实施不只是批评性意见,也可以是具有创造性、建设性的意见。

二 机会均等论证模式

机会均等(Chancengleichheit)论证模式:精英倡议计划违背机会均等的原则,所以不应当实施。

例 6 – 14: Natürlich können die Hochschulen das Geld gut gebrauchen. Aber bei dem Wettbewerb waren die Chancen nicht fair verteilt. Es ist kein Zufall, dass der Osten mit Ausnahme der TU Dresden und Berlin so gut wie leer ausging. Zwar hat es bei der jetzigen Entscheidung Veränderungen gegeben. Sie spielen sich aber innerhalb der bisherigen Spitzengruppe ab. Bei den Clustern haben die Medizin und die Naturwissenschaften sich unter anderem zu Lasten der Geisteswissenschaften weiter etabliert. ("Der Wettbewerb spaltet die Hochschulen", *Frankfurter Rundschau*, 16.06.2012)

译文:高校当然很需要这笔钱。但竞争中的机会并不是公平分布的。东部地区只有德累斯顿工业大学和柏林的大学入选,这并不是一个偶然事件。虽然现在的决定发生了变化。但它(精英大学的头衔)依然在迄今的尖端大学组内传递。医药和自然科学领域的精英集群项目继续远超人文科学。

例 6 – 15: Die Studie befeuert damit eine alte Debatte neu. Nach der Exzellenzinitiative warnte der Bamberger Soziologe Prof. Dr. Richard Münch im Jahr 2007 vor einer neuen "akademischen Elite": Das Geld konzentriere sich auf große Standorte mit hoher Reputation—während andere zunehmend darben würden.

第六章　精英倡议计划话语：论证层面的分析

Die Folgen für die Wissenschaft könnten Münch zufolge verheerend ausfallen: Einige Hochschulen ertrinken im Geld, worunter ihre Forschung letztlich gar leiden könne. Denn je größer ein Forschungsprojekt, je mehr Mitarbeiter es umfasst, desto größer wird auch der Aufwand für Koordination und Verwaltung. Kreative Wissenschaftler an kleineren Hochschulen hätten dagegen bald kaum mehr das Geld, um ihren Ideen nachzugehen. In Münchs Szenario kommt es zur Überinvestition in der Spitze und zur Unterinvestition in der Breite. Der Wissenschaft geht es insgesamt schlechter.

[...] Grözinger stimmt der Diagnose zu. "Wir reden immer davon, dass die kleinen und mittleren Unternehmen das Rückgrat unserer Wirtschaft sind", sagt er. "In der Wissenschaft setzen wir aber vor allem auf Größe und Exzellenz." Seine Analyse zeigt die Wunde auf, in die auch Münch den Finger legt: Zu den millionenschwer geförderten Elite-Universitäten wurden während der Exzellenzinitiative vor allem die Hochschulen gekürt, die bereits in der Vergangenheit viele Mittel aus den Töpfen gewinnen konnten. Wer hat, dem hat die Exzellenzinitiative noch einmal etwas gegeben. ("Auf die Größe kommt es an", Spiegel Online, 15.10.2013)

译文：该研究重新引发过去的一个辩论。精英倡议计划启动后，班贝克的社会学家明希（Richard Münch）教授在2007年提出将产生新"学术精英"的警告：资金集中在有较高声誉的大城市，而其他地方越来越贫困。

据明希所说，这对于科研的后果可能是灾难性的：一些高校淹死在大量资金中，而它们的研究到最后可能反而会因此遭受损失。因为研究项目越大、参与项目的研究人员越多，协调和行政方面的消耗也就越大。与此相反，较小的高校中有创造力的科学家们则几乎没有能让他们探究思想的资金。在明希的脚本中，存在对尖端大学过度投资和对大部分大学投资不足的情况。总体来看，科学的发展每况愈下。

（……）格日琴（Grözinger）认同这一判断。"我们总是讲，中小型企业是我们经济的支柱。"他说，"在科研中我们却主要寄希望于大型（高校）和精英（高校）。"他的分析揭示了明希也曾指责过的痛点：在精英倡议计划中得到数百万资助的精英大学主要是在过去已经获得了大量各类项目资金的高校。已经拥有资金的高校将在精英大学计划中再次有所收获。

机会均等论证模式是反对型论证模式中属于原则论证模式的第二种论证模式。希望与体育竞赛中强调公平公正一样，反对实施精英倡议计划的行为体通过使用机会均等论证模式强调德国各大学在获得各类资助、头衔的竞争中也应当获得均等的机会，然而精英倡议计划在准入规则设定、遴选过程、遴选准则等方面却有失公平，违背了机会均等的原则。

有学者指出"马太效应"在精英倡议计划评选过程中凸显。[①]"马太效应"是指强者愈强、弱者愈弱，比如第三方经费是评判是否资助该项目或大学的重要指标之一，这就导致已经拥有大量资金，尤其是已经获得大量第三方经费的大学将在精英倡议计划中获得更多的资助。从第六章第一节差异化论证模式相关的两张表格（表6-5、表6-6）可以获知，参与精英倡议计划的大学所获得的科研经费远高于未获得资助的德国大学。对此，有学者甚至指出参与该计划的大学并非处于同一起跑线，或者说该计划所用的竞争概念实际上是以"Monopolstrategie"（垄断战略）为基础的，是会限制竞争的一种战略。[②]

机会均等论证模式作为反对实施精英倡议计划的论证模式贯穿于整个精英倡议计划话语中，与形式主义的竞争论证模式相似，在2016年对精英倡议计划的后续计划推进的讨论中，机会均等论证模

---

① Richard Münch, *Die akademische Elite. Zur sozialen Konstruktion wissenschaftlicher Exzellenz*, Frankfurt am Main: Suhrkamp, 2007.

② Ibid., S. 29.

第六章 精英倡议计划话语：论证层面的分析

式在话语中的出现频次也达到了顶峰。反对者希望在新的"游戏规则"确定前，以此改变精英倡议计划后续计划的遴选过程和标准，甚至阻止精英倡议计划及其后续计划的实施。

此外，还值得一提的是，在例6-15中，明镜在线援引了班贝克的社会学家明希教授的观点，突出权威性，作为论证分析的一个重要手段，文格勒将上述"权威性论证模式"（Der Autoritäts-Topos）视为"作为支撑其他论证模式的论证模式"（Als Stützungen anderer Topoi fungierende Argumentationsmuster）[1]。除了权威性论证模式外，"作为支撑其他论证模式的论证模式"还有类比论证模式（Der Analogie-Topos）、举例论证模式（Der Beispiel-Topos）、数字论证模式（Der Zahlen-Topos）、多数论证模式（Der Mehrheits-Topos）和政治目标论证模式（Der Topos aus den politischen Zielen）[2]。

三 广泛资助论证模式

广泛资助（Breitförderung）论证模式：精英倡议计划将会阻碍德国大学获得广泛资助，所以不应当实施。

例6-16：Ich befürchte, dass wir künftig zwar vielleicht mehr Spitzenforschung haben werden, aber Qualität in der Breite verlieren. Das wird sich auch negativ auf die Spitzenforschung auswirken. Der Wettbewerb hat zudem dazu geführt, dass sehr spezialisierte Projekte gefördert werden. Oft geht es um Trends: Wenn "Nanotechnologie" draufsteht, erhöht das die Chancen deutlich. Wer nicht bei den Gewinnern ist, muss mit negativen Folgen rechnen. ("Der Wettbewerb spaltet die Hochschulen", *Frankfurter Rundschau*, 16.06.2012)

译文：我担心未来我们可能会有更多的尖端研究，但总体质

---

[1] Martin Wengeler, *Topos und Diskurs. Begründung einer argumentationsanalytischen Methode und ihre Anwendung auf den Migrationsdiskurs (1960 – 1985)*, Tübingen: Niemeyer, 2003, S. 321.
[2] Ibid., S. 321 – 325.

量却会下降。这也会对尖端研究产生负面影响。这一竞争导致只有十分特殊的项目会得到资助。这往往与流行趋势有关：只要上面写着"纳米技术"，就能显著提升获胜机会。无法获得胜利的高校则必须提前考虑到负面结果的影响。

例 6-17：Für die meisten wäre es besser gewesen, es hätte die Exzellenzinitiative nicht gegeben. Dieser Wettbewerb führt zu einer Spaltung innerhalb der Hochschullandschaft. Wir erleben eine massive Hierarchisierung der Universitäten-mit einer relativ kleinen Gruppe an der Spitze und einer großen Gruppe von Universitäten, die immer mehr mit den Fachhochschulen konkurriert. ("Der Wettbewerb spaltet die Hochschulen", *Frankfurter Rundschau*, 16.06.2012)

译文：对于大多数大学来说，如果没有精英倡议计划，会更好。这一竞争导致了高校格局的分裂。我们经历了大学大规模的等级化——只有小部分位于顶端，与大部分越来越多地与应用技术大学竞争的大学区别开来。

广泛资助论证模式是与差异化论证模式相对立的论证模式，也属于结局/目的论证模式，它反对实施精英倡议计划主要是其对德国高等教育领域的纵向差异化发展的批判。

在第五章第一节方位隐喻中，作者曾述及"Spitzenförderung"（尖端资助）和"Breitförderung"（广泛资助）在精英倡议计划话语中构成了两个对立的概念，尖端资助强调"上即是好"，强调尖端的、纵向拉升的目标；而广泛资助则强调德国高等教育的整体质量。反对实施精英倡议计划的行为体指出，只有少数所谓的"尖端大学""尖端研究"能够获得资助，资源将被集中在具有较高声誉的大城市，而通过这样的资源和资金分配势必导致德国高等教育的整体质量下降，这也违背了德国长期以来对高等教育进行广泛资助的原则。从上述分析来看，广泛资助论证模式对竞争性元素持反对态度，通过竞争，德国高等教育的均衡格局被打破，整体质量可能会下降。

第六章 精英倡议计划话语：论证层面的分析

此外，使用广泛资助论证模式的行为体还指出精英倡议计划打破德国高等教育的均衡格局，还将导致德国的高校格局发生分裂，形成两层级体系（Zwei-Klassen-System）。尽管10多年来的各种大学排行榜早就表明，德国大学中已产生好坏之分，但是德国官方始终不愿意承认。[①] 精英倡议计划的实施终结了德国大学处于均等地位的传统，部分大学被政府正式贴上精英的标签，而未能获得资助的大学则无形中被贬为第二集团"普通大学"。两层级体系对于长期处于均衡发展的德国高校格局而言，是势在必行却让人难以接受的现实，因而遭受到了不少的反对，这也反映出人们对精英倡议计划背后所蕴藏的竞争性元素的反对，也许没有竞争，就不会被区分出好坏层级了。

还有反对者指出精英倡议计划的实施将造成地区差异和不平衡，比如受资助的大学主要集中在德国西部，这势必会进一步拉开德国东部和西部大学之间的差距；相比北德的大学，南部的联邦州更为富裕，获得资助的大学也多集中在南部，因而，德国高等教育的南北差距也将进一步加剧。再比如，受资助的大学主要位于资源集中的大城市，所以位于小城市的大学将越发得不到资源，而与大城市的"精英大学"拉开差距。

从上述分析可以看出，广泛资助论证模式与原则论证模式中的机会均等论证模式密切相关，精英倡议计划所造成的德国高等教育发展不平衡的一系列结果很大程度上都源于该计划的规则设定，谁拥有的越多就将获得更多，正反映出德国大学中愈演愈烈的"马太效应"。

在实施过程中，为了回应反对的声音，精英倡议计划也做出了相应调整。广泛资助论证模式在2006年至2012年，也就是精英倡议计划被提出直到第二阶段结果公布这几年间被使用得最多。有学者指出比如德累斯顿工业大学能够在该计划的第二阶段获得"未来构想"的资助，也是相关评审委员会对平衡德国东部和西部、让更多大学受惠的表现。因此，随着计划的实施，反对的意见逐步得到德国政府的

[①] 张帆：《德国高等学校的兴衰与等级形成》，北京师范大学出版社2012年版，第147页。

重视，计划的规则不断被调整优化，广泛资助论证模式在后来几年中声音渐弱，以此对精英倡议计划提出批评和反对的意见者也逐渐减少。

四 丧失多样化论证模式

丧失多样化（Verlust von Vielfältigkeit）论证模式：精英倡议计划不利于德国高校体系的多样性发展，所以不应当实施。

例 6-18：Verglichen mit Autos sind Hochschulen komplexere Gebilde. Gleichwohl scheinen sich die Hochschulen gedanklich stets in ein eindimensionales Besser-schlechter-Schema einzuordnen. Das zeigt sich besonders in den Leitbildern, die sich die Hochschulen gegeben haben. Statt dort die wesensprägenden Merkmale der eigenen Institution darzustellen, werden eher die konstitutiven Merkmale von Hochschulen im Allgemeinen formuliert. Und so sind eben alle Hochschulen innovativ und forschungsstark—und einige innovativer und forschungsstärker. ("Besser anders", FAZ. net, 26.06.2012)

译文：高校的结构比汽车更复杂。同时，各高校似乎总是将自身归类在非优即劣的单维度体系内，各高校提出的口号就展示了这一点。机构自身的本质特征没有得到展现，高校的主要特点往往被表述得相当笼统。结果所有高校就都变成了创新的和研究实力强的——只有几所高校相对更创新或研究实力更强。

例 6-19：Aber ich warne: Nur um mit einigen hoch bezahlten US-Hochschulen zu konkurrieren, die ein Vielfaches an Etat haben, machen wir unser System mit seiner hohen Pluralität kaputt. ("Es wird Verlierer geben", *Die Tageszeitung*, 12.06.2012)

译文：但我警告：只是为了与拥有大量资金、预算充足的美国高校相竞争，我们将破坏我们极具丰富性的体系。

第六章 精英倡议计划话语：论证层面的分析

丧失多样化论证模式是特色形成论证模式的对立论证模式，但其指向和强调的内容其实与特色形成论证模式相似。

德国大学长期以来保持着均衡发展的状态，它意味着各个大学各有特点但总体质量相当，因而也呈现出多样化的发展态势。在介绍特色形成论证模式时，笔者曾提到精英倡议计划推动了德国高等教育的特色形成，各高校通过集中资源，逐步发展自身的特色。但是，也有报告表明精英倡议计划引发了某些趋同现象。柏林社会科学研究中心（WZB）2012年发布的报告显示，精英倡议计划导致了各所大学结构上的趋同。[①] 其主要原因是，各高校都聚焦尖端科研，建立类似的研究机构，并着力进行跨学科研究，导致科研结构逐渐趋同，而多样性发展被抑制。[②] 从上述分析看，丧失多样化论证模式对精英倡议计划所呈现的竞争性元素持支持态度，认为应当用竞争激活德国高等教育的发展，产生具有不同特色的大学，并最终形成差异化。

丧失多样化论证模式多出现在精英倡议计划第一轮和第二轮资助名单公布前后，这反映出使用该论证模式的行为体在很大程度上是基于该计划的受资助的大学或项目名单进行判断，认为这些大学或项目多集中在理工科，人文社会学科较少，或者受资助的大学多为大而全的综合性大学，相较而言，小而精的、有特色的大学则难以在计划选拔中脱颖而出。德国政府的"指挥棒"指向哪里，精英倡议计划等资助计划如何设置，也将导致德国大学办学思路随之发生变化。

不过，丧失多样化论证模式在定性研究语料库中使用的频率相对较低，尤其是伴随着精英倡议计划的实施，其对德国高等教育所起到的正向积极的作用也使批评反对之声日渐式微。在2013年后的语料中，该论证模式没有再出现过。

[①] Tim Flink et al., *Angleichung statt Vielfalt. Deutsche Universitäten auf der Suche nach Profil*, 2012, https://bibliothek.wzb.eu/wzbrief-bildung/WZBriefBildung222012_flink_rogge_rossmann_simon.pdf, Stand: 13.08.2016.

[②] 郑春荣、欧阳凤：《精英倡议计划对德国高等教育差异化的影响分析》，《外国教育研究》2014年第2期，第75—76页。

第三节 论证层面总体特征

通过上一节对与竞争性元素相关的论证模式进行的分析，笔者对竞争性元素的深层含义有了进一步了解。

支持型论证模式中，竞争、尖端研究、科学灯塔、差异化、特色形成这五种论证模式都反映出竞争性元素。其中，尖端研究论证模式中方位隐喻的"上即是好"的概念和科学灯塔隐喻中的灯塔的隐喻概念作为论证模式的重要组成部分，使论证模式本身展现出竞争性元素的特点。这两类论证模式都在强调上、尖端、高、显示度，其实也就是精英倡议计划语境下的"精英"内涵。正如某联邦州部长所说："精英意味着国际显示度和效果"①，由此可以从精英倡议计划话语中找到竞争性元素的其中一层含义留下的线索，即竞争创造精英（Wettbewerb als Exzellenzantrieb）（见图6-4）。

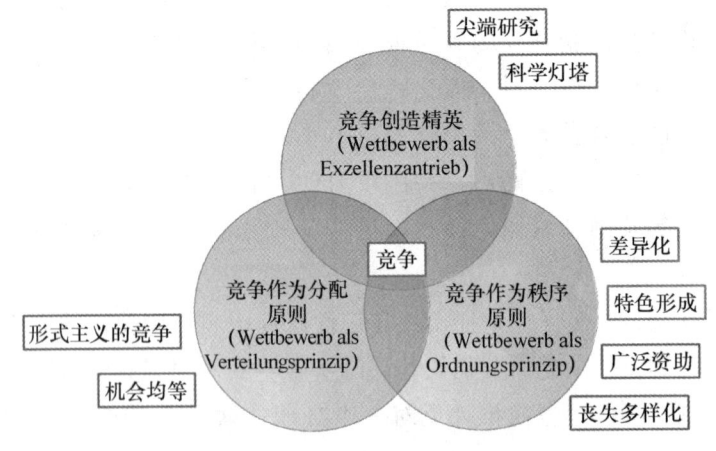

图6-4 竞争性元素的作用

资料来源：笔者自制。

---

① Hristina Markova, *Exzellenz durch Wettbewerb und Autonomie. Deutungsmuster hochschulpolitischer Eliten am Beispiel der Exzellenzinitiative*, Konstanz/München: UVK Verlagsgesellschaft mbH, 2013, S. 143.

第六章　精英倡议计划话语：论证层面的分析

推动德国大学差异化发展和特色形成是精英倡议计划实施至今的重要作用。在差异化和特色形成的语境下，竞争性元素又呈现出新的内涵，即竞争作为秩序原则（Wettbewerb als Ordnungsprinzip），通过竞争优胜劣汰，或者至少是拉开差距、产生横向和纵向的差异化。除了竞争论证模式外，尖端研究、科学灯塔、差异化、特色形成这几种论证模式都属于结局/目的论证模式，可见精英倡议计划的提出者和推动者在一开始就预设了这些带有竞争性元素的目的，当然实际上该计划也推动了德国高等教育在这些范围内的发展。

反对型论证模式中，形式主义的竞争、机会均等、广泛资助、丧失多样化这四种论证模式与竞争性元素相关。其中，形式主义的竞争论证模式、机会均等论证模式作为原则论证模式中唯一的支持型论证模式——竞争论证模式的相反论证模式则是对"竞争作为分配原则"（Wettbewerb als Verteilungsprinzip）的理念内涵提出反对意见，如果精英倡议计划沦为形式主义的竞争而不是重质量的竞争，则无法做到机会均等的竞争。那么，这样的竞争就是"对科学而言陌生的"，不能创造精英的竞争。

而广泛资助论证模式作为差异化论证模式的对立论证模式，反对实施精英倡议计划，反对其背后的竞争性元素，反对"竞争创造精英"的理念内涵，因为这会导致德国高等教育总体质量下降，也会导致德国高等教育产生两层级体系。广泛资助和丧失多样化论证模式都属于"竞争作为秩序原则"的理念内涵范畴，然而两者也有所不同：广泛资助论证模式对竞争理念持反对意见，认为不应当竞争，丧失多样化论证模式则是赞同竞争性元素的表现，用竞争激活德国高等教育的发展，产生具有不同特色的大学，并最终形成差异化。

丧失多样化论证模式作为特色形成论证模式的相反论证模式，一方是反对实施精英倡议计划的实施，另一方持支持态度，却都在强调和支持竞争性元素，这看似矛盾的语言现象，实际上是反映出精英倡议计划作为秩序原则的争议点所在，即德国大学究竟会在精英倡议计划的竞争中找到各自的特色并扬长避短，还是会让各大学按照精英倡议计划资助主线的要求，反而都去争当同一类型的、以科研为重的大学,甚至研究的领域也会向拥有更大的获得资助可能性的领域去调整,而削弱德国高等教育的多样性?

根据精英倡议计划的两份官方协议可以判断出,竞争性元素的三种作用中,"竞争创造精英""竞争作为秩序原则"符合德国政府推出该计划的初衷,是该计划实施的目标;而"竞争作为分配原则"可能只是该计划所造成的"副作用",是"竞争作为秩序原则"导致的一个后果。尽管德国政府在推出该计划时,就预计到了这一可能发生的后果,联邦州层面、大学等在内的各方行为体在博弈中表现得对获得资助的可能性与资助额的多少相当重视,但当资助名单公布时,未获得资助的大学或项目相关人员真真切切感受到的失望与心理落差,这也引发了新一轮且更为猛烈的批评反对声。

研究中,笔者还对定性研究语料库中各论证模式在使用上的历时变化进行了分析,各论证模式在不同年限出现的频次见图6-5"论证模式逐年分布矩阵图"。尽管具体的研究语料库未必能代表完整的精英倡议计划话语的情况,但是依然可以为本书提供一些线索。

从图6-5可以看出,定性研究语料库中不同论证模式使用的历时变化,图中矩阵点的大小代表它们在话语中使用频次的相对关系。

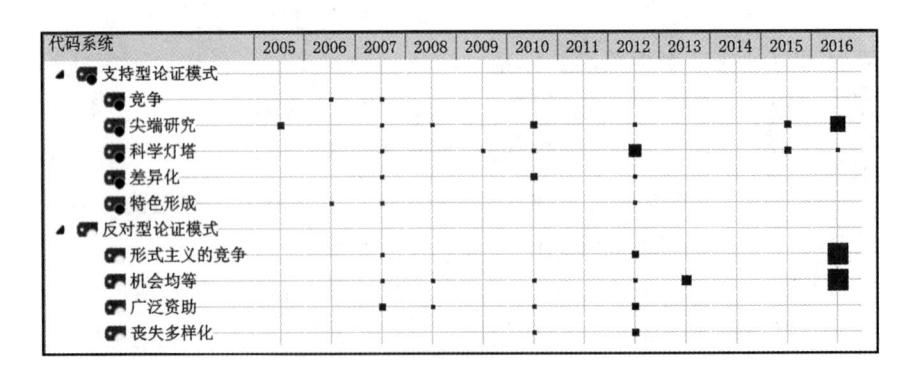

代码系统	2005	2006	2007	2008	2009	2010	2011	2012	2013	2014	2015	2016
▲ 支持型论证模式												
竞争			■	■								
尖端研究			■					■				■
科学灯塔								■				
差异化												
特色形成												
▲ 反对型论证模式												
形式主义的竞争												■
机会均等									■			■
广泛资助												
丧失多样化												

图6-5 论证模式逐年分布矩阵图

资料来源:由Maxqda软件自动生成。

第六章 精英倡议计划话语：论证层面的分析

介绍竞争论证模式时，笔者已提及直接将"竞争"理念作为论证模式只是在2006年和2007年这两年被使用，其后就再也没有出现过了。尖端研究论证模式则贯穿于2005年至2016年的精英倡议计划话语中。2007年和2012年作为公布精英倡议计划第一阶段第二轮和第二阶段评选结果的两个年份，对精英倡议计划的讨论也最为充分，可以听到对该计划实施的各种支持和反对的声音。2016年前后对精英倡议计划后续计划的实施方案的讨论引发了新一轮的高潮，而这一次讨论，因为有前两阶段的精英倡议计划作为基础，出现的论证模式相对集中，支持型论证模式以尖端研究为核心，反对者则最担心精英倡议计划的后续计划，也就是精英战略，沦为空有形式、缺乏机会均等的竞争。

究其原因，并不是竞争性元素不再重要，相反，是因为它已经受到广泛认可，不再具有争议性，精英倡议计划已完全成为"竞争"的代名词，成为竞争性元素的制度化载体，这一点印证了第四章第三节定量分析中通过三个子语料库中距离指示词出现的频率比看出公众对精英倡议计划的接受情况的变化。

从图6-6反映竞争性元素内涵的论证模式的分布矩阵图可以看出，2006年至2012年是精英倡议计划话语中竞争性元素体现最强烈的年限，这与第四章第三节对精英倡议计划话语中三个子语料库进行的定量比较分析所得出的结论相同。而竞争作为秩序原则的深层内涵也是在这个时间段呈现在媒体话语中。2013年至2016年的精英倡议计划话语中，不再对竞争作为秩序原则的深层内涵进行讨论，推测这主要归因于通过精英倡议计划前两阶段的实施效果来看，该计划确实推动了德国大学的差异化发展，"精英倡议计划"资助的大学已经在科研成果和第三方经费等方面与其他高校拉开了差距。2013年至2016年，支持精英倡议计划实施的行为体主要强调"竞争创造精英"的内涵，而反对者则主要批评"竞争作为分配原则"这层内涵。尤其是竞争作为分配原则时，若竞争是轻内容、重形式的，若竞争无法做到机会均等，那么这样的竞争就是具有争议的。

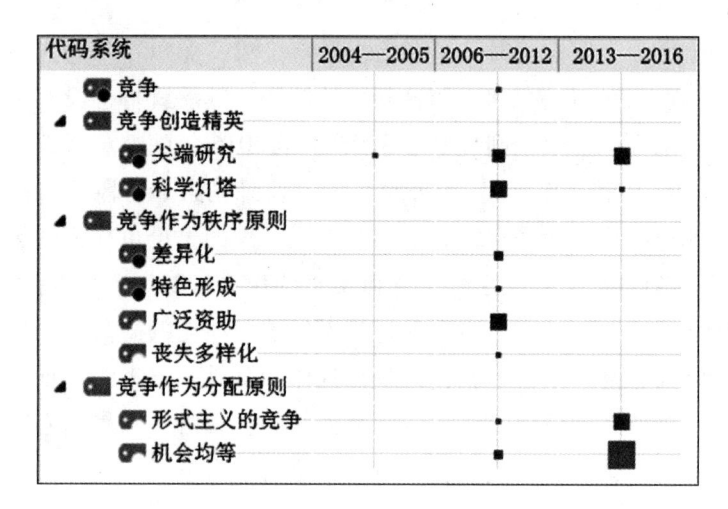

代码系统	2004—2005	2006—2012	2013—2016
竞争			
▲ 竞争创造精英			
尖端研究	·	■	■
科学灯塔		■	·
▲ 竞争作为秩序原则			
差异化			
特色形成			
广泛资助		■	
丧失多样化			
▲ 竞争作为分配原则			
形式主义的竞争		·	■
机会均等			■

图 6-6　反映竞争性元素内涵的论证模式的分布矩阵图

资料来源：由 Maxqda 软件自动生成。

由此可以看出"竞争"是一把双刃剑，"好的""起作用的"竞争可以为德国高等教育领域创造精英，而"坏的""不起作用的"竞争则无法保证质量、带来精英，这即是竞争性元素成为精英倡议计划一个具有争议的主题的重要原因。

德国的全国性媒体在新闻报道中常常表现出不同的政治倾向，如第五章所述，笔者在建立本研究的语料库时，也兼顾了具有不同政治倾向的媒体。从词汇和隐喻层面难以分辨出这些媒体的差异，而论证模式层面的话语分析常常显示出媒体在政治倾向上的差异。因此，笔者在研究中还将具有不同政治倾向的媒体所用的论证模式及数量关系进行了统计，并进行了比较分析。

除了对定性语料库中与竞争性元素相关的不同论证模式从语义的表层和深层范围进行共时和历时的分析外，笔者还对具有不同政治倾向的媒体所使用的论证模式进行了比较分析。

根据第三章第二节中对全国性媒体按照政治倾向分类，在定性研究语料库中政治倾向偏左的自由派媒体的文章数为 19 篇，政治倾向偏右的保守派媒体的文章数为 21 篇，详见表 6-7。

表6–7　　　　　　　具有不同政治倾向的媒体的文章数量

	2004	2005	2006	2007	2008	2009	2010	2011	2012	2013	2014	2015	2016
左+自由（共19篇）：													
《德国日报》				2			2	1					
《法兰克福评论报》			1		1		1		2				
《明镜》周刊					1	1							2
明镜在线					1		3			1			
右+保守（共21篇）：													
《焦点》周刊				1	1								
《法兰克福汇报》				1				1				1	2
《法兰克福汇报》（周末版）													1
《法兰克福汇报》网络版									2		1	1	1
《世界报》		2	1	1									1
《世界报》（周末版）					1		1		1				

资料来源：笔者自制。

这40篇媒体文章所使用的支持型和反对型论证模式见图6–7，图6–7中矩阵点大小反映出论证模式使用频次的相对关系。从中可以看出，具有不同政治倾向的媒体所使用的论证模式确实存在着差异。

其中，政治倾向偏右的保守派媒体使用最多的支持型论证模式为尖端研究论证模式，使用最多的反对型论证模式为形式主义的竞争。在对这两种论证模式进行详细分析时，笔者就阐述过，尖端研究意味着需要通过竞争产生更好的、更强的研究，形式主义的竞争也并非反对竞争，而是强调德国高等教育领域需要真正的竞争，而不是形式主义的竞争。政治倾向偏右的保守派媒体反复使用这两种强调竞争性的论证模式，与政治倾向偏右的保守势力，如基民盟（CDU）等，在德国教育与科学政策领域一贯的主张相符，即追求绩效，允许强势与弱势之间存在不平等的关系。[①]

---

① Jörg-Dieter Gauger, "Bildung, Bildungspolitik—Geschichte der CDU", http://www.kas.de/wf/de/71.9516/, Stand: 10.01.2018.

话语分析视角下的德国精英倡议计划

而政治倾向偏左的自由派媒体使用最多的是两种反对型论证模式，即机会均等和广泛资助论证模式。正如笔者在对这两种论证模式进行分析时所述，机会均等论证模式强调精英倡议计划应像体育竞赛一样公平公正，参与竞争的大学应获得平等的机会；而广泛资助论证模式更是强调德国长期以来均衡发展的理念，主张大学之间不应存在优劣之分。长期以来，德国政治倾向偏左的、自由派势力的教育观强调"教育的公民权"①，强调教育公平，认为每个人都有获得教育的平等权利。② 由此可见，上述两种反对型论证模式恰好反映了政治倾向偏左的政党、媒体等行为体在德国教育与科学政策领域的关注弱势群体、注重平等的主张。

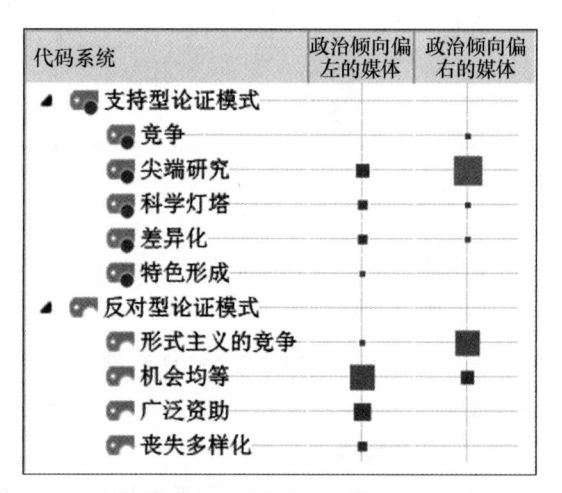

图 6-7　具有不同政治倾向媒体所使用的论证模式比较
资料来源：由 Maxqda 软件自动生成。

---

① Ralf Dahrendorf, *Bildung ist Bürgerrecht. Plädoyer für eine aktive Bildungspolitik*, Hamburg: Wegener, 1968. Zitiert nach Johannes Angermuller und Jens Maeße, "Der Hochschulreformdiskurs. Thema, Gegenstand, Korpus", in Martin Nonhoff et al., Hrsg., *Diskursforschung. Ein interdisziplinäres Handbuch. Band 2: Methoden und Analysepraxis. Perspektiven auf Hochschulreformdiskurse*, Bielefeld: transcript, 2014, S. 29.

② Johannes Angermuller und Jens Maeße, "Der Hochschulreformdiskurs. Thema, Gegenstand, Korpus", in Martin Nonhoff et al., Hrsg., *Diskursforschung. Ein interdisziplinäres Handbuch. Band 2: Methoden und Analysepraxis. Perspektiven auf Hochschulreformdiskurse*, Bielefeld: transcript, 2014, S. 29.

第六章 精英倡议计划话语：论证层面的分析

不同论证模式的选用反映出具有不同政治倾向的势力在教育政策上的主张。值得深思的是，2004年初，首次提出在德国实施精英倡议计划、打造哈佛式的精英大学的，却恰恰是政治倾向偏左的社民党，这与其一贯主张教育公平的形象并不相符。

受到高等教育领域新公共管理主义或者说强调加强竞争和减少国家调控的"新自由主义思潮"① 的影响，面对日益激烈的全球性竞争，德国高等教育体系也不得不做出调整，不得不通过精英倡议计划的实施加强德国大学间的竞争，这也就是政治倾向偏左的社民党在2004年初做出右倾选择的根本原因。

---

① Johannes Angermuller und Jens Maeße, "Der Hochschulreformdiskurs. Thema, Gegenstand, Korpus", in Martin Nonhoff et al., Hrsg., *Diskursforschung. Ein interdisziplinäres Handbuch. Band 2: Methoden und Analysepraxis. Perspektiven auf Hochschulreformdiskurse*, Bielefeld: transcript, 2014, S. 30.

第七章 结语

第一节 精英倡议计划话语中的竞争性元素

笔者运用语言学话语分析的理论与分析维度,从词汇、隐喻、论证三个层面对德国媒体中的精英倡议计划话语进行研究,试图寻找精英倡议计划话语中所反映的竞争性元素的线索,并解读竞争性元素在话语中的作用。

在词汇层面,笔者对 2004 年至 2016 年来源于 15 家德国各大媒体(包括杂志、报纸及其网络版)的 3299 篇文章进行定量研究,运用语料库语言学的方法分析语料中与竞争性元素相关的关键词、"Exzellenzinitiative"(精英倡议计划)、"Wettbewerb"(竞争)的搭配,并对三个子语料库的关键词、距离指示词进行历时比较。

在隐喻层面和论证层面,通过对 55 篇媒体文章所构成的定性研究语料库进行分析,获得与竞争性元素相关的语言模式,并进行全面展示。在话语的隐喻层面,方位隐喻、体育竞赛隐喻、灯塔隐喻、经济隐喻这四种隐喻类型充分反映了精英倡议计划话语中的竞争性元素。通过论证层面的话语分析,笔者发现竞争、尖端研究、科学灯塔、差异化、特色形成这五种支持型论证模式和形式主义的竞争、机会均等、广泛资助、丧失多样化这四种反对型论证模式与竞争性元素相关。其中,竞争、广泛资助、丧失多样化这三种特殊语境论证模式又可以被归入原则论证模式;其余六种特殊语境论证模式则均可以被归入结局/目的论证模式。

如果将这些分散在各个层面的话语分析结果视为精英倡议计划所带来的竞争性元素的线索，那么在研究的最后，笔者进一步尝试从这些线索中还原或者说重构人们对精英倡议计划话语中的竞争性元素的"集体知识"。

第一，竞争性元素的两个维度。

从定量研究语料库中最显著的 500 个关键词中与竞争相关的关键词，以及"Wettbewerb"（竞争）所在的语义场就可以看出，精英倡议计划所带来的竞争性元素存在于两个不同维度中，即国际维度和国内维度（见图 7-1）。

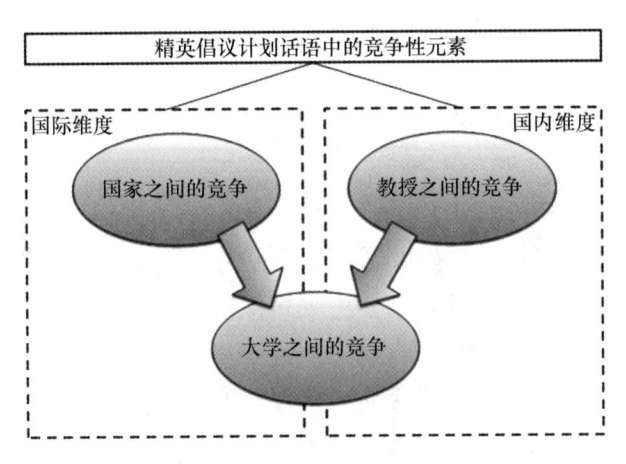

图 7-1 竞争性元素的两个维度

资料来源：笔者自制。

国际维度的竞争是既有的，它对于德国高等教育领域而言是一种外部刺激，要求德国做出"应激反应"。面对这样的国际竞争，德国联邦政府及联邦州政府推出了精英倡议计划，将国家之间的竞争分解为机构之间的竞争，也就是德国大学之间的竞争，希望通过该计划打造具有国际显示度的"科学灯塔"，推动德国大学的尖端研究。正如德国联邦教研部所提出的："我们的高校处于日益激烈的国际竞争中，因此，有必要在德国范围内也展开竞争。"①

国内维度的竞争原先主要是教授们对于第三方经费、获奖、学术人才、学生以及各种职位的竞争，在精英倡议计划的框架下，教授之间的竞争转移到了大学之间，大学成为竞争主体，需要按照该计划的遴选规则，对该计划的资助以及随之而来的声誉，也就是"精英大学"头衔进行竞争。

无论从竞争的国际维度还是国内维度来看，德国大学都成为高等教育领域的竞争主体。这一点在精英倡议计划的话语中也得到了充分的体现：体育竞赛隐喻、灯塔隐喻、经济隐喻这三种隐喻类型都将大学作为隐喻的目的域，在话语中反复、大量出现相关的隐喻表达。

大学成为竞争的主体，意味着大学的定位和职能都将发生巨大的变化。20世纪90年代以来，随着新公共管理主义进入德国高等教育领域，德国大学逐步从原先架构松散的机构转变为类似于企业、讲求效率的机构。与此相关的是经济隐喻类型中"大学作为企业"的含义。

第二，竞争性元素的三种作用。

从对完整语料库的前500个关键词进行词性和语义分类、"Exzellenzinitiative"（精英倡议计划）一词搭配的表语结构、"Wettbewerb"（竞争）一词的语义场分析以及"Exzellenzwettbewerb"（精英竞争）、"Spitzenwettbewerb"（尖端竞争）作为精英倡议计划的别称等语言现象都可以看出，精英倡议计划本身是一种"竞争"，是竞争的制度化载体。这意味着，从20世纪80年代中期开始被广泛讨论的竞争性理念，终于在精英倡议计划的框架下得到了制度化的保障并在该计划实施过程中得以展现。

从定性研究语料库中析出的与竞争性元素相关的论证模式则反映出这样的深层含义，即在计划实施过程中，精英倡议计划所带来的竞

---

① Bundesministerium für Bildung und Forschung, *Mut zur Veränderung. Deutschland braucht moderne Hochschulen*, Bonn: BMBF, 1999, S. 7. Zitiert nach Frank Meier, *Die Universität als Akteur. Zum institutionellen Wandel der Hochschulorganisation*, Wiesbaden: VS Verlag für Sozialwissenschaften, 2009, S. 224.

争性元素在德国高等教育领域主要发挥了三种作用：竞争创造精英；竞争作为秩序原则；竞争作为分配原则（见图7-2）。"竞争创造精英"意味着通过促进德国大学的尖端研究、打造德国高校体系的"科学灯塔"，精英倡议计划将可持续地强化德国科研要地，增强德国科研的国际竞争力，提升德国大学和科研领域在国际上的显示度，这正是联邦政府与联邦州希望通过该计划达成的目标，因而，在精英倡议计划话语中，话语发出者对竞争所起到的创造精英的作用均持积极肯定的态度。"竞争作为秩序原则"所起的作用则主要表现在精英倡议计划能够促进德国大学的差异化发展、特色形成，这是被认可的一方面；另一方面，反对实施该计划的行为体则认为它有可能阻碍德国大学获得广泛资助，从而导致德国高等教育领域的整体质量下降，而且该计划不利于德国高校体系的多样性发展。"竞争作为分配原则"所起的作用则多被批评诟病，反对者认为精英倡议计划是一种形式主义的竞争，是违背机会均等原则的竞争。

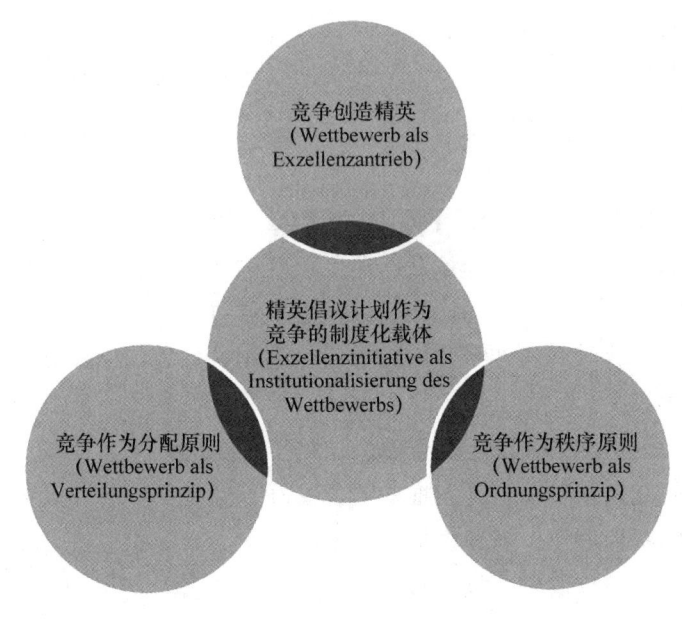

图 7-2 竞争性元素的三种作用

资料来源：笔者自制。

体现竞争性元素的支持型和反对型论证模式展现出竞争的两面性，或者说"竞争"是一把双刃剑，"好的""起作用的"竞争可以为德国高等教育领域创造精英，而"坏的""不起作用的"竞争则无法保证质量、带来精英。竞争性元素的两面性也使精英倡议计划成为一个具有争议的话题。

第三，竞争性元素的历时变化。

从历时的角度看，精英倡议计划话语中的竞争性元素发生了明显的变化。通过对三个子语料库进行历时比较，笔者析出了精英倡议计划三个发展阶段中与竞争性元素具有相关性的关键词，也由此发现了竞争性元素从2004年至2016年的发展变化：从第一阶段的联邦与州进行权责分配的"竞争"到第二阶段精英倡议计划的"竞争"理念释放强烈信号，达到顶峰，在第三阶段，"竞争"理念则日渐式微，媒体话语中所反映出的竞争性元素信号的强弱变化与该计划的实际政策变化及实施效果相符。而竞争性元素信号先由弱变强、再由强转弱的变化正反映出精英倡议计划前两阶段的使命更多在于完成联邦政府和各州政府增强德国高等教育领域竞争性的初衷，随着计划的实施与推进，德国高等教育领域已然被注入竞争性理念和元素，因此，精英倡议计划实施后期以及精英战略也更为关注这些计划带来的尖端研究与精英大学的发展。

正如导论中所说，德国政府希望通过精英倡议计划增强德国高等教育领域的竞争性元素，这样的愿望一开始并未在社会各界得到一致的认可。从关于距离指示词比较分析以及竞争论证模式的历时变化可以看出，随着时间的推移，精英倡议计划作为竞争的制度化载体逐渐被公众所接受，而竞争性理念也逐渐获得广泛的认可。究其原因，是因为该计划达到了其既定的目的，取得了预期的效果，完成了其历史使命。尤其是精英倡议计划推动了德国高等教育的差异化发展、促进了大学的特色形成，当然也推动了德国大学的科学研究进一步向尖端研究发展，并形成了一批具有国际显示度的"科学灯塔"。

通过竞争性元素所带来的活力与新发展，德国高等教育得以继续优化提升，同时因为精英倡议计划所带来的各种积极效果，该计划在实施两个阶段后也得以继续实施。德国政府在精英倡议计划的后续资助项目——精英战略的协议中继续沿用与竞争性元素相关的表达。《精英战略协议》的前言部分表述如下："德国联邦政府和各联邦州政府决议（……）延续并继续发展通过精英倡议计划在尖端研究、特色形成和在科学体系的合作等方面开始的努力，以可持续地强化德国科研要地，继续提高其国际竞争力，并延续在全面提高科研领域的尖端教育、提升德国高教和科研要地总体质量方面获得的成功。"[1]可见，德国政府对精英倡议计划所起到的效果持满意与肯定的态度，并希望在未来的德国高等教育发展中继续发挥竞争性元素的作用。此外，精英倡议计划也在后续资助计划中更名为精英战略，从"倡议"（Initiative）到"战略"（Strategie），更是反映出德国政府对该计划的高度赞许和坚定信念。当然精英战略的"游戏规则"相较于精英倡议计划有所改变，如资助期限从原先的5年延长至7年，申请资助流程也不再繁复，由此显示出德国政府在保持德国高等教育的竞争与活力的同时，将越来越强调资助项目本身及德国大学的科学研究的质量。

第二节 精英倡议计划话语及其实际发展的比较

语言学话语分析归根到底是要通过对语言所构建的现实，即精英倡议计划话语中的竞争性元素，进行描述性的呈现，并找出公众对此的"集体知识"。本书将德国媒体中的相关话语视为公众对精英倡议计划的竞争性元素的"集体知识"的反映，构建定量和定性研究语料库，从多个层面对相关话语进行研究。

将德国媒体中的精英倡议计划话语与该计划的实际发展相联系、

---

[1] "Verwaltungsvereinbarung zwischen Bund und Ländern gemäß Artikel 91b Absatz 1 des Grundgesetzes zur Förderung von Spitzenforschung an Universitäten: Exzellenzstrategie", 2016, http://www.gwk-bonn.de/fileadmin/Papers/Verwaltungsvereinbarung-Exzellenzstrategie-2016.pdf, Stand: 13.08.2016.

相比较，可以看出媒体话语一方面直接反映了该计划的实施进展，另一方面与现实呈交互式发展。

这首先表现在构成定量和定性研究语料库的媒体文章数量分布，如在宣布精英倡议计划各个阶段的资助结果的年份以及项目相关协议签署的年份，语料库中的文章数量就会明显增加。

其次，在公布精英倡议计划第一阶段第二轮和第二阶段资助结果的2007年与2012年，体育竞赛隐喻类型出现的频次特别高，资助结果的公布引发了媒体的大量报道与热议，媒体多将精英倡议计划比作一场体育竞赛，并通过体育竞赛相关的隐喻词汇来描述精英倡议计划的资助情况。

再次，从论证模式的分析来看，在资助结果公布的年份（2007年、2012年），话语中各种论证模式出现得最多和最为丰富，反映出媒体中对该计划的充分讨论，而在签署精英倡议计划后续资助项目——精英战略的年份（2016年），出现的论证模式相对集中，支持型论证模式以尖端研究为核心，反对者则最担心精英倡议计划的后续计划，也就是精英战略，沦为空有形式、缺乏机会均等的竞争。

最后，话语中词汇、论证模式等语言现象的出现、消失、更迭也反映了精英倡议计划在不同阶段的发展。例如，作为该计划的重要实施目标之一——德国高等教育的差异化发展，曾作为支持实施该计划、支持加强德国高等教育领域的竞争性元素的重要论证模式，在该计划实施两个阶段后则鲜少出现在话语中，推测主要是因为该计划确实完成了预设的目标，高校之间拉开了差距，朝纵向差异化的方向不断发展。

精英倡议计划话语不仅只是对现实的一个镜像反映，在一定程度上它还能够为计划的优化提出建设性意见。德国政府在制定"游戏规则"时，也会兼顾各行为体的意见，而这些意见很大程度上出现在德国的媒体中。如针对"形式主义的竞争"这一精英倡议计划话语中反对该计划实施的重要论证模式，德国政府在对计划后续资助项目——精英战略的实施方案中就进一步延长了资助年限，减少了提交申请的频次，同时只有获得了足够的精英集群项目、取得了精英大学资助主线申请资格的大学才能提交正式申请，也减少了多余的劳动。

此外，随着精英倡议计划的实施，公众对竞争所起到的三种作用的态度也发生了变化，这一点从话语中论证模式的历时变化中也可窥探一二。这主要表现在"竞争作为秩序原则"这一作用在 2006 年至 2012 年表现得最为强烈，而在 2013 年至 2016 年的话语中则声音渐弱，推测主要是因为精英倡议计划前两阶段的实施确实推动了德国大学的差异化发展。

在论证层面的分析中，通过对具有不同政治倾向的媒体所使用的论证模式的差异进行比较，也可以看出政治倾向偏右的保守派媒体倾向于使用强调竞争性的论证模式，而政治倾向偏左的自由派媒体则多用体现教育公平的论证模式。这一研究结果也展示了德国媒体话语的多元性和复杂性，使本书更为全面地反映出具有不同政治倾向的行为体对精英倡议计划话语中的竞争性元素的解读与评价。

值得注意的是，研究结果中的灯塔隐喻、尖端研究论证模式、科学灯塔论证模式、差异化论证模式都展示出精英倡议计划话语对尖端研究、对能够作为科学灯塔的德国顶尖大学的追求，更进一步说就是对德国现有的均质发展的高等教育体系提出向差异化发展的要求，这一点完全符合德国政府推出精英倡议计划的初衷和计划实施至今的效果。德国高等教育体系自精英倡议计划实施以来的差异化发展主要体现在两个方面。

第一，精英倡议计划扩大了大学间的纵向质量差异。不论是作为分配原则还是秩序原则，归根到底，精英倡议计划考察的是大学的质量，尤其是科研方面的质量。以"改变德国高等教育结构、打造能够与哈佛和斯坦福等竞争的顶尖大学"[1]为初衷的精英倡议计划逐步发展成为高校之间的质量竞争。这种竞争打破了德国大学传统的均衡发展格局，使得各大学之间产生了不同的层级和梯队。也有

---

[1] Michael Sondermann et al., "Die Exzellenzinitiative: Beobachtungen aus der Implementierungsphase", iFQ: Working Paper Nr. 5, 2008, http://www.forschungsinfo.de/Publikationen/Download/working_paper_5_2008.pdf, Stand: 15.01.2017, S. 32.

话语分析视角下的德国精英倡议计划

学者提出更为尖锐的观点，指出德国高校的传统——平等、均质，其实一直都是假象，等级之分一直存在，精英倡议计划的推出则是将德国高等教育金字塔上层的大学拔高成顶尖大学。① 不论精英倡议计划是否确实将部分大学拔高成顶尖大学，申请成功的大学，尤其是那些所谓的"精英大学"获得了高额的科研资助，并以精英倡议计划为契机，在治理机制、校内外合作、人员聘用、国际化等方面进行了一系列的改革，进入了"打造良好的研究环境不断吸引优秀的研究人员，并以此进一步提升研究环境"的良性循环中，这必然导致"成功大学"与"失利大学"间科研质量差距不断扩大。② 随着精英战略中"精英大学"资助主线的推出，德国大学间的纵向差异还将进一步加剧。

第二，精英倡议计划导致大学内部也产生了差异化发展。在精英倡议计划的框架下，50 余所德国大学收到了不同金额的资助，在校内建起了研究生院、精英集群、其他新的研究机构。这些新的研究机构多采用与传统院系不同的组织结构，汇聚了来自不同学科、不同机构、不同学术层次的研究人员，针对跨学科的项目或课题在给定时间内共同进行研究。这些研究机构更注重内部自我规制与外部严格评估相结合，在创造自由研究空间的同时注重跨学科、跨专业的交流与合作。③ 这些研究机构有充足的科研经费支撑，相比传统的研究机构也更有活力，因此，能够参与精英倡议计划的院系与未获得该计划资助的院系或学科在某种程度上也发生了地位上的转变，大学内部不同的院系和机构之间也产生了等级之分。此外，由于大学的基本职能为教学和科研，精英倡议计划的主要资助对象是大学的科学研究。大学的教学由于受到长期经费不足的制约，加之顶尖的研究人员在精英倡议计划的框架下进一步从教学转向科研，从事教学的教师人数越发减少。因此，大学内部的教学和科研这两个职能之间的区别也越发凸

---

① 张帆：《德国高等学校的兴衰与等级形成》，北京师范大学出版社 2012 年版。
② 郑春荣、欧阳凤：《精英倡议计划对德国高等教育差异化的影响分析》，《外国教育研究》2014 年第 2 期，第 73 页。
③ 同上书，第 75 页。

显，精英倡议计划进一步强化了大学长期对科研的重视，而大学的教学则只能继续向弱势方向发展。

第三节 对中国高等教育改革的借鉴与启示

研究结果表明，作为竞争性元素的制度化载体，德国精英倡议计划以及精英战略的推进与实施也能够为中国建设一流大学、一流学科提供有益的借鉴与启示。

第一，开展以提高质量为目的的竞争，为高等教育改革和发展提供推动力。竞争是一把双刃剑，以提高学术科研质量为导向的公平竞争能够创造精英，加强科研要地建设。而若一味追求排名、追求资助结果，不能合理运用竞争作为秩序原则和分配原则的作用，则很可能影响实际研究水平的发展和大学的研究氛围。德国政府在精英战略阶段有意延长资助年限，以减少大学对参与精英战略的申请所投入的时间、人力和精力，也反映出德国政府对竞争与促进质量发展的关系的正确认识。中国不论是政府还是高校本身在开展一流大学的建设过程中都应对竞争这把双刃剑拥有清醒和正确的认识，从而将其应用于新的研究成果的创造中。

第二，重视对教育政策的实施与推进的评估工作，听取有益的意见与建议，进一步优化和完善教育政策。德国参与高等教育领域活动的行为体众多，涉及政界、学界、公民社会等多个层面，具体包括联邦政府、联邦州政府、德国研究基金会、德国科学委员会等各类协调和中介机构、高校、各类研究机构、企业、媒体、民众，等等。从参与精英倡议计划话语的行为体的多样性可以看出，该计划从出台到实施的全过程均受到了各界的关注，大家各抒己见，积极参与到教育政策的相关讨论中。此外，德国政府委托专家对精英倡议计划实施的每个阶段都进行了全方位评估，这些评估报告为政府是否继续实施以及如何继续实施计划提供了重要的依据。这些评估报告在德国研究基金会、德国科学委员会等机构的网站均可免费获取，通过提供公开透明的数据信息，德国政府也能够得到更多真实有效且值得借鉴吸收的反馈。中国政府在高等教育发展与改革的过程中也应加强专业评估报告的制定，为各类教育政策和计划的推进与实施提供有益的意见和建议。

第三，进一步增加科研经费投入，对一流学科与一流大学进行分类资助。德国政府规定，每年对科研方面的支出应超过国内生产总值（GDP）的3%。2016年德国的科研支出总计约922亿欧元，位居欧盟国家榜首，占国内生产总值的比例接近3%；2017年，德国科研支出进一步增加，首次实现科研经费与国内生产总值占比超过3%的目标。此外，从精英倡议计划开始，德国政府就为各条资助主线分别预留资金，精英战略设置的精英集群和精英大学两条资助主线更是明确表达了德国联邦政府和各州政府的用意：在精英集群项目的竞争中，各大学需集结各方资源、激活各类合作，推动德国基础研究与应用研究的大步发展，以此进一步提升德国科研要地的建设；而在精英大学的竞争中，各大学的竞争更为激烈，为了挤入高校两级梯队中的甲级，各大学必须铆足劲，努力提升质量，用最好的成绩和表现来证明自己是德国最好的大学。尽管各条主线的资助决定保持相对独立，但未来构想/精英大学资助主线的申请仍需以研究生院和精英集群的资助为前提，这表明了一流大学的建设不是空中楼阁，必须以一流学科为支撑。德国的经验表明，中国政府和高校在参与双一流建设过程中，也应努力处理好一流学科与一流大学之间的关系。

第四节　关于语言学话语分析

有别于过往对德国高等教育所进行的社会学、教育学等领域的研究，笔者借助德国媒体语料库，对精英倡议计划话语中的竞争性元素进行了更为深入和聚焦的分析，找到了竞争性元素的两个维度、三种作用和历时变化，解释了精英倡议计划框架下的竞争性元素如何以及为何得以改变德国高等教育的发展格局。研究结论对其他学科领域进

第七章 结语

行精英倡议计划对德国高等教育领域的作用和影响、德国高等教育领域的最新发展动向等方面的研究具有启示意义。

此外，在研究中，笔者摈弃了国内学者广泛使用的批评性话语分析理论与方法，按照杜塞尔多夫学派的语言学话语分析的思路，即从词汇、隐喻、论证三个层面对精英倡议计划话语进行客观深入的研究。研究结果表明，这三个层面基本囊括了话语中最为重要的和具有典型性的部分，而且三个层面各有特点、相互补充，形成了较为完整的分析框架。相比较而言，词汇层面的话语分析展现了较为浅层的语言策略，而隐喻和论证的分析则属于对话语深层语义的分析。另外，词汇作为隐喻和论证的基本单位，在进行隐喻分析和论证分析时也必然融入词汇分析，甚至部分隐喻的表达本身就带有论证的功能，一些论证的结构也采用了隐喻的形式。通过研究实践表明，媒体中的精英倡议计划话语在词汇、隐喻、论证三个层面各有特点，并层层递进，以此构成精英倡议计划话语整体的一个特殊的局部。

笔者在研究中将词汇层面的定量研究与隐喻、论证层面的定性研究相结合，对杜塞尔多夫学派的语言学话语分析进行了扩充和发展，优化后的研究方法更适合研究对象。对研究设计还需要说明的是，本书与一般的语言学领域的话语分析研究不同，研究的主要目的不是梳理、总结出精英倡议计划话语的语言学特征，而是寻找德国媒体话语所反映出的该计划的竞争性元素的特点。在实际研究中，比如在进行语料库语言学的分析时究竟选择哪些关键词，进行怎样的研究设计，都需要研究者精心布局，尤其是如何快速有效地切中要害，找到与研究设问最相关的线索，并将研究的红线始终贯穿在整个研究中。

正如瓦恩克和斯皮茨米勒提出"话语语言学的多层面分析"（DEMEAN）[1]模式时所说，语言学领域的话语分析方法是多种多样、

---

[1] Jürgen Spitzmüller und Ingo H. Warnke, *Diskurslinguistik: Eine Einführung in Theorien und Methoden der transtextuellen Sprachanalyse*, Berlin/Boston: de Gruyter, 2011, S. 201.

形形色色的，这对研究者提出了两方面的要求：一方面，研究者必须对研究内容、研究语料、研究问题有很好的把握；另一方面，研究者还需要掌握不同的话语分析方法。只有达到上述两方面的要求，研究者才能为研究对象找到合适的研究方法，同时也是能够对研究问题做出解答的研究方法。

附　　录

一　关于根据《基本法》第91b条（研究资助）、联邦和各州旨在促进德国高校科学和研究的精英倡议计划的协议

——精英协议（ExV）——
2005年7月18日
(《德国联邦公报（BAnz）》，第13347页)

前言

联邦政府和巴登-符腾堡州、巴伐利亚州、柏林州、勃兰登堡州、不来梅州、汉堡州、黑森州、梅克伦堡-前波莫瑞州、下萨克森州、北莱茵-威斯特法伦州、莱茵兰-普法尔茨州、萨尔州、萨克森州、萨克森-安哈尔特州、石勒苏益格-荷尔斯泰因州和图林根州决议，在其立法机关预留经费的前提下，以《基本法》第91b条为依据，继续共同致力于促进科研发展，可持续地强化德国科研要地，增强德国科研的国际竞争力，提高德国大学和科研领域的尖端成果的显示度。联邦政府和联邦州希望以尖端人才培养、提升德国高教和科研要地总体质量为目标，促进绩效的螺旋式上升。为了提升国际显示度，将在统一的、依托项目的、竞争性的总办法中为以下资助主线提

供额外经费：
- 依托项目资助后备科研人才发展的研究生院；
- 依托项目资助尖端研究的精英集群；
- 依托项目推进大学尖端科研建设的未来构想。

因此，联邦和联邦州通过以下决议：

第 1 条　资助对象

（1）协议缔约方的共同资助对象包括申请大学及其在高等教育领域、大学外研究机构和企业的合作伙伴的科研活动，项目资助主线为：

1. 研究生院；
2. 精英集群；
3. 依托项目推进大学尖端科研建设的未来构想。

（2）资助申请者及获得者为大学。

第 2 条　资助规模

（1）在立法机关预留经费的前提下，2006 年至 2011 年，共拨款 19 亿欧元用于整个项目的资助。在项目第一阶段，2006 年预留款项为 1.9 亿欧元，2007 年至 2010 年每年为 3.8 亿欧元，2011 年为 1.9 亿欧元。资助经费由联邦政府和各大学所在联邦州以 75∶25 的比例承担。

（2）各条资助主线的可用经费匡算如下：

- 每个研究生院项目年平均资助额为　　　100 万欧元

（共约 40 个研究生院项目，年资助总额为 4000 万欧元）

- 每个精英集群项目年平均资助额为　　　650 万欧元

（共约 30 个精英集群项目，年资助总额为 1.95 亿欧元）

依托项目推进大学尖端科研建设的未来构想的资助以至少一个精英集群项目和一个研究生院项目获得良好评价为前提，并包括了它们的资助金额。

资助对象为旨在加强和发展德国高校国际突出领域的、以研究为中心的科学项目。

● 依托项目推进大学尖端科研建设的未来构想项目年平均资助额为 2100 万欧元（年资助总额为 2.1 亿欧元——包括研究生院及精英集群的经费）。

（3）除第 2 条第 2 款中包括的所有申请和获批的项目可用经费外，申请者还可获得 20% 的一次性项目补贴，用于项目相关的间接支出（项目支出）。

（4）项目于 2006 年启动第一轮，年预算为 1.9 亿欧元，随后于 2007 年进行第二轮，资助总量保持不变。

（5）项目资助周期不超过 5 年。

第 3 条　资助标准

（1）将从以下几个方面评估以在国际上取得突出科研前期成果为基础的、为了获得并维持可持续的精英为目标的发展前景：

● 在至少一个较为宽泛的科学领域中的科研和后备科研人才培养方面的卓越性；

● 构建学科网络和国际研究网络的整体方案；

● 大学间以及与大学外研究机构的合作，一般需签署具体的、有约束力的合作协议。

三条资助主线中，基于申请的资助仅按照科学标准进行。此外，资助将兼顾方案中对男女平等的促进措施。

（2）促进三条资助主线的其他详细标准见本协议附件。

第 4 条　程序

（1）本项目由德国科学基金会在联邦政府和联邦州的专项资助框架下实施。德国科学基金会将与德国科学委员会共同担当。

（2）德国科学基金会与德国科学委员会一起组成共同委员会，并设立批准委员会。批准委员会由共同委员会和联邦及联邦州负责科学事务的部长组成。

（3）共同委员会由专家委员会和战略委员会组成。专家委员会由德国科学基金会的咨询委员会任命，共有 14 名成员。战略委员会由德国科学委员会的学术委员会任命，共有 12 名成员。这两个委员会超过半数的成员都应是具有多年从事研究、高校管理或在企业工作的有海外经验的专家。共同委员会可以吸收借鉴外部的专业知识。

（4）本项目的 3 条资助主线统一由德国科学基金会招标。共同委员会根据本协议第 3 条确定资助条件。

（5）需以大学名义提交申请，并以各自大学领导为代表。申请书通过联邦州负责科学事务的机关向德国科学基金会递交。可提交一份或多份研究生院和/或一份或多份精英集群项目的申请书以及额外的一份第 3 条资助主线申请书。

（6）招标分为两个阶段（申请草案及正式申请）。共同委员会决定哪些计划需要提交正式申请。

（7）共同委员会将在专业科学评估的基础上对所有 3 条资助主线的申请作出最终共同的推荐。在此，需兼顾第 3 条所规定的标准。

（8）批准委员会将在依据第 7 项提出的推荐的基础上对申请作出最终决定。共同委员会的成员每人计 1.5 票，联邦州部长每人计 1 票；联邦部长计 16 票。

（9）资助决定由联邦和联邦州负责科研事务的部长共同宣布。

第 5 条　评估

德国科学基金会将于 2008 年 11 月 30 日前提交共同委员会针对依据本协议实施的计划的评估报告。

第 6 条　可用支出

（1）3 条资助主线的经费资助将覆盖用于实施申请计划所必需的、包括非营利性大学外研究机构的人员经费、事务性经费和投资经费的所有额外开支，包括本协议第 2 条第 3 款的一次性项目补贴。

（2）联邦和联邦州在德国科学基金会和德国科学委员会的财务预算中承担德国科学基金会和德国科学委员会的行政支出（包括共同委员会的支出）。

（3）行政支出由联邦和联邦州根据第 2 条第 1 款规定的比例承担。联邦州根据柯尼施泰因比例承担其份额。

（4）2005 年的行政支出将通过特殊补贴的方式、依照本条第 3 款的比例原则向德国科学基金会和德国科学委员会拨款。

第 7 条　项目期限、结束金、协议生效

（1）本协议有效期为资助第一阶段，至 2011 年 10 月 31 日止。联邦和联邦州将于 2009 年在根据本协议第 5 条第 1 款提交的评估报告的基础上共同审议本项目，并决定是否继续实施项目。

（2）若资助措施未能继续进行，可通过申请获得适当的、递减的、不超过 3 年的项目结束金。申请批准依据本协议第 4 条进行。

（3）本协议在所有缔约方签字后生效。

联邦和各州旨在促进德国高校科学和研究的精英倡议的协议
之
附件

共同资助的前提

除了本协议第 3 条第 1 款，对资助批准具决定性的还有：

1. 研究生院：
- 在有助于大学特色形成的科研领域的跨学科研究项目的质量
- 对国内外毕业生的吸引力
- 尽早培养科研后备力量的独立性并提供最好的指导

2. 精英集群：
- 所有参与伙伴在研究领域已取得的尖端成果和计划实施科研项目的卓越性
- 在国际竞争（国际显示度）中已获得的和未来有望获得的地位
- 合作网络的协作性与绩效力

- 精英集群项目的组织和后续发展
- 知识转化的质量和（可能产生的）经济效益

3. 未来构想：
- 在不同的、有助于大学特色形成的研究领域的卓越性
- 出色的研究质量，也能通过符合第1条、第2条遴选标准的研究生院和精英集群项目证明
- 跨学科性和与大学外研究机构及其他科研伙伴的联网
- 国际合作
- 有针对性的后备人才培养
- 对可持续地提升研究卓越性提供保障
- 高校提交的申请均需包含具体的项目建议，申请中不需要覆盖所有重点

二 根据《基本法》第91b条第1款第2项、联邦和各州关于继续实施旨在促进德国高校科学和研究的精英倡议计划的管理协议

——精英协议 II（ExV II）——
2009年6月24日
(《德国联邦公报（BAnz）》第103期，
2009年7月16日版，第2416页)

前言

联邦政府和巴登－符腾堡州、巴伐利亚州、柏林州、勃兰登堡州、不来梅州、汉堡州、黑森州、梅克伦堡－前波莫瑞州、下萨克森州、北莱茵－威斯特法伦州、莱茵兰－普法尔茨州、萨尔州、萨克森

州、萨克森-安哈尔特州、石勒苏益格-荷尔斯泰因州和图林根州决议，在其立法机关预留经费的前提下，以《基本法》第91b条第1款第2项为依据，继续实施2005年7月18日通过决议的《精英倡议》框架下的精英倡议计划。联邦和联邦州将以此延续以尖端人才培养、提升德国高教和科研要地总体质量为目标的、已经开始的绩效的螺旋式上升。对此，为了提升国际显示度，将在统一的、依托项目的、竞争性的总办法中为以下资助主线提供额外经费：

- 依托项目资助后备科研人才发展的研究生院；
- 依托项目资助尖端研究的精英集群；
- 依托项目推进大学尖端科研建设的未来构想。

因此，联邦和联邦州通过以下决议：

第1条 资助对象

（1）协议缔约方的共同资助对象包括申请大学及其在高等教育领域、大学外研究机构和企业的合作伙伴的科研活动，项目资助主线为：

1. 研究生院；
2. 精英集群；
3. 依托项目推进大学尖端科研建设的未来构想。

（2）资助申请者及获得者为大学。

第2条 资助规模

（1）在立法机关预留经费的前提下，2011年至2017年，共拨款27.237亿欧元（这份协议中关于资助金额的所有数字都包含第3款中的一次性项目补贴）用于整个项目的资助，包括第5条中的项目过渡金及第6条中的项目结束金。2011年预留款项为2710万欧元，2012年为2.151亿欧元，2013年为4.839亿欧元，2014年为5.026亿欧元，2015年为5.3亿欧元。2016年为5.25亿欧元，2017年为4.4亿欧元。资助经费由联邦政府和各大学所在联邦州以75∶25的比例承担。

联邦和联邦州认为，第2条中的各年经费分配量是以需求为导向匡算所得。德国科学基金会将在灵活的经费管理框架内为各项目提供经费。联邦和联邦州将努力在总计划财政总量的框架内重新分配未使用的经费。

（2）小型大学的优秀申请和专业的特殊性应适当兼顾考虑。因此，各条资助主线的资助幅度和可用经费匡算如下：

• 研究生院每个项目年平均资助额为100万至250万欧元，年资助额总计约6000万欧元；

• 精英集群每个项目年平均资助额为300万至800万欧元，年资助额总计约2.92亿欧元；

• 依托项目推进大学尖端科研建设的未来构想年资助额总计约1.42亿欧元。

依托项目推进大学尖端科研建设的未来构想的资助以至少一个精英集群项目和一个研究生院项目同时获得资助为前提。力求在最多12个未来构想的资助总数中能够有不超过5个新申请加入。

（3）在可用的项目支出中，申请者还可获得20%的一次性项目补贴，用于项目相关的间接支出（项目支出）。

（4）项目包括一同进行竞争的新申请和后续申请，并将于2012年在共同的批准环节作出决定。

（5）项目资助周期不超过5年。

第3条　资助标准

（1）将从以下几个方面评估以在国际上取得突出科研前期成果为基础的、为了获得并维持可持续的精英为目标的发展前景：

• 在至少一个较为宽泛的科学领域中的科研和后备科研人才培养方面的卓越性；

• 构建学科网络和国际研究网络的整体方案；

• 大学间以及与大学外科研机构的合作，一般需签署具体的、有约束力的合作协议。

3条资助主线中，基于申请的资助仅按照科学标准进行。在此，需考虑到新申请及后续申请的起点不同。对后续申请的评估需特别注意方案中设定目标的实现程度及已取得的科学进步。此外,资助将兼顾方案中对男女平等的促进措施。

(2)促进3条资助主线的其他详细标准见本协议附件以及由共同委员会发布的招标文件。

第4条 程序

(1)本项目由德国科学基金会在联邦政府和联邦州的专项资助框架下实施。德国科学基金会将与德国科学委员会共同担当。

(2)德国科学基金会继续与德国科学委员会一起组成共同委员会和批准委员会。批准委员会由共同委员会和联邦及联邦州负责科学事务的部长组成。

(3)共同委员会由专家委员会和战略委员会组成。专家委员会由德国科学基金会的咨询委员会任命,共有14名成员。战略委员会由德国科学委员会的学术委员会任命,共有12名成员。这两个委员会超过半数的成员都应是具有多年从事研究、高校管理或在企业工作的海外经验的专家。共同委员会可以吸收借鉴外部的专业知识。

(4)本项目三条资助主线的新申请和后续申请都由德国科学基金会负责招标。共同委员会根据本协议第3条确定资助条件。

(5)需以大学名义提交申请,并以各自大学领导为代表。第1条和第2条资助主线可由多所大学共同提交申请,前提是合作能为参与申请的每所大学带来清晰明确的协同作用和结构性增值,同时所有参与学校之间的机构性的、可持续的、战略性的合作必须清晰可见。若各大学参与共同申请的战略性合作的占比相当,可由多所大学共同担任项目发言人。申请书通过联邦州负责科学事务的机关向德国科学基金会递交。

(6)可提交一份或多份研究生院项目的申请书、一份或多份精英集群项目的申请书以及额外的一份第3条资助主线申请书。符合本条第5款第3句的精英集群或研究生院的共同申请项目,可在每所参与大学进行第 3 条资助主线申请时算入资助前提。

（7）新申请的招标分为两个阶段（申请草案及正式申请），后续申请的招标分为一个阶段（正式申请）。共同委员会将从新申请中决定哪些计划需要提交正式申请。

（8）共同委员会将在专业科学评估的基础上对所有 3 条资助主线的申请作出最终共同的推荐。在此，需兼顾第 3 条所规定的标准。

（9）批准委员会将在依据第 8 项提出的推荐的基础上对申请作出最终决定。共同委员会的成员每人计 1.5 票，联邦州部长每人计 1 票；联邦部长计 16 票。

（10）批准委员会和共同委员会以简单多数的投票原则作出决定。弃权视为不赞成票。

（11）资助决定由联邦和联邦州负责科研事务的部长共同宣布。

第 5 条　项目过渡金

联邦和联邦州将为第一资助阶段于 2011 年 10 月 31 日结束的研究生院、精英集群和未来构想项目提供 1.625 亿欧元的经费，其中 2011 年为 2710 万欧元，2012 年为 1.354 亿欧元，用作为期一年的项目过渡金，项目过渡金额度不得超过资助最后一年所获经费。项目中的支出余额将计入项目过渡金。项目过渡金不计入可能的新资助期或项目结束金。德国科学基金会将以第三条资助主线为基础，在与德国科学委员会达成一致后，对项目过渡金的资助作出决定。

第 6 条　项目结束金

（1）在精英倡议计划第一阶段结束后未能再获得资助的研究生院、精英集群和未来构想项目，可获得一份递减的、最多不超过两年的项目结束金。原则上仅用于项目范围内青年后备力量培养工作的收尾所必要的人员经费和事务性经费。预留款项共计 9120 万欧元，其中 2012 年为 970 万欧元，2013 年为 5390 万欧元，2014 年为 2760 万欧元。

（2）根据本条第 1 款，结束金同样适用于在第二阶段结束后未能继续获得资助的研究生院、精英集群和未来构想的新申请项目。

(3) 批准委员会将基于第 4 条中的程序，以共同委员会的建议为基础，对结束金的批准作出决定。共同委员会可在拒绝资助的建议中向批准委员会对结束金的安排提出建议。

第 7 条　可用支出

(1) 三条资助主线的经费资助将覆盖用于实施申请计划所必需的、包括非营利性大学外研究机构的人员经费、事务性经费和投资经费的所有额外开支，包括本协议第 2 条第 3 款的一次性项目补贴。

(2) 联邦和联邦州在德国科学基金会和德国科学委员会的财务预算中承担德国科学基金会和德国科学委员会的行政支出（包括共同委员会的支出）。

(3) 行政支出由联邦和联邦州根据第 2 条第 1 款规定的比例承担。联邦州根据柯尼施泰因比例承担其份额。

第 8 条　评估

德国科学基金会和德国科学委员会将于 2015 年 6 月 30 日前向德国科学联席会提交基于数据分析的项目进展报告。德国科学联席会将额外授权由国际专家组成的外部委员会以本款第 1 句中的报告为基础对本项目及其对德国科学体系的影响进行评估。报告将描述项目对受资助高校和未获得资助高校的影响。评估结果将于 2016 年 1 月向德国科学联席会提交。

第 9 条　项目期限、协议生效

(1) 本协议有效期为资助第二阶段，至 2017 年 12 月 31 日止。联邦和联邦州将于 2016 年在根据本协议第 8 条提交的报告基础上共同审议本项目，并决定是否继续实施项目。

(2) 本协议在所有缔约方签字后生效。本协议规定若存在争议之处，以 2005 年 7 月 18 日的精英倡议计划的规定为准。

联邦和各州关于继续实施旨在促进德国高校科学和研究的精英倡议计划的协议
之
附件

共同资助的前提

除了本协议第 3 条第 1 款，对资助批准具决定性的还有：

1. 研究生院：
- 在有助于大学特色形成的科研领域的跨学科研究项目的质量
- 对国内外毕业生的吸引力
- 尽早培养科研后备力量的独立性并提供最好的指导

2. 精英集群：
- 所有参与伙伴在研究领域已取得的尖端成果和计划实施科研项目的卓越性
- 在国际竞争（国际显现度）中已获得的和未来有望获得的地位
- 合作网络的协作性与绩效力
- 精英集群项目的组织和后续发展
- 知识转化的质量和（可能产生的）经济效益

3. 未来构想：
- 作为机构获得符合国际标准的尖端绩效的潜能
- 在不同的、有助于大学特色形成的研究领域的卓越性
- 出色的研究质量，也能通过符合第 1 条、第 2 条遴选标准的研究生院和精英集群项目证明
- 跨学科性和与大学外研究机构及其他科研伙伴的联网
- 国际合作
- 有针对性的后备人才培养
- 面向研究的教学的创新方案将被纳入评审中
- 对可持续地提升研究卓越性提供保障

高校提交的申请均需包含具体的项目建议。申请中不需要覆盖所

有重点。

会议记录：

联邦和联邦州一致同意，将面向研究的教学的创新方案纳入评审标准，但此项方案不能在精英倡议计划的资助经费中获得特殊资助。

三 关于根据《基本法》第91b条第1款、联邦和各州旨在促进大学尖端研究的管理协议——精英战略

——精英战略——
基于德国联邦总理与联邦州州长
2016年6月16日的决议

前言

德国联邦政府和各联邦州政府决议，在其立法机关预留经费的前提下，以《基本法》第91b条第1款为依据，延续并继续发展通过精英倡议计划在尖端研究、特色形成和在科学体系的合作等方面开始的努力，以可持续地强化德国科研要地，继续提高其国际竞争力，并延续在全面提高科研领域的尖端教育、提升德国高教和科研要地总体质量方面获得的成功。联邦和联邦州共同承担责任并为项目拨款，以期继续保持并增进精英倡议计划为德国科学体系带来的新活力，为精英倡议计划资助的成功项目创造未来长期发展的可能性。此外，应支持德国大学形成与所有绩效领域相关的专业上和战略上的特色。

第1条 资助对象及规模

（1）协议缔约方的共同资助对象包括受资助大学及其合作伙伴从事的具有跨地区意义的科研活动，项目资助主线为：

a. 精英集群：旨在以项目的形式资助德国大学或大学联盟的具有国际竞争力的研究领域

b. 精英大学：旨在持续地强化德国大学或大学联盟的发展，并在精英集群的基础上，使其研究保持国际尖端地位。

（2）两条资助主线均可以由单所大学，或者由多所大学组成的、以合作结构进行卓越研究的联盟（大学联盟）作为共同申请人提出申请。联合申请必须以可见的、已有的合作，以及能够为所有参与申请的大学带来清晰可见的协同作用和学术研究、大学结构的增值为前提。这些大学间的可持续的战略合作必须通过有约束力的、清晰详尽的规则确定。大学和大学联盟也可以将大学外科研机构、企业和其他社会行为体等其他机构作为合作伙伴纳入项目。

（3）联邦和联邦州在立法机关预留经费的前提下，2017 年为项目预留款项为 8000 万欧元，2018 年起每年预留 5.33 亿欧元，包括一次性项目补贴、一次性大学补贴、管理经费、项目结束金和项目过渡金。若协议第 4 条第 1 款中设定的精英大学资助项目数量增加，则将对必要的经费追加拨款。联邦和联邦州将努力，重新分配未拨出的经费。联邦和联邦州将努力在资助允诺的框架内重新分配未使用的经费。资助经费由联邦政府和各大学所在联邦州以 75∶25 的比例承担。

（4）联邦和联邦州在德国科学基金会和德国科学委员会的财务预算中承担德国科学基金会和德国科学委员会用于本项目的行政支出。行政支出由联邦和联邦州根据本条第 3 款规定的比例承担。联邦州根据柯尼施泰因比例承担其份额。

第 2 条 基本遴选原则

（1）资助申请者及获得者为大学或大学联盟，并以各自大学领导为代表。精英集群项目申请书通过联邦州负责科学事务的机关向德国科学基金会递交，精英大学申请书通过联邦州负责科学事务的机关向德国科学委员会递交。

（2）可提交一份或多份精英集群项目的申请书以及额外的一份精英大学申请书。

（3）德国科学基金会根据本协议的规定执行精英集群资助主线，德国科学委员会根据本协议的规定执行精英大学资助主线。德国科学基金会将与德国科学委员会对本项目共同担当。他们有义务在各自的评估小组中兼顾其他组织的专业意见。

（4）将组建一个专家评委会和一个精英委员会，由德国科学基金会和德国科学委员会提供组织方面的支持。

a. 专家评委会共由39名在不同科研领域从事研究工作的知名专家组成，他们都具有多年在海外从事研究、在高校管理、在教学领域或在企业工作的经验。其成员由德国科学基金会的咨询委员会和德国科学委员会的学术委员会共同提名，德国科学联席会任命。专家评委会可以吸收借鉴外部的专业知识，可以分工进行并设立精英集群和精英大学负责领域的子评委会。德国科学委员会主席和德国科学基金会主席共同领导专家评委会，但没有投票权。专家评委会的任务包括按照本管理协议中所规定的评审标准确定资助条件、以（专业）学术评估为基础对申请草案和正式申请进行评估、向精英委员会提交资助建议、选出具有最终申请资格的申请草案、向德国科学联席会汇报项目进展以及对精英大学评估结果进行评价。

b. 精英委员会由专家评委会和联邦及联邦州负责科学事务的部长组成。专家评委会主席同时担任精英委员会主席。精英委员会依据专家评委会对精英集群和精英大学的资助建议作出最终决定。精英委员会负责精英大学的评估结果。

（5）专家评委会中有投票权的成员按照简单多数的投票原则进行决定。精英委员会中，有投票权的各位专家评委会成员以及各联邦州部长每人计1票，联邦教育与研究部部长计16票。

精英委员会对精英集群的资助决定需在投票中获得简单多数；对精英大学的资助决定需获得专家评委会简单多数的选票以及联邦和联邦州负责科学事务的部长至少25票的多数赞成票。

弃权视为不赞成票。

（6）专家评委会根据本条第7款及本协议第3条、第4条的标准确定资助条件。德国科学基金会和德国科学委员会负责资助主线的招标。

（7）两条资助主线的资助仅按照科学标准进行。以在国际上取得突出科研前期成果为基础，对如何发展并保持具有国际竞争力的、卓越的尖端研究，包括科研后备人才培养，做出评估。两条资助主线的评估基础为强弱势分析；关于科研领域重点设置的陈述；关于附属于尖端科研的绩效指标，如面向研究的教学、研究基础设施、理念和知识转化等陈述；以及关于人员发展和促进机会均等方面的陈述。

（8）资助决定由联邦和联邦州负责科研事务的部长共同宣布。

第 3 条　精英集群

（1）联邦和联邦州每年为精英集群资助主线预留 3.85 亿欧元。这笔款项包括占被批准和直接支出的项目经费的 22% 的一次性项目补贴以及本条第 4 款中的一次性大学补贴和本条第 6 款中的项目结束金。计划资助 45—50 个精英集群项目，每个项目根据申请将获得每年 300 万—1000 万欧元的资助。

（2）德国科学基金会每七年进行一次精英集群资助项目招标。精英集群的新申请和后续申请将由评审小组进行评审、比较评估，并共同决定。首次申请精英集群项目的招标分为两个阶段（申请草案及正式申请）。专家评委会决定哪些计划应当提交正式申请。

（3）作为对第 1 条第 2 款第 1 句及第 2 条第 7 款的补充，精英集群还需满足以下评审标准：

a. 在各主题研究领域的研究及参与科研人才的卓越性

b. 促进该主题研究领域发展、促进跨学科合作和国际联网的科研构想的学术卓越性和关联度

c. 研究项目的独特性、原创性和风险准备

d. 促进学术后备人才方案的关联性及质量

e. 促进专业人才发展及机会均等的构想的质量

f. 促进精英集群项目的组织和后续发展（治理）的战略发展构想的质量，以及这一发展战略与所在大学或大学联盟的匹配性

g. （如果有的话）参与伙伴的绩效性、基于有约束力协议的合作

构想的关联性及质量

h.（如果有的话）促进主题研究领域内面向研究的教学的申请措施的质量（着重传授优秀科学实践）

i.（如果有的话）理念和知识转化的申请措施的质量

j.（如果有的话）科研基础设施利用的申请措施的质量

（4）获得精英集群项目的大学可以通过大学领导额外获得一次性大学补贴作为战略资金，用以加强大学治理及战略性设施设置。为获得一次性大学补贴，大学领导需在精英集群申请书中附上一份关于大学战略目标的简短介绍，精英集群的专业评审也将对其合理性进行评审。若评审结果不合格，成功获得精英集群项目的资助，无法同时获得一次性大学补贴。每个精英集群项目配套的一次性大学补贴为每年100万欧元；若一所大学参与多个精英集群项目，那么第一个精英集群项目配套的一次性大学补贴为每年100万欧元，第二个项目的一次性大学补贴为每年75万欧元，其后每个项目的一次性大学补贴为每年50万欧元。以大学联盟形式获得的精英集群项目配套的一次性大学补贴将按比例分配给参与大学。若最终获得精英大学资助，大学将不再重复获得精英集群项目的一次性大学补贴，该项补贴将被取消。

（5）专家评委会将以学术评审为基础，依照本条第3款和第2条第7款的评审标准对申请给出资助建议。精英委员会根据其建议作出资助决定。

（6）精英集群的资助期限原则上为两个七年；允许递交新申请，在同一主题研究领域亦可。七年后无法获得继续资助的精英集群项目，将获得递减的、不超过两年的结束金。原则上仅用于项目范围内青年后备力量培养工作的收尾所必要的人员经费和事务性经费。

（7）精英集群项目的资助由德国科学基金会在联邦与联邦州的特殊资助框架下、以有期限的项目资助的方式负责实施，资助需符合相关财务原则。

第4条　精英大学

（1）联邦和联邦州为精英大学的第一轮资助预留款项为每年

1.48 亿欧元，用于通过竞争性程序选出的 11 个资助项目。2026 年开始的第二轮资助将通过竞争性程序选出 4 个新的资助项目。若在根据第 6 条第 1 款和第 2 款进行的第一轮评估中被取消获得长期共同资助的大学或大学联盟少于 4 个，将额外追加经费资助新入选项目。根据申请，单所大学将获得每年 1000 万至 1500 万欧元的资助，每个大学联盟将获得每年 1500 万至 2800 万欧元的资助。

精英大学的资助以该大学获得至少两个精英集群项目资助为前提，多所大学组成的联盟则需获得至少三个精英集群项目资助，而且每所参与联盟的大学均需获得或参与一个精英集群项目。

基于第 1 条第 2 款的、在大学联盟框架下获得资助的精英集群项目，可算作每所参与联盟的大学的精英大学资助前提。

由于精英大学这条资助主线采取长期资助方式，不另设一次性项目补贴和一次性大学补贴。

（2）精英集群的资助决定公布后，再进行与之时间错开的、对精英大学的选拔和决定程序。仅需递交正式申请，无须递交申请草案。申请大学或大学联盟需递交用于实地评估的、战略性的、机构相关的完整构想，以及第一次评估前的大致财务预算，预算中需将获批经费按年度划分，并按照人员经费、事务性经费和投资支出等注明款项。

（3）作为对第 1 条第 2 款第 1 句及第 2 条第 7 款的补充，精英大学还需满足以下评审标准：

a. 申请大学或大学联盟至今获得的卓越的研究成绩，对此需通过透明地关联现有统计数据（如第三方经费、研究获奖、德国科学基金会资助指南、精英倡议计划前两阶段的成绩等），并根据学术绩效参数，在评审框架内进行评估；

b. 战略性的、机构相关的完整构想的关联性和质量，陈述涉及促进大学治理和合作伙伴间的治理；促进面向研究的教学；促进研究基础设施的使用；在可能的共同聘任和人才获取战略的框架下吸引国际领先科学家；促进人才发展和机会均等。其他评审标准包括：结构性增值和机构成熟度；推进尖端科研达到国际水平的必要的关键群体的存在；完整构想的质量，用以保持长期运转能力、获得精英大学的创新力；精英大学的国际尖端地位和显示度、国际联网及跨地区意义。

（4）专家评委会将以学术评审为基础，依照本条第 3 款和第 2 条第 7 款的评审标准对申请给出资助建议。

（5）精英委员会以上述建议为基础作出资助决定。精英委员会还将确定每个精英大学项目获得的长期资助金额。

第 5 条 精英大学的资助方式

（1）精英大学将根据本协议第 6 条中的评估结果获得长期资助。《基本法》所规定的所在州对普通高校问题的权力不受影响。联邦对大学制定宪章及大学的调控不施加影响。联邦通过本协议获得的任务及权限也不受影响。

（2）联邦及所在州对精英大学的共同资助基于精英委员会批准的财政预算。联邦及所在州将在定期进行进展对话的框架下探讨实质性进展、额外资金使用情况及后续计划。

（3）联邦每年给所在联邦州划拨对每所精英大学进行共同资助的经费份额。各个联邦州按需提取年度份额。若无其他约定，将根据各所在州关于大学基础经费的规定对精英大学进行资助。不允许用联邦经费建立各州的储蓄金。联邦州预算中需注明"精英大学"资助用途的联邦和联邦州经费数额，并与大学的其他经费分开。精英大学的预算中也需为联邦和联邦州经费数额提供足够的透明度，确保经费按照限定的用途使用。联邦州审核资金使用符合其目的，并在简要使用证明的框架下向联邦进行汇报。若所在州对精英大学的资助按照各州行政诉讼法，尤其是行政诉讼法第 48 条、第 49 条，或其他法律规定，因其对过去产生的影响而被收回、撤销或不再生效，联邦经费的拨付也可以被撤回。各所在州的审计局负责此项事务；它需向联邦审计局汇报，《联邦预算法》第 91 条规定的权利不受影响。

（4）在每年联邦及各所在州的德国科学联席会委员会会议上汇报共同资助的实施情况。

第 6 条　精英大学的评估、结束精英大学的共同资助

（1）科学委员会原则上每七年对精英大学项目组织一次具有选择性特征的、独立的外部评估，专家评委会将对评估结果进行评价。尤其要审查的是第 4 条第 1 款和第 3 款中共同资助的前提是否继续存在，并提出相应的建议。

（2）评估结果将递交给精英委员会。若满足共同资助的条件，则共同资助继续进行。若评审结果不理想，联邦和所在州将决定是否取消对精英大学的共同资助。

（3）若精英大学的共同资助按照本条第 2 款被中止，精英大学可从联邦及所在州获得递减的、最多不超过三年的项目结束金。

（4）若一所精英大学从长期共同资助中被淘汰或在精英大学资助主线的框架下有其他资金可用，精英委员会将通过德国科学委员会公布新申请招标。德国科学委员会将对 2026 年开始的第二轮资助进行 4 个新申请招标。

第 7 条　项目过渡金

在基于《精英协议 II》的精英倡议计划框架下获得资助的研究生院、精英集群和未来构想项目将从 2017 年 11 月 1 日起获得不超过 24 个月的项目过渡金，每年经费额度不超过过去 12 个月的资助总额。项目过渡金的具体拨付由德国科学基金会确定，涉及未来构想时，需征得德国科学委员会的同意。精英集群获得新资助开始时，研究生院、精英集群的项目过渡金将结束。获得过渡金的项目将不再重复获得《精英协议 II》第 6 条第 2 款中的项目结束金。2017 年至 2019 年共预留 7.34 亿欧元用于支付项目过渡金。

第 8 条　高规格评估

（1）专家评委会将定期，于 2027 年 6 月 30 日前首次，向德国科学联席会提交关于资助主线相关经验的报告。

（2）联邦和联邦州将在德国科学联席会会议上讨论整个项目对德

国科学体系所产生的影响以及其带来的调适需求。

第9条 期限、生效

（1）本协议不设时间期限。联邦或三个以上联邦州在自然年年底前两年提出，则可解约，但第一次需在 2027 年后。

（2）本协议在所有缔约方签字后生效。

四 精英倡议计划与精英战略资助名单

精英倡议计划
研究生院资助主线

第一阶段第一轮资助名单（2006 年 10 月 13 日公布）

大学	研究生院名称
亚琛工业大学	亚琛计算工程科学高等研究院 Aachen Institute for Advanced Studies in Computational Engineering Science
柏林自由大学	北美研究研究生院 Graduate School of North American Studies
柏林洪堡大学	柏林心脑研究生院 Berlin School of Mind and Brain
柏林工业大学	柏林数学研究生院 Berlin Mathematical School
波鸿鲁尔大学	鲁尔大学研究生院 Ruhr University Research School
波恩大学	波恩经济学研究生院 Bonn Graduate School of Economics
不来梅大学	海洋世界的全球变化 Global Change in the Marine Realm
德累斯顿工业大学	德累斯顿生物医学与生物工程国际研究生院 Dresden International Graduate School for Biomedicine and Bioengineering

续表

大学	研究生院名称
埃尔朗根—纽伦堡大学	埃尔朗根高级光学技术研究生院 Erlangen Graduate School in Advanced Optical Technologies
弗莱堡大学	生物和医学分子细胞研究生院 Molecular Cell Research in Biology and Medicine
吉森大学	文化学国际研究生院 International Graduate Centre for the Study of Culture
汉诺威医科大学	汉诺威生物医学研究院 Hannover Biomedical Research School
海德堡大学	海德堡基础物理研究生院 Heidelberg Graduate School of Fundamental Physics
卡尔斯鲁厄理工学院	卡尔斯鲁厄光学和光电子学研究生院 Karlsruhe School of Optics and Photonics
曼海姆大学	经济与社会科学实证与定量方法研究生院 Empirical and Quantitative Methods in the Economic and Social Sciences
慕尼黑大学	系统神经科学研究生院 Graduate School of Systemic Neurosciences
慕尼黑工业大学	科学与工程国际研究生院 International Graduate School of Science and Engineering
维尔茨堡大学	生命科学研究生院 Graduate School for Life Sciences

第一阶段第二轮资助名单（2007年10月19日公布）

大学	研究生院名称
拜罗伊特大学	拜罗伊特非洲研究国际研究生院 Bayreuth International Graduate School of African Studies
柏林自由大学	穆斯林文化与社会：统一与多样性 Muslim Cultures and Societies: Unity and Diversity
	弗里德里希·施莱格尔文学研究生院 Friedrich Schlegel Graduate School of Literary Studies

续表

大学	研究生院名称
柏林洪堡大学	柏林—勃兰登堡再生治疗研究生院 Berlin-Brandenburg School for Regenerative Therapies
	柏林社会科学研究生院 Berlin Graduate School of Social Sciences
比勒菲尔德大学	比勒菲尔德历史与社会学研究生院 Bielefeld Graduate School in History and Sociology
波恩大学	波恩—科隆物理与天文学研究生院 Bonn-Cologne Graduate School of Physics and Astronomy
不来梅大学	不来梅国际社会科学研究生院 Bremen International Graduate School of Social Sciences
达姆施塔特工业大学	计算工程"超越传统科学"研究生院 Graduate School of Computational Engineering "Beyond Traditional Sciences"
哥廷根大学	哥廷根神经科学和分子生物科学研究生院 Göttingen Graduate School for Neurosciences and Molecular Biosciences
海德堡大学	海德堡数学与计算机辅助科学方法研究生院 Heidelberg Graduate School of Mathematical and Computational Methods for the Sciences
	海德堡哈特穆特·霍夫曼—贝尔林分子与细胞生物学研究生院 The Hartmut Hoffmann-Berling International Graduate School of Molecular and Cellular Biology
耶拿大学	耶拿微生物通讯研究生院 Jena School for Microbial Communication
基尔大学	人类景观发展综合研究研究生院 Graduate School for Integrated Studies of Human Development in Landscapes
康斯坦茨大学	康斯坦茨"化学生物学"研究生院 Konstanz Research School "Chemical Biology"
莱比锡大学	分子和纳米物质构建 Building with Molecules and Nano-Objects
吕贝克大学	医学和生命科学计算研究生院 Graduate School for Computing in Medicine and Life Sciences

续表

大学	研究生院名称
美因茨大学	美因茨材料学 Materials Science in Mainz
萨尔州大学	萨尔布吕肯计算机科学研究生院 Saarbrücken Graduate School of Computer Science
斯图加特大学	高级制造工程研究生院 Graduate School for Advanced Manufacturing Engineering
乌尔姆大学	乌尔姆分子医学国际研究生院 International Graduate School in Molecular Medicine Ulm

第二阶段资助名单（2012年6月15日公布）

大学	研究生院名称
亚琛工业大学	亚琛计算机辅助自然科学与工程科学研究生院 Aachener Graduiertenschule für computergestützte Natur- und Ingenieurwissenschaften
班贝格大学	班贝格社会科学研究生院 Bamberger Graduiertenschule für Sozialwissenschaften
拜罗伊特大学	拜罗伊特非洲研究国际研究生院 Bayreuther Internationale Graduiertenschule für Afrikastudien
柏林自由大学	北美研究研究生院 Graduiertenschule für Nordamerikastudien
	柏林穆斯林文化与社会研究生院 Berlin Graduate School Muslim Cultures and Societies
	弗里德里希·施莱格尔文学研究生院 Friedrich Schlegel Graduiertenschule für literaturwissenschaftliche Studien
	东亚研究研究生院 Graduiertenschule für Ostasienstudien
柏林自由大学、 柏林洪堡大学	柏林—勃兰登堡再生治疗研究生院 Berlin-Brandenburg Schule für Regenerative Therapien
	柏林综合肿瘤学研究生院 Berliner Graduiertenschule für Integrative Onkologie

续表

大学	研究生院名称
柏林洪堡大学	柏林心脑研究生院 Berlin School of Mind and Brain 阿德勒斯霍夫分析科学研究生院 Graduiertenschule für Analytical Sciences Adlershof
柏林工业大学	柏林数学研究生院 Berlin Mathematical School
比勒菲尔德大学	比勒菲尔德历史与社会学研究生院 Bielefeld Graduate School in History and Sociology (BGHS)
波鸿鲁尔大学	鲁尔大学研究生院加强版 Ruhr University Research School PLUS
不来梅大学	不来梅社会科学国际研究生院 Bremen International Graduate School of Social Sciences (BIGSSS)
达姆施塔特工业大学	计算工程研究生院 Computational Engineering 达姆施塔特能源科学与技术研究生院 Darmstädter Graduiertenschule für Energiewissenschaft und Energietechnik
德累斯顿工业大学	德累斯顿生物医学与生物工程国际研究生院 Internationale Graduiertenschule für Biomedizin und Bioengineering Dresden
埃尔朗根—纽伦堡大学	埃尔朗根高级光学技术研究生院 Erlangen Graduiertenschule für Fortschrittliche Optische Technologien
弗莱堡大学	施佩曼生物与医学研究生院 Spemann Graduiertenschule für Biologie und Medizin (SGBM)
吉森大学	文化学国际研究生院 Internationales Graduiertenzentrum Kulturwissenschaften
哥廷根大学	哥廷根神经科学、生物物理和分子生物科学研究生院 Göttinger Graduiertenschule für Neurowissenschaften, Biophysik und Molekulare Biowissenschaften

续表

大学	研究生院名称
海德堡大学	海德堡基础物理研究生院 Heidelberger Graduiertenschule für fundamentale Physik
	海德堡数学与计算机辅助科学方法研究生院 Heidelberger Graduiertenschule der mathematischen und computergestützten Methoden für die Wissenschaften
	海德堡哈特穆特·霍夫曼—贝尔林分子与细胞生物学研究生院 Die Hartmut Hoffmann-Berling Internationale Graduiertenschule für Molekular-und Zellbiologie Heidelberg
耶拿大学	耶拿微生物通迅研究生院 Graduiertenschule für Mikrobielle Kommunikation-Jena
卡尔斯鲁厄理工学院	卡尔斯鲁厄光学和光电子学研究生院 Karlsruher Graduiertenschule für Optik und Photonik
	卡尔斯鲁厄基本粒子与天体粒子物理科学技术研究生院 Karlsruher Graduiertenschule für Elementarteilchen- und Astroteilchenphysik: Wissenschaft und Technologie
基尔大学	人类景观发展综合研究生院 Integrierte Studien zur menschlichen Entwicklung in Landschaften
科隆大学	波恩—科隆物理与天文学研究生院 Graduiertenschule Bonn-Köln in Physik und Astronomie
	科隆人文研究生院 a. r. t. e. s. Graduate School for the Humanities Cologne (AGSHC)
康斯坦茨大学	康斯坦茨化学生物学研究生院 Konstanzer Graduiertenschule Chemische Biologie
	决策科学研究生院 Graduiertenschule für Entscheidungswissenschaften
美因茨大学	美因茨材料学研究生院 Materialwissenschaft in Mainz
曼海姆大学	经济与社会科学经验与定量方法研究生院 Graduiertenschule in Wirtschafts- und Sozialwissenschaften: Empirische und quantitative Methoden

续表

大学	研究生院名称
慕尼黑大学	系统神经科学研究生院 Graduiertenschule für Systemische Neurowissenschaften
	慕尼黑定量生物科学研究生院 Graduiertenschule für Quantitative Biowissenschaften München (QBM)
	远古世界：慕尼黑古代科学学院 Ferne Welten: Altertumswissenschaftliches Kolleg München
慕尼黑大学、 雷根斯堡大学	东欧与东南欧研究研究生院 Graduiertenschule für Ost- und Südosteuropastudien
慕尼黑工业大学	科学与工程国际研究生院 International Graduate School of Science and Engineering (IGSSE)
萨尔州大学	萨尔布吕肯计算机科学研究生院 Saarbrücker Graduiertenschule für Informatik
斯图加特大学	高级制造工程研究生院 Graduiertenschule für Advanced Manufacturing Engineering
图宾根大学	学习、成就和终身发展：综合研究与培训项目 Lernen, Leistung und lebenslange Entwicklung: Ein integriertes Forschungs- und Ausbildungsprogramm
乌尔姆大学	乌尔姆分子医学国际研究生院 Internationale Graduiertenschule für Molekulare Medizin Ulm (IGradU)
维尔茨堡大学	生命科学研究生院 Graduiertenschule der Lebenswissenschaften

精英集群资助主线

第一阶段第一轮资助名单（2006年10月13日公布）

大学	精英集群名称
亚琛工业大学	高薪国家的集成生产工艺 Integrative Production Technology for High-Wage Countries
	超高速移动信息和通信 Ultra High-Speed Mobile Information and Communication

续表

大学	精英集群名称
波恩大学	数学：基础、模型及应用 Mathematics: Foundations, Models, Applications
德累斯顿工业大学	从细胞到组织到治疗：细胞再生基础工程 From Cells to Tissues to Therapies: Engineering the Cellular Basis of Regeneration
法兰克福大学	大分子聚合体 Macromolecular Complexes
吉森大学	心肺系统 Cardio-Pulmonary System
哥廷根大学	纳米显微学 Microscopy at the Nanometer Range
汉诺威医科大学	从再生生物学到整复治疗 From Regenerative Biology to Reconstructive Therapy
海德堡大学	细胞网络：从分子结构分析到对复合功能的定量理解 Cellular Networks: From Analysis of Molecular Mechanisms to a Quantitative Understanding of Complex Functions
卡尔斯鲁厄理工学院	功能性纳米结构研究中心 Center for Functional Nanostructures
基尔大学	未来海洋研究 The Future Ocean
康斯坦茨大学	社会融入的文化基础 Cultural Foundations of Social Integration
慕尼黑大学	慕尼黑集成蛋白质研究中心 Munich Center for Integrated Protein Science
	慕尼黑高级光电子中心 Munich-Centre for Advanced Photonics
	慕尼黑纳米系统计划 Nanosystems Initiative Munich
慕尼黑工业大学	技术系统的认知学 Cognition for Technical Systems
	宇宙起源与结构——基础物理精英集群 Origin and Structure of the Universe—The Cluster of Excellence for Fundamental Physics

第一阶段第二轮资助名单（2007年10月19日公布）

大学	精英集群名称
亚琛工业大学	生物量定制燃烧 Tailor-Made Fuels from Biomass
柏林自由大学	论题：古代文明中空间和知识的形成和转化 Topoi. The Formation and Transformation of Space and Knowledge in Ancient Civilizations
	情感语言 Languages of Emotion
柏林洪堡大学	神经治疗：通向治疗神经紊乱的更好结果 NeuroCure: Towards a Better Outcome of Neurological Disorders
柏林工业大学	催化作用中的综合概念 Unifying Concepts in Catalysis
比勒菲尔德大学	认知交互技术 Cognitive Interaction Technology
不来梅大学	地球系统中的海洋 The Ocean in the Earth System
达姆斯塔特工业大学	智慧界面：理解和设计流体界限 Smart Interfaces: Understanding and Designing Fluid Boundaries
埃尔朗根—纽伦堡大学	高级材料工程——功能设备分层结构的形成 Engineering of Advanced Materials—Hierarchical Structure Formation for Functional Devices
法兰克福大学	规范秩序的形成 Formation of Normative Orders
弗莱堡大学	生物信号研究中心——从分析到综合 Centre for Biological Signalling Studies—From Analysis to Synthesis
汉堡大学	集成气候系统分析与预测 Integrated Climate System Analysis and Prediction
汉诺威大学	量子工程和时空研究中心 Centre for Quantum Engineering and Space-Time Research
海德堡大学	全球化背景下的亚洲与欧洲：文化流动中的动态不对称 Asia and Europe in a Global Context: Shifting Asymmetries in Cultural Flows

续表

大学	精英集群名称
基尔大学	界面炎症 Inflammation at Interfaces
科隆大学	年龄相关疾病的细胞压力反应 Cellular Stress Responses in Aging-Associated Diseases
明斯特大学	前现代和现代文化中的宗教和政治 Religion and Politics in Pre-Modern and Modern Cultures
萨尔州大学	多模态计算与交互 Multimodal Computing and Interaction
斯图加特大学	仿真技术 Simulation Technology
图宾根大学	CIN——综合神经科学中心 CIN—Centre for Integrative Neuroscience

第二阶段资助名单（2012年6月15日公布）

大学	精英集群名称
亚琛工业大学	高薪国家的集成生产工艺 Integrative Produktionstechnik für Hochlohnländer
	超高速移动信息和通信 Maßgeschneiderte Kraftstoffe aus Biomasse
柏林自由大学、 柏林洪堡大学	神经治疗——神经系统疾病治疗的新视角 Neuro Cure—neue Perspektiven in der Therapie neurologischer Erkrankungen
	论题——古代文明中空间和知识的形成和转化 Topoi—Die Formation und Transformation von Raum und Wissen in den antiken Kulturen
柏林洪堡大学	图形、知识与设计：一个跨学科实验室 Bild Wissen Gestaltung. Ein interdisziplinäres Labor
柏林工业大学	催化作用中的综合概念 Unifying Concepts in Catalysis
比勒菲尔德大学	认知交互技术 Kognitive Interaktionstechnologie

续表

大学	精英集群名称
波鸿鲁尔大学	鲁尔溶解探索——溶剂依赖过程的理解与设计 RESOLV（Ruhr Explores Solvation）—Verständnis und Design lösungsmittelabhängiger Prozesse
波恩大学	数学：基础、模型及应用 Mathematik: Grundlagen, Modelle, Anwendungen
	免疫感应：免疫感应系统 ImmunoSensation: Das Immunsensorische System
不来梅大学	地球系统中的海洋——海洋环境科学中心 Der Ozean im Erdsystem—MARUM-Zentrum für Marine Umweltwissenschaften
开姆尼茨工业大学	多功能轻质结构的技术融合 Technologiefusion für multifunktionale Leichtbaustrukturen-MERGE
德累斯顿工业大学	德累斯顿再生疗法中心 Zentrum für Regenerative Therapien Dresden（CRTD）
	德累斯顿电子学前景研究中心 Zentrum für Perspektiven in der Elektronik Dresden
杜塞尔多夫大学、 科隆大学	植物学精英集群——从复杂特性到合成模块 Exzellenzcluster für Pflanzenwissenschaften—von komplexen Eigenschaften zu synthetischen Modulen
埃尔朗根—纽伦堡大学	新材料与新工艺——功能设备分层结构的形成 Neue Materialien und Prozesse—Hierarchische Strukturbildung für funktionale Bauteile
法兰克福大学	大分子聚合体动力学 Dynamik Makromolekularer Komplexe
	规范秩序的形成 Die Herausbildung normativer Ordnungen
法兰克福大学、 吉森大学	心肺系统 Kardiopulmonales System
弗莱堡大学	生物信号研究中心——从分析到综合 BIOSS Zentrum für Biologische Signalstudien—von der Analyse zur Synthese
	大脑链接——大脑工具 BrainLinks—BrainTools

续表

大学	精英集群名称
哥廷根大学	纳米显微学与大脑分子生理学 Mikroskopie im Nanometerbereich und Molekularphysiologie des Gehirns
汉堡大学	集成气候系统分析与预测 Integrierte Klimasystemanalyse und -vorhersage
	汉堡超快速观察中心：原子刻度物质结构、动力与控制 Hamburger Zentrum für ultraschnelle Beobachtung (CUI)：Struktur, Dynamik und Kontrolle von Materie auf atomarer Skala
汉诺威医科大学	再生——从再生生物学到整复治疗 REBIRTH—Von Regenerativer Biologie zu Rekonstruktiver Therapie
海德堡大学	细胞网络：从分子结构分析到复杂功能的定量理解 Zelluläre Netzwerke：Von der Analyse molekularer Mechanismen zum quantitativen Verständnis komplexer Funktionen
	全球化背景下的亚洲与欧洲：跨文化性的动力 Asien und Europa im globalen Kontext：Die Dynamik der Transkulturalität
基尔大学	未来海洋研究 Ozean der Zukunft
	界面炎症 Entzündungen an Grenzflächen
科隆大学	年龄相关疾病的细胞压力反应 Zelluläre Stressantworten bei Alters-assozierten Erkrankungen
康斯坦茨大学	融入的文化基础 Kulturelle Grundlagen von Integration
美因茨大学	精密物理、基本相互作用和物质结构 Präzisionsphysik, Fundamentalkräfte und Struktur der Materie
慕尼黑大学	慕尼黑纳米系统计划 Nanosystem Initiative München (NIM)
	慕尼黑集成蛋白质研究中心 Zentrum für Integrierte Proteinforschung (CIPSM)
	慕尼黑高级光电子中心 Münchner Zentrum für fortgeschrittene Photonik (MAP)
	慕尼黑系统神经学集群 Cluster für Systemneurologie-München

续表

大学	精英集群名称
慕尼黑工业大学	宇宙的起源与结构 Ursprung und Struktur des Universums
明斯特大学	前现代与现代文化中的宗教与政治 Religion und Politik in den Kulturen der Vormoderne und der Moderne
	运动中的细胞：生命体细胞行为的可视化和理解 Cells in Motion-CiM：Visualisierung und Verstehen zellulären Verhaltens in lebenden Organismen
奥登堡大学	人类听力：听力诊断、恢复与辅助模型、技术与解决方案 Hören für alle：Modelle, Technologien und Lösungsansätze für Diagnostik, Wiederherstellung und Unterstützung des Hörens
萨尔州大学	多模态计算与交互：文本、讲话、可视数据和高维表达的强力、高效和智能过程 Multimodal Computing and Interaction. Robust, Efficient and Intelligent Processing of Text, Speech, Visual Data and High Dimensional Representations
斯图加特大学	仿真技术 Simulationstechnik
图宾根大学	维尔纳·赖夏特综合神经科学中心 Werner Reichardt Centrum für Integrative Neurowissenschaften (CIN)

未来构想资助主线

第一阶段第一轮资助名单（2006年10月13日公布）

卡尔斯鲁厄理工学院
慕尼黑大学
慕尼黑工业大学

第一阶段第二轮资助名单（2007年10月19日公布）

亚琛工业大学
柏林自由大学

续表

弗莱堡大学
哥廷根大学
海德堡大学
康斯坦茨大学

第二阶段资助名单（2012年6月15日公布）

亚琛工业大学
柏林自由大学
柏林洪堡大学
不来梅大学
德累斯顿工业大学
海德堡大学
科隆大学
康斯坦茨大学

精英战略

精英集群资助主线（2018年9月27日公布）

单独申请学校	精英集群名称
亚琛工业大学	生产互联网 Internet der Produktion
	燃料科学中心——可再生能源和碳源的自适应转换系统 Das Fuel Science Center—Adaptive Umwandlungssysteme für erneuerbare Energie- und Kohlenstoffquellen
拜罗伊特大学	跨学科非洲研究：构件新的非洲研究 Afrika multipel: Afrikaforschung neu gestalten
柏林自由大学	临时社区：文学作为全球视野下的实践 Temporal Communities. Literatur als Praxis in globaler Perspektive
	对自由主义的论争（SCRIPTS） Auseinandersetzungen um das liberale Skript (SCRIPTS)

续表

单独申请学校	精英集群名称
柏林洪堡大学	材料内部活动：图像空间材料 Matters of Activity. Image Space Material
柏林工业大学	催化系统联合 Vereinigung von Systemen in der Katalyse
波鸿鲁尔大学	高级别攻击时代的网络安全 Cyber-Sicherheit im Zeitalter großskaliger Angreifer
波恩大学	超越奴役和自由：前现代社会中的不对称依赖 Beyond Slavery and Freedom: Asymmetrische Abhängigkeiten in vormodernen Gesellschaften
	豪斯多夫数学中心：基础、模型、应用 Hausdorff Center for Mathematics: Grundlagen, Modelle, Anwendungen
	PhenoRob——用于可持续经济作物生产的机器人技术和分型技术 PhenoRob—Robotik und Phänotypisierung für Nachhaltige Nutzpflanzenproduktion
	免疫感应2——免疫感应系统 Immuno Sensation 2—das immunsensorische System
布伦瑞克工业大学	可持续高效能航空系统 Nachhaltige und energieeffiziente Luftfahrtsysteme
不来梅大学	海底——尚未开发的地球界面 Der Ozeanboden—unerforschte Schnittstelle der Erde
德累斯顿工业大学	人机交互触觉互联网中心（CeTI） Zentrum für taktiles Internet mit Mensch-Maschine-Interaktion (CeTI)
	生命物理学——活体物质动态组织 Physik des Lebens—Die dynamische Organisation lebender Materie
弗莱堡大学	CIBSS集成生物信号研究中心——跨界信号过程：从机械理解到功能控制 CIBSS Zentrum für Integrative Biologische Signalstudien—Signalvorgänge über Skalengrenzen: Vom mechanistischen Verständnis zur Kontrolle der Funktion
	活性、适应性和能源自主型材料系统（livMatS） Lebende, adaptive und energieautonome Materialsysteme (livMatS)

续表

单独申请学校	精英集群名称
哥廷根大学	多比例生物成像：从分子机器到活跃细胞网络 Multiscale Bioimaging: Von molekularen Maschinen zu Netzwerken erregbarer Zellen
汉堡大学	气候、气候变化和社会 Klima, Klimawandel und Gesellschaft
	对物质的新见解：原子刻度结构、动力和控制 Neue Einblicke in die Materie: Struktur, Dynamik und Kontrolle auf atomarer Skala
	量化宇宙 Das Quantisierte Universum
	了解字体：手稿文化中的材料、交互和传输 Schriftartefakte verstehen: Material, Interaktion und Transmission in Manuskriptkulturen
汉诺威医科大学	防御感染及其控制 Abwehrschwächen gegenüber Infektionen und ihre Kontrolle
汉诺威大学	PhoenixD：光学系统的仿真、生产和应用 PhoenixD: Simulation, Fabrikation und Anwendung optischer Systeme
海德堡大学	结构：自然、数学和复杂数据的产生 STRUKTUREN: Emergenz in Natur, Mathematik und komplexen Daten
耶拿大学	微观界平衡 Gleichgewicht im Mikroversum
基尔大学	根源——过去世界的社会、环境和文化的连通 ROOTS—Konnektivität von Gesellschaft, Umwelt und Kultur in vergangenen Welten
	慢性炎症疾病精密医学 Präzisionsmedizin für Chronische Entzündungserkrankungen
科隆大学	年龄相关疾病的细胞应激反应 Zelluläre Stressantworten bei Alters-assoziierten Erkrankungen
康斯坦茨大学	不平等的政治维度：感知、参与和政策 Die politische Dimension der Ungleichheit: Wahrnehmungen, Partizipation und Policies
	集体行为研究院 Forschungskolleg Kollektives Verhalten

单独申请学校	精英集群名称
美茵茨大学	精密物理、基本相互作用和物质结构（PRISMA+） Präzisionsphysik, Fundamentale Wechselwirkungen und Struktur der Materie（PRISMA+）
明斯特大学	明斯特数学：动力—几何—结构 Mathematik Münster: Dynamik-Geometrie-Struktur
	宗教与政治：传统和创新的动力 Religion und Politik. Dynamiken von Tradition und Innovation
斯图加特大学	数据集成模拟科学（SimTech） Daten-integrierte Simulationswissenschaft（SimTech）
	建筑学集成计算机辅助规划和建造 Integratives computerbasiertes Planen und Bauen für die Architektur
图宾根大学	机器学习：科学新视角 Maschinelles Lernen: Neue Perspektiven für die Wissenschaft
	抗感染微生物控制 Kontrolle von Mikroorganismen zur Bekämpfung von Infektionen
	通过分子成像和靶标治疗的功能识别进行的个体化肿瘤疗法 Individualisierung von Tumortherapien durch molekulare Bildgebung und funktionelle Identifizierung therapeutischer Zielstrukturen

两校联合申请	精英集群名称
柏林自由大学、 柏林洪堡大学	NeuroCure——神经系统疾病研究治疗新方法 NeuroCure—Neue Wege in der Erforschung und Behandlung von Erkrankungen des Nervensystems
	智能科学 Science of Intelligence
波鸿鲁尔大学、 多特蒙德大学	RESOLV（鲁尔溶剂探索）：溶剂依赖过程的理解和设计 RESOLV（Ruhr Explores Solvation）: Verständnis und Design lösungsmittelabhängiger Prozesse
波恩大学、 科隆大学	ECONtribute：市场与公共政策 ECONtribute: Märkte & Public Policy
布伦瑞克工业大学、 汉诺威大学	量子边界的光和物质：计量学基础和应用（QuantumFrontiers） Licht und Materie an der Quantengrenze: Grundlagen und Anwendungen in der Metrologie（QuantumFrontiers）

续表

两校联合申请	精英集群名称
德累斯顿工业大学、维尔茨堡大学	量子材料的复杂性和拓扑学：基本概念、材料设计和新技术 Komplexität und Topologie in Quantenmaterialien: Grundlegende Konzepte, Materialdesign und neue Technologien
杜塞尔多夫大学、科隆大学	CEPLAS 植物学精英集群——满足未来需求的智慧植物 CEPLAS Exzellenzcluster für Pflanzenwissenschaften—SMARTe Pflanzen für die Anforderungen von morgen
法兰克福大学、吉森大学	心肺研究所 Cardio-Pulmonales Institut
海德堡大学、卡尔斯鲁厄理工学院	3D 设计材料 3D Designer Materialien
卡尔斯鲁厄理工学院、乌尔姆大学	锂以外的能量存储 Energiespeicherung jenseits von Lithium
慕尼黑大学、慕尼黑工业大学	电子转化 e-conversion
	ORIGINS：从宇宙起源到生命之初 ORIGINS: Vom Ursprung des Universums bis zu den ersten Bausteinen des Lebens
	慕尼黑量子科学和技术中心 Münchner Zentrum für Quanten-Wissenschaft und -Technologie
	慕尼黑系统神经学集群 Cluster für Systemneurologie München

三校联合申请	精英集群名称
亚琛工业大学、波恩大学、科隆大学	量子信息物质和光 Materie und Licht für Quanteninformation
柏林自由大学、柏林洪堡大学、柏林工业大学	MATH +：柏林数学研究中心 MATH +: Forschungszentrum der Berliner Mathematik
汉诺威医科大学、汉诺威大学、奥尔登堡大学	人类听力：个人听力支持医学、基础研究和技术解决方案（H4A 2.0） Hören für alle: Medizin, Grundlagenforschung und technische Lösungen für personalisierte Hörunterstützung (H4A 2.0)

精英大学资助主线（2019 年 7 月 19 日公布）

亚琛工业大学	一所综合跨学科的科技大学 知识、影响、网络 The Integrated Interdisciplinary University of Science and Technology. Knowledge. Impact. Networks.
柏林大学联盟	跨越边界走向综合研究环境 Crossing Boundaries toward an Integrated Research Environment
波恩大学	我们投资人才——我们搭建网络——我们创造影响 WE invest in people—WE foster networks—WE create impact
德累斯顿工业大学	德累斯顿工业大学面向 2028 的协同与超越 TUD 2028 Synergy and beyond
汉堡大学	一所旗舰大学： 面向可持续未来的创新与合作 A Flagship University： Innovating and Cooperating for a Sustainable Future
海德堡大学	海德堡综合研究大学： 1386 年来始终面向未来 THE COMPREHENSIVE RESEARCH UNIVERSITY HEIDELBERG：THE FUTURE SINCE 1386
卡尔斯鲁厄理工学院	亥姆霍兹联合会的研究大学：实现变革 The Research University in the Helmholtz Association：Living the Change
康斯坦茨大学	康斯坦茨大学——创造——共同 University of Konstanz—creative—together
慕尼黑大学	卓越的慕尼黑大学——一个新的视角 LMUexcellent—A New Perspective
慕尼黑工业大学	慕尼黑工业大学——创业型大学 创新人才、卓越与责任 TUM. THE ENTREPRENEURIAL UNIVERSITY. Innovation by Talents, Excellence, and Responsibility
图宾根大学	研究—关联—责任： 迎接新挑战与全球范围内的行动 Research-Relevance-Responsibility： Open to New Challenges and a Global Scope of Action

缩略语说明

AvH	Alexander von Humboldt-Stiftung
BBAW	Berlin-Brandenburgische Akademie der Wissenschaften
BLK	Bund-Länder-Kommission für Bildungsplanung
DAAD	Deutscher Akademischer Austauschdienst
DFG	Deutsche Forschungsgemeinschaft
ERC	European Research Council
ETH	Eidgenössische Technische Hochschule Zürich
FH	Fachhochschule
FU	Freie Universität Berlin
GWK	Gemeinsame Wissenschaftskonferenz
HRK	Hochschulrektorenkonferenz
IEKE	Internationale Expertenkommission Exzellenzinitiative
KIT	Karlsruher Institut für Technologie
LMU	Ludwig-Maximilians-Universität München
MPG	Max-Planck-Gesellschaft
MPK	Ministerpräsidentenkonferenz
RWTH	Rheinisch-Westfälische Technische Hochschule Aachen
TU	Technische Universität
TUD	Technische Universität Darmstadt
WR	Wissenschaftsrat
WZB	Wissenschaftszentrum Berlin für Sozialforschung

参考文献

中文参考文献

专著

田海龙:《语篇研究:范畴、视角、方法》,上海外语教育出版社 2009 年版。

田海龙:《批评话语分析:阐释、思考、应用》,南开大学出版社 2014 年版。

汪少华、梁婧玉:《基于语料库的当代美国政治语篇的架构隐喻模式分析》,北京大学出版社 2017 年版。

辛斌:《批评语言学:理论与应用》,上海外语教育出版社 2005 年版。

张帆:《德国高等学校的兴衰与等级形成》,北京师范大学出版社 2012 年版。

译著

[美] 罗伯特·伯恩鲍姆:《大学运行模式——大学组织与领导的控制系统》,别敦荣译,中国海洋大学出版社 2003 年版。

[美] 丹尼尔·C. 哈林、保罗·曼奇尼:《比较媒介体制》,陈娟等译,中国人民大学出版社 2012 年版。

[美] 乔治·莱考夫、马克·约翰逊:《我们赖以生存的隐喻》,何文忠译,浙江大学出版社 2015 年版。

论文

郭婧：《德国高等教育发展的最新动向——从"精英倡议计划"到"精英战略"》，载郑春荣主编《德国发展报告（2017）》，社会科学文献出版社 2017 年版，第 179—203 页。

孔捷：《从平等到卓越——德国大学卓越计划评析》，《现代大学教育》2010 年第 3 期，第 52—57 页。

蓝希君、汪远琦：《近 5 年国内批评话语分析研究现状分析——对 11 种语言类核心期刊论文的统计分析》，《西南农业大学学报》（社会科学版）2010 年第 1 期，第 121—123 页。

李彬：《福柯话语理论关照下的德语话语语言学的源起与发展》，《德语人文研究》2014 年第 2 期，第 16—22 页。

李媛、章吟：《论式话语分析：理论与方法》，《中国外语》2018 年第 1 期，第 42—50 页。

孙华：《德国"卓越大学计划"评析》，《教育发展研究》2009 年第 Z1 期，第 106—109 页。

孙华：《德国"卓越大学计划"及其对我国"985 工程"的启示》，《黑龙江高教研究》2010 年第 5 期，第 9—11 页。

孙进：《由均质转向分化？——德国高等教育的发展趋向分析》，《比较教育研究》2013 年第 8 期，第 1—8 页。

辛斌：《语篇互文性的语用分析》，《外语研究》2000 年第 3 期，第 14—16 页。

辛斌：《批评语言学与英语新闻语篇的批评性分析》，《外语教学》2000 年第 4 期，第 44—48 页。

俞宙明：《德国高校精英倡议计划综述》，载郑春荣、李乐曾主编《德国发展报告（2013）》，社会科学文献出版社 2013 年版，第 163—187 页。

俞宙明：《德国精英倡议计划和高校差异化进程》，《德国研究》2013 年第 2 期，第 104—112 页。

郑春荣、欧阳凤：《德国大学精英倡议计划之未来构想分析——以慕尼黑工业大学为例》，《外国教育研究》2013 年第 11 期，第 97—

106 页。

郑春荣、欧阳凤：《精英倡议计划对德国高等教育差异化的影响分析》，《外国教育研究》2014 年第 2 期，第 68—77 页。

朱佳妮：《追求大学科研卓越——德国"卓越计划"的实施效果与未来发展》，《比较教育研究》2017 年第 2 期，第 46—53 页。

朱小安：《欧洲话语分析语境下的德国杜依斯堡批评性话语分析》，《广东外语外贸大学学报》2011 年第 5 期，第 18—22 页。

学位论文

梁珊珊：《中国广告中关于德国定型看法的动态构建——以〈三联生活周刊〉为例的批评性话语分析》，博士学位论文，北京外国语大学，2014 年。

唐艋：《基于德国人自我形象的难民形象建构——〈明镜〉周刊（1978—2015 年）关于难民报道的话语分析》，博士学位论文，北京外国语大学，2018 年。

章恺恺：《德国媒体中的中国形象——以哥本哈根气候峰会期间的相关报道为例》，硕士学位论文，浙江大学，2012 年。

张楠：《基于费氏三维模型的批评性话语分析——以明镜在线的新闻报道为例》，硕士学位论文，首都师范大学，2014 年。

外文参考文献

Academic Ranking of World Universities, "Academic Ranking of World Universities 2004", 2004, http：//www.shanghairanking.com/ARWU2004.html, Stand：20.06.2019.

Angermuller, Johannes und Jens Maeße, "Der Hochschulreformdiskurs. Thema, Gegenstand, Korpus", in Martin Nonhoff et al., Hrsg., 2014, *Diskursforschung. Ein interdisziplinäres Handbuch. Band 2：Methoden und Analysepraxis. Perspektiven auf Hochschulreformdiskurse*, Bielefeld：transcript, 2014, S. 24 – 37.

Barlösius, Eva, "'Leuchttürme der Wissenschaft'. Ein metaphorischer Vorgriff auf eine neuorientierte Wissenschaftspolitik", *Leviathan*, Nr. 1, 2008, S. 149 – 169.

Boer, Harry de et al., "Market governance in higher education", in Barbara M. Kehm et al., Hrsg., *The European Higher Education Area: Perspectives on a Moving Target*, Rotterdam/Boston/Taipei: Sense Publications, 2009, S. 61 – 78.

Böke, Karin, "Die 'Invasion' aus den 'Armenhäusern Europas'. Metaphern im Einwanderungsdiskurs", in Matthias Jung et al., Hrsg., *Die Sprache des Migrationsdiskurses. Das Reden über "Ausländer" in Medien, Politik und Alltag*, Wiesbaden: VS Verlag für Sozialwissenschaften, 1996, S. 163 – 192.

Borgwardt, Angela and Marei John-Ohnesorg, *Vielfalt oder Fokussierung: Wohin steuert das Hochschulsystem nach drei Runden Exzellenz?*, Friedrich Ebert Stiftung: Thesenpapier und Konferenzbericht, 2009, http://library.fes.de/pdf-files/studienfoerderung/07115.pdf, Stand: 31.08.2016.

Bröckling, Ulrich, "Wettkampf und Wettbewerb. Semantiken des Erfolgs zwischen Sport und Ökonomie", *Leviathan*, Sonderband 29, 2014, S. 71 – 81.

Bubenhofer, Noah, *Sprachgebrauchsmuster. Korpuslinguistik als Methode der Diskurs-und Kulturanalyse*, Berlin/New York: de Gruyter, 2009, S. 16.

"Bund-Länder-Vereinbarung gemäß Artikel 91b des Grundgesetzes (Forschungsförderung) über die Exzellenzinitiative des Bundes und der Länder zur Förderung von Wissenschaft und Forschung an deutschen Hochschulen: Exzellenzvereinbarung (ExV)", 2005, http://www.gwk-bonn.de/fileadmin/Papers/exzellenzvereinbarung.pdf, Stand: 13.08.2016.

Bundesministerium für Bildung und Forschung, *Mut zur Veränderung. Deutschland braucht moderne Hochschulen*, Bonn: BMBF, 1999.

Burs, Matthias, "Diskursiver Wandel und räumliche Bezüge in der deutschen

Hochschulentwicklung", *die hochschule*, Nr. 2, 2010, S. 140 – 153.

Burs, Matthias, *Diskurs und Raum in der deutschen Hochschulentwicklung*, Berlin: LIT Verlag, 2013.

Busse, Dietrich, *Historische Semantik. Analyse eines Programms*, Stuttgart: Klett-Cotta, 1987.

Busse, Dietrich, "Historische Diskurssemantik. Ein linguistischer Beitrag zur Analyse gesellschaftlichen Wissens", *Sprache und Literatur in Wissenschaft und Unterricht*, Heft 86, 2000, S. 39 – 53.

Busse, Dietrich, "Begriffsgeschichte oder Diskursgeschichte? Zu theoretischen Grundlagen und Methodenfragen einer historisch-semantischen Epistemologie", in Garsten Dutt, Hrsg., *Herausforderungen der Begriffsgeschichte*, Heidelberg: Universitätsverlag Winter, 2003, S. 17 – 38.

Busse, Dietrich, "Diskursanalyse in der Sprachgermanistik—Versuch einer Zwischenbilanz und Ortsbestimmung", in Ulrike Haß und Christoph König, Hrsg., *Literaturwissenschaft und Linguistik von 1960 bis heute*, Göttingen: Wallstein, 2003, S. 175 – 187.

Busse, Dietrich, "Linguistische Diskurssemantik: Rückschau und Erläuterungen nach 30 Jahren", in Dietrich Busse und Wolfgang Teubert, Hrsg., *Linguistische Diskursanalyse: neue Perspektiven*, Wiesbaden: Springer VS, 2013, S. 31 – 54.

Busse, Dietrich und Wolfgang Teubert, "Ist Diskurs ein sprachwissenschaftliches Objekt? Zur Methodenfrage der historischen Semantik", in Dietrich Busse et al., Hrsg., *Begriffsgeschichte und Diskursgeschichte. Methodenfragen und Forschungsergebnisse der historischen Semantik*, Opladen: Westdeutscher Verlag, 1994, S. 10 – 28.

Busse, Dietrich und Wolfgang Teubert, Hrsg., *Linguistische Diskursanalyse: neue Perspektiven*, Wiesbaden: Springer VS, 2013.

Dahrendorf, Ralf, *Bildung ist Bürgerrecht. Plädoyer für eine aktive Bildungspolitik*, Hamburg: Wegener, 1968.

Deutsche Forschungsgemeinschaft, *Exzellenzinitiative: Begutachtungs- und*

Entscheidungsverfahren, 2006, http://www.dfg.de/download/pdf/dfg_im_profil/reden_stellungnahmen/2006/exin_begutachtungsverfahren.pdf, Stand: 31.08.2016.

Deutsche Forschungsgemeinschaft, *Förderatlas 2015. Kennzahlen zur öffentlich finanzierten Forschung in Deutschland*, 2015, http://www.dfg.de/download/pdf/dfg_im_profil/zahlen_fakten/foerderatlas/2015/dfg_foerderatlas_2015.pdf, Stand: 15.01.2017, S. 95-96.

Deutsche Forschungsgemeinschaft, "Förderlinie Exzellenzcluster: Förderkriterien", 2016, http://www.dfg.de/formulare/exstra110/exstra110_de.pdf, Stand: 15.01.2017.

Deutsche Forschungsgemeinschaft, "Exzellenzstrategie des Bundes und der Länder Ausschreibung für die Förderlinie Exzellenzuniversitäten", 2016, http://www.wissenschaftsrat.de/download/archiv/Ausschreibung_Exzellenzuniversitaeten.pdf, Stand: 15.01.2017.

Deutsche Forschungsgemeinschaft und Wissenschaftsrat, *Bericht der Gemeinsamen Kommission zur Exzellenzinitiative an die Gemeinsame Wissenschaftskonferenz*, 2008, http://www.gwk-bonn.de/fileadmin/Papers/GWK-Bericht-Exzellenzinitiative.pdf, Stand: 15.01.2016.

Deutsche Forschungsgemeinschaft und Wissenschaftsrat, *Bericht der Gemeinsamen Kommission zur Exzellenzinitiative an die Gemeinsame Wissenschaftskonferenz*, 2015, https://www.bmbf.de/files/1_Bericht_an_die_GWK_2015.pdf, Stand: 15.01.2016.

Deutsche Forschungsgemeinschaft und Wissenschaftsrat, "Informationsveranstaltung zur Exzellenzstrategie (Schwerpunkt Exzellenzcluster)", 2016, http://www.dfg.de/download/pdf/foerderung/programme/exzellenzstrategie/vortrag_infoveranstaltung_exzellensstrategie_1610.pdf, Stand: 15.01.2017.

Domasch, Silke, *Biomedizin als sprachliche Kontroverse. Die Thematisierung von Sprache im öffentlichen Diskurs zur Gendiagnostik*, Berlin/New York: de Gruyter, 2007.

Duden, *Deutsches Universalwörterbuch*, Mannheim: Bibliographisches Institut & F. A. Brockhaus AG, 6. Auflage, 2007.

Eilders, Christiane, "Von Links bis Rechts—Deutung und Meinung in Pressekommentare", in Christiane Eilders et al., *Die Stimmen der Medien*, Wiesbaden: VS Verlag für Sozialwissenschaften, 2004, S. 129 – 166.

Fedeal Ministry of Education and Research, *The German Research Landscape. Who does research in Germany?*, 2013, https://www.mpie.de/2979703/The-German-research-landscape.pdf, Stand 15. 05. 2019.

Flink, Tim et al., *Angleichung statt Vielfalt. Deutsche Universitaeten auf der Suche nach Profil*, 2012, https://bibliothek.wzb.eu/wzbrief-bildung/WZBriefBildung222012_flink_rogge_rossmann_simon.pdf, Stand: 13. 08. 2016.

Foucault, Michel, *Die Ordnung der Dinge. Ein Archäologie der Humanwissenschaften*, Frankfurt am Main: Suhrkamp, 1974.

Foucault, Michel, *Archäologie des Wissens*, Frankfurt am Main: Suhrkamp, 1981.

Foucault, Michel, *Die Ordnung des Diskurses. Mit einem Essay von Ralf Konersmann*, Frankfurt am Main: Fischer Verlag, 1991.

Gauger, Jörg-Dieter, "Bildung, Bildungspolitik—Geschichte der CDU", http://www.kas.de/wf/de/71.9516/, Stand: 10. 01. 2018.

Gemeinsame Wissenschaftskonferenz, "Rechtliche Grundlagen der GWK", 2016, http://www.gwk-bonn.de/die-gwk/rechtliche-grundlagen/, Stand: 13. 08. 2016.

Hartmann, Michael, "Die Exzellenzinitiative—Ein Paradigmenwechsel in der deutschen Hochschulpolitik", *Leviathan*, Nr. 4, 2006, S. 447 – 465.

Hayek, Friedrich A., *Individualismus und wirtschaftliche Ordnung*, Salzburg: Neugebauer, 2. Auflage, 1976.

Hermanns, Fritz, "Sprachgeschichte als Mentalitätsgeschichte. Überlegungen zu Sinn und Form und Gegenstand historischer Semantik", in Andreas Gardt et al., Hrsg., *Sprachgeschichte des Neuhochdeutschen*, Tübingen:

Niemeyer, 1995, S. 69 – 101.

Hödl, Eirch und Wolf Zegelin, *Hochschulreform und Hochschulmanagement. Eine kritische Bestandsaufnahme der aktuellen Diskussion*, Marburg: Metropolis, 1999, S. 192 – 193.

Hornbostel, Stefan und Torger Möller, *Die Exzellenzinitiative und das deutsche Wissenschaftssystem. Eine bibliometrische Wirkungsanalyse*, BBAW, 2015, http://www.bbaw.de/publikationen/wissenschaftspolitik_im_dialog/BBAW_WiD-12_PDF-A1b.pdf, Stand: 15.01.2016.

Hunston, Susan, "Collection strategies and design decisions", in Anke Lüdeling et al., eds., *Corpus linguistics: an international handbook*, Berlin/New York: de Gruyter, 2009, pp. 154 – 167.

Internationale Expertenkommission Exzellenzinitiative, *Internationale Expertenkommission zur Evaluation der Exzellenzinitiative. Endbericht*, 2016, http://www.gwk-bonn.de/fileadmin/Papers/Imboden-Bericht-2016.pdf, Stand: 15.01.2016.

Jung, Matthias, "Linguistische Diskursgeschichte", in Karin Böke et al., Hrsg., *Öffentlicher Sprachgebrauch. Praktische, theoretische und historische Perspektiven*, Opladen: Westdeutscher Verlag, 1996, S. 453 – 472.

Jung, Matthias und Martin Wengeler, "Wörter—Argumente—Diskurse. Was die Öffentlichkeit bewegt und was die Linguistik dazu sagen kann", in Gerhard Stickel, Hrsg., *Sprache—Sprachwissenschaft—Öffentlichkeit*, Berlin/New York: de Gruyter, 1999, S. 143 – 171.

Kalwa, Nina, *Das Konzept »Islam«. Eine diskurslinguistische Untersuchung*, Berlin/Boston: de Gruyter, 2013.

Kamm, Ruth, *Hochschulreformen in Deutschland. Hochschulen zwischen staatlicher Steuerung und Wettbewerb*, Bamberg: University of Bamberg Press, 2014.

Kempen, Bernhard, "Was ist exzellente Wissenschaft? Über ihre Kriterien, kleine Fächer und mangelnde Grundfinanzierung", *Forschung & Lehre*, Nr. 5, 2016, S. 384 – 385.

Kienpointner, Manfred, *Alltagslogik. Struktur und Funktion von Argumentationsmustern*, Stuttgart-Bad Cannstadt: Frommann-holzboog, 1992.

Klaus, Brinker, *Linguistische Textanalyse. Eine Einführung in Grundbegriffe und Methoden*, Berlin: Erich Schmidt Verlag, 2001.

Klein, Josef, "Komplexe topische Muster. Vom Einzeltopos zur diskurstypspezifischen Topos-Konfiguration", in Thomas Schirren und Gert Ueding, Hrsg., *Topik und Rhetorik. Ein interdisziplinäres Symposium*, Tübingen: Niemeyer, 2000, S. 623–649.

Klein, Josef, *Grundlagen der Politolinguistik*, Berlin: Frank & Timme, 2014.

Klein, Wolfgang, "Argumentation und Argument", *Zeitschrift für Literaturwissenschaft und Linguistik*, Nr. 3, 1980, S. 9–57.

Klug, Nina-Maria, *Das konfessionelle Flugblatt 1563–1580. Eine Studie zur historischen Semiotik und Textanalyse*, Berlin/Boston: de Gruyter, 2012.

Krempkow, René, "Exzellenz auch in der Lehre? —Erste Bilanztragung zur Exzellenzinitiative", *Das Hochschulwesen*, Nr. 6, 2007, S. 192–195.

Krieger, Annette, "'Ein Haus mit offenen Fenstern und Türen'. Metaphern im Einwanderungsdiskurs von 1998 bis 2001", in Martin Wengeler, Hrsg., *Sprachgeschichte als Zeitgeschichte. Konzepte, Methoden und Forschungsergebnisse der Düsseldorfer Sprachgeschichtsschreibung für die Zeit nach 1945*, 2005, S. 410–436.

Krücken, Georg, Hrsg., *Hochschulen im Wettbewerb—Eine Untersuchung am Beispiel der Einführung von Bachelor- und Masterstudiengängen an deutschen Universitäten*, Universität Bielefeld, 2005, http://www.uni-bielefeld.de/soz/personen/kruecken/pdf/Hochschulen_im_Wettbewerb_EB.pdf, Stand: 01.11.2017.

Lakoff, George und Mark Johnson, *Leben in Metaphern. Konstruktion und Gebrauch von Sprachbildern*, Heidelberg: Carl-Auer-Systeme, 7. Auflage, 2011.

Larcher, Sylvia B., *Linguistische Diskursanalyse. Ein Lehr- und Arbeits-

buch, Tübingen: Narr Francke Attempto Verlag, 2015.

Leibfried, Stephan, Hrsg. , *Die Exzellenzinitiative: Zwischenbilanz und Perspektiven*, Frankfurt am Main: Campus Verlag, 2010.

Lemnitzer, Lothar und Heike Zinsmeister, *Korpuslinguistik. Ein Einführung*, Tübingen: Narr Francke Attempto Verlag, 3. Auflage, 2015.

Liebert, Wolf-Andreas, "Metaphernbereiche der virologischen Aidsforschung", *Lexicology: An international journal on the structure of vocabulary*, Nr. 1, 1992, S. 142 – 182.

Maeße, Jens, *Die vielen Stimmen des Bologna-Prozesses. Zur diskursiven Logik eines bildungspolitischen Programms*, Bielefeld: transcript, 2010.

Markova, Hristina, *Exzellenz durch Wettbewerb und Autonomie. Deutungsmuster hochschulpolitischer Eliten am Beispiel der Exzellenzinitiative*, Konstanz/München: UVK Verlagsgesellschaft mbH, 2013.

Meier, Frank, *Die Universität als Akteur. Zum institutionellen Wandel der Hochschulorganisation*, Wiesbaden: VS Verlag für Sozialwissenschaften, 2009.

Merkens, Hans, "Zur Wettbewerbsfähigkeit des Hochschulsystems in Deutschland", in Ulrich Teichler und Rudolf Tippelt, Hrsg. , *Hochschullandschaft im Wandel*, Weinheim/Basel: Beltz Verlag, 2005, S. 25 – 40.

Münch, Ingo von, "*Elite-Universitäten*": *Leuchttürme oder Windräder?*, Hamburg: Reuter + Klöcker, 2005.

Münch, Richard, *Die akademische Elite. Zur sozialen Konstruktion wissenschaftlicher Exzellenz*, Frankfurt am Main: Suhrkamp, 2007.

Neumann, Ariane, *Die Exzellenzinitiative—Deutungsmacht und Wandel im Wissenschaftssystem*, Wiesbaden: Springer VS, 2015.

Niehr, Thomas, *Der Streit um Migration in der Bundesrepublik Deutschland, der Schweiz und Österreich: eine vergleichende diskursgeschichtliche Untersuchung*, Heidelberg: Universitätsverlag Winter, 2004.

Niehr, Thomas, *Einführung in die linguisitische Diskursanalyse*, Darmstadt: WGB, 2014.

Niehr, Thomas und Karin Böke, "Diskursanalyse unter linguistischer Perspektive—am Beispiel des Migrationsdiskurses", in Reiner Keller et al., Hrsg., *Handbuch Sozialwissenschaftliche Diskursanalyse. Band 2: Forschungspraxis*, Wiesbaden: VS Verlag für Sozialwissenschaften, 2004, S. 325–352.

Plitsch, Alexander, *Parlament und Medien. Eine linguisitsche Analyse der Berichterstattung über die Bundestagsdebatten zum Afghanistan—Einsatz der Bundeswehr*, Bremen: Hempen Verlag, 2014.

Ryssel, Regina, *Innerdiskursive Kontroversen. Der Diskurs über die Aufnahme von Flüchtlingen zwischen Bürgerkrieg und Grundsetzänderung—eine linguistische Diskursgeschichte*, Dissertation, RWTH Aachen, 2014, https://publications.rwth-aachen.de/record/657643/files/657643.pdf, Stand: 31.08.2017.

Schmoch, Ulrich und Torben Schubert, "Nachhaltigkeit von Anreizen für exzellente Forschung", in Stefan Hornbostel et al., Hrsg., *Exzellente Wissenschaft. Das Problem, Der Diskurs, Das Programm und die Folgen*, iFQ: Working Paper Nr. 4, 2008, http://www.forschungsinfo.de/publikationen/Download/working_paper_4_2008.pdf, Stand: 15.01.2017, S. 39–50.

Sondermann, Michael et al., "Die Exzellenzinitiative: Beobachtungen aus der Implementierungsphase", iFQ: Working Paper Nr. 5, 2008, http://www.forschungsinfo.de/Publikationen/Download/working_paper_5_2008.pdf, Stand: 15.01.2017.

SPD, *Weimarer Leitlinien*, 2004, http://www.spd-thueringen.de/dl/weimarer_leitlinien.pdf, Stand: 13.08.2016.

Spieß, Constanze, *Diskurshandlungen. Theorie und Methode linguistischer Diskursanalyse am Beispiel der Bioethikdebatte*, Berlin/Boston: de Gruyter, 2011.

Spitzmüller, Jürgen und Ingo H. Warnke, *Diskurslinguistik: Eine*

Einführung in Theorien und Methoden der transtextuellen Sprachanalyse, Berlin/Boston: de Gruyter, 2011.

Stötzel, Georg, *Die Einwanderungsdiskussion im öffentlichen Sprachgebrauch seit 1945. Antrag an die Deutsche Forschungsgemeinschaft*, 1993, http://www.phil-fak.uni-duesseldorf.de/germ/germ1/antr_93.htm, Stand: 22.09.2011.

Stötzel, Georg und Martin Wengeler, Hrsg., *Kontroverse Begriffe. Geschichte des öffentlichen Sprachgebrauchs in der Bundesrepublik Deutschland*, Berlin/New York: de Gruyter, 1995.

Stötzel, Georg und Thorsten Eitz, Hrsg., *Zeitgeschichtliches Wörterbuch der deutschen Gegenwartssprache. Schlüsselwörter und Orientierungsvokabeln*, Hildesheim/Zürich: Olms Verlag, 2003.

Stötzel, Georg und Thorsten Eitz, Hrsg., *Wörterbuch der »Vergangenheitsbewältigung«. Die NS-Vergangenheit im öffentlichen Sprachgebrauch*, Hildesheim/Zürich: Olms Verlag, 2007.

Strategiekommission des Wissenschaftsrates, "Bericht der Strategiekommission des Wissenschaftsrates: Auswertung der geförderten Zukunftskonzepte—als gesonderter Band (Anhang 6.3)", in Deutsche Forschungsgemeinschaft und Wissenschaftsrat, *Bericht der Gemeinsamen Kommission zur Exzellenzinitiative an die Gemeinsame Wissenschaftskonferenz*, 2015, https://www.bmbf.de/files/1_Bericht_an_die_GWK_2015.pdf, Stand: 15.01.2016.

Teichler, Ulrich, "Profilierungspfade der Hochschulen im internationalen Vergleich", in Jan-Hendrik Olbertz und Peer Pasetrnack, Hrsg., *Profilbildung, Standards, Selbststeuerung. Ein Dialog zwischen Hochschulforschung und Reformpraxis*, Weinheim: Beltz Deutscher Studien Verlag, 1999, S. 30–31.

Teichler, Ulrich, *Hochschulstrukturen im Umbruch*, Frankfurt am Main: Campus Verlag, 2005.

Toulmin, Stephen, *The uses of Argument*, Cambridge: Cambridge University

Press, 1958.

"Verwaltungsvereinbarung zwischen Bund und Ländern gemäß Artikel 91 b Abs. 1 Nr. 2 des Grundgesetzes über die Fortsetzung der Exzellenzinitiative des Bundes und der Länder zur Förderung von Wissenschaft und Forschung an deutschen Hochschulen: Exzellenzvereinbarung II (ExV II)", 2009, http://www.gwk-bonn.de/fileadmin/Papers/Exzellenzvereinbarung-II-2009.pdf, Stand: 13.08.2016.

"Verwaltungsvereinbarung zwischen Bund und Ländern gemäß Artikel 91b Absatz 1 des Grundgesetzes zur Förderung von Spitzenforschung an Universitäten: Exzellenzstrategie", 2016, http://www.gwk-bonn.de/fileadmin/Papers/Verwaltungsvereinbarung-Exzellenzstrategie-2016.pdf, Stand: 13.08.2016.

Warnke, Ingo H. und Jürgen Spitzmüller, Hrsg., *Methoden der Diskurslinguistik—Sprachwissenschaftliche Zugänge zur transtextuellen Ebene*, Berlin/New York: de Gruyter, 2008.

Wengeler, Martin, "'Gastarbeiter sind auch Menschen'. Argumentationsanalyse als diskursgeschichtliche Methode", *Sprache und Literatur in Wissenschaft und Unterricht*, Heft 86, 2000, S. 54–69.

Wengeler, Martin, *Topos und Diskurs. Begründung einer argumentationsanalytischen Methode und ihre Anwendung auf den Migrationsdiskurs (1960–1985)*, Tübingen: Niemeyer, 2003.

Wengeler, Martin, "Assimilation, Ansturm der Armen und die Grenze der Aufnahmefähigkeit: Bausteine einer linguistisch, integrativen Diskursgeschichtsschreibung", in Claudia Fraas und Michael Klemm, Hrsg., *Mediendiskurse. Bestandsaufnahme und Perspektiven*, Frankfurt am Main: Peter Lang, 2005, S. 39–57.

Wengeler, Martin, "'Das Szenario des kollektiven Wissens einer Diskursgemeinschaft Entwerfen'. Historische Diskurssemantik als 'kritische Linguistik'", *Aptum. Zeitschrift für Sprachkritik und Sprachkultur*, Nr. 1, 2005, S. 262–282.

Wengeler, Martin, "Linguistische Diskursanalysen—deskriptiv, kritisch oder kritisch durch Deskription?", in Jürgen Schiewe, Hrsg., *Sprachkritik und Sprachkultur. Konzepte und Impulse für Wissenschaft und Öffentlichkeit*, Bremen: Hempen Verlag, 2011, S. 35-48.

Winter, Martin, "Wettbewerb im Hochschulwesen", *die hochschule*, Nr. 2, 2012, S. 17-45.

Wissenschaftsrat, *Empfehlungen zum Wettbewerb im deutschen Hochschulsystem*, Köln: Wissenschaftsrat, 1985.

Wissenschaftsrat, *Empfehlungen zur zukünftigen Rolle der Universitäten im Wissenschaftssystem*, Köln: Wissenschaftsrat, 2006.

Ziem, Alexander, "Begriffe, Topoi, Wissensrahmen: Perspektiven einer semantischen Analyse gesellschaftlichen Wissens", in Martin Wengeler, Hrsg., *Sprachgeschichte als Zeitgeschichte. Konzepte, Methoden und Forschungsergebnisse der Düsseldorfer Sprachgeschichtsschreibung für die Zeit nach 1945*, Hildesheim/New York: Olms Verlag, 2005, S. 315-348.

媒体文章（按媒体来源排序）

"Elite-Universitäten", *Berliner Morgenpost*, 26. 09. 2010.

"Die Stimmung ist gespannt, aber nicht ängstlich", *Berliner Zeitung*, 18. 10. 2007.

"An den Universitäten herrscht Aufbruchstimmung", *Berliner Zeitung*, 19. 10. 2007.

"Sichtbar gegen die Erdkrümmung", *Der Spiegel*, 23. 01. 2016.

"Größe allein bringt nichts", *Der Spiegel*, 11. 07. 2016.

"Elite-Gedanke lebt wieder auf", *Die Tageszeitung*, 18. 01. 2007.

"Wir haben viele Spitzenforscher", *Die Tageszeitung*, 19. 10. 2007.

"Der Rest studiert bei McDonalds", *Die Tageszeitung*, 22. 03. 2010.

"Es wird Verlierer geben", *Die Tageszeitung*, 12. 06. 2012.

"Die Politik blockiert die Wissenschaft", *Die Welt*, 30. 04. 2005.

"Konkurrenz schafft Exzellenz", *Die Welt*, 25. 10. 2006.

"Nachwuchswissenschaftler sollen den Nobelpreis holen", *Die Welt*, 11. 01. 2007.

"Elite-Unis werden neu verhandelt", *Die Welt*, 30. 01. 2016.

"Jetzt geht es um Zukunftsvisionen", *Frankfurter Allgemeine Zeitung*, 28. 07. 2005.

"Im Geiste der Wissenschaftsfreiheit", *Frankfurter Allgemeine Zeitung*, 16. 10. 2006.

"Schavan: Exzellenzinitiative fortsetzen", *Frankfurter Allgemeine Zeitung*, 20. 10. 2007.

"Exzellenz muss den Blick für Themen schärfen", *Frankfurter Allgemeine Zeitung*, 26. 08. 2015.

"Kollektives Backenaufblasen", *Frankfurter Allgemeine Zeitung*, 06. 04. 2016.

"Allgemeine Nervosität", *Frankfurter Allgemeine Zeitung*, 12. 01. 2016.

"Wer hat, dem wird gegeben", *Frankfurter Allgemeine Zeitung*, 21. 04. 2016.

"Das Jahr 2017 wirft seine Schatten auf die Exzellenz", FAZ. net, 06. 11. 2012.

"Exzellent bis zur Selbstaufgabe", FAZ. net, 09. 06. 2012.

"Besser anders", FAZ. net, 26. 06. 2012.

"Überlegungen zur Exzellenzinitiative (1)", FAZ. net, 26. 06. 2012.

"Leuchtturm und Lampion", FAZ. net, 28. 09. 2015.

"Für Bewerbung Bezahlen", *Focus Magazin*, 07. 05. 2007.

"Widerworte", *Frankfurter Rundschau*, 07. 06. 2005.

"Es wird stärkere Akzente geben", *Frankfurter Rundschau*, 14. 02. 2006.

"International sind wir wieder sichtbar", *Frankfurter Rundschau*, 09. 07. 2010.

"Gremien fordern mehr Geld für Exzellenzinitiative", *Frankfurter Rundschau*, 11. 07. 2008.

"International sind wir wieder sichtbar", *Frankfurter Rundschau*, 09. 07.

2010.

"Der Wettbewerb spaltet die Hochschulen", *Frankfurter Rundschau*, 16. 06. 2012.

"Ein großes Dach für tausend Blumen", *General-Anzeiger* (Bonn), 06. 12. 2005.

"Erfolgsstory mit Schönheitsfehlern", *General-Anzeiger* (Bonn), 06. 02. 2016.

"Ein kräftiger Schub für Deutschland", *Hamburger Abendblatt*, 20. 01. 2006.

"Keine Ehre für die Lehre", Spiegel Online, 11. 07. 2008.

"Keine Etiketten auf Dauer", Spiegel Online, 26. 08. 2010.

"Auf die Größe kommt es an", Spiegel Online, 15. 10. 2013.

"Wanka will auch kleine Unis und FHs fördern", Spiegel Online, 29. 03. 2016.

"In drei Jahren an die europäische Spitze", *Stuttgarter Zeitung*, 14. 12. 2004.

"Eliteunis zittern an diesem Freitag", *Stuttgarter Zeitung*, 15. 06. 2012.

"Exzellent auch im Zuschüsse hereinholen", *Stuttgarter Zeitung*, 11. 09. 2015.

"Technik-Hochschule rückt zur Elite auf", *Welt am Sonntag*, 21. 10. 2007.

"Wohin geht die Humboldt-Universität?", *Welt am Sonntag*, 11. 10. 2009.

"Uni Köln: Die Masse macht's", *Welt am Sonntag*, 22. 07. 2012.

后　　记

　　本书是在我的博士论文《精英倡议计划话语中的竞争性元素——一项基于德国媒体语料库的研究》的基础上修改而成的。以德国精英倡议计划作为博士论文选题的想法是源于我长期对德国高等教育政策的兴趣。2000年以来，对德国高等教育体系影响最大的两个计划无疑是博洛尼亚进程和精英倡议计划，其中前者彻底改变了德国大学的学制学位体系，而精英倡议计划则为德国高等教育体系注入竞争性元素，打破德国大学长期以来均质等值的发展格局，可以说颠覆了德国高等教育体系的传统范式。相比博洛尼亚进程，精英倡议计划对于中国高等教育体系的改革更具有比较和借鉴的意义。

　　确定了研究对象后，我按照导师的建议决定将目前比较前沿的话语分析方法应用到论文中。这是对我而言全新的领域，面对海量的数据、各式各样的话语分析研究理论与方法，我不得不反复尝试并时不时面对选择的纠结，这也使得论文写作比想象中更加艰难。

　　幸运的是，在此旅程中不乏同行者。在导师的指导下，我与师弟望路以及两位师妹郑启南、倪晓姗共同努力，收集了大量话语分析资料，建起了国内最全的话语分析文献库。我还邀请了柏林自由大学克莱因（Josef Klein）教授、亚琛工业大学尼尔（Thomas Niehr）教授、达姆施塔特工业大学雅尼希（Nina Janich）教授和米勒（Marcus Müller）教授以及不来梅大学瓦恩克（Ingo H. Warnke）教授来校授课，大家对各流派的话语分析方法逐渐从陌生到熟悉。如今，几位师弟、师妹也毕业在即，我衷心为他们感到高兴。

　　本书得以完成并出版，我首先要向我的导师郑春荣教授表达最深的感谢。郑老师是我学术生涯中的良师益友，多年来，他渊博的专业知识、严谨的治学态度始终感染着我，他对我的鞭策、鼓励和大力支持成为我学术研究的不竭动力。此外，我还要感谢浙江大学李媛教授、上海外国语大学陈壮鹰教授和王志强教授、同济大学赵劲教授、朱建华教授、吴建广教授、王颖频教授、李乐曾教授、伍慧萍教授、董琦研究员、门洪华教授、胡春春副教授、朱苗苗副教授等在论文和书稿的构思、写作及修改过程中提出的宝贵意见和建议，为困惑中的我指点迷津。

感谢我的高中同学张曙，运用自己的计算机专业知识，帮助我建立起定量和定性研究语料库。在过去几年中，我还遇到了许多可爱的、与我一样正经历论文撰写的"精神折磨"的博士生、硕士生。尽管我们的研究方向不尽相同，但与他们的交谈总能让我得到启示、备受鼓舞，同时我们也在生活中结下了深厚的友谊。特别感谢中国社会科学出版社的各位编辑老师的辛苦付出，他们为本书的顺利出版和质量保证提出了许多宝贵的意见，做了大量的工作。也感谢同济大学外国语学院、外事办公室、德国研究中心、中德人文交流研究中心的各位师友多次给予的关心与帮助。此外，还有许多陪我一路走来的同学、同事和朋友，在此不一一点名致谢，感谢大家长期以来的支持、鼓励与陪伴。

女儿吴芊芊在我读博期间降临人世，这成为我学业上努力和前进的重要动力。在此也特别感谢我的父母、公婆和丈夫吴伟祺一直以来给予的包容、关爱和坚定的支持，分担家中繁杂的事务。正是他们自始至终将我的学业与工作置于重要的位置，并毫无怨言地承担芊芊的养育重任，才能让我安心工作、潜心研究。

毕业一年有余，我对学术的追求愈发强烈。在今后的工作和生活中，我会铭记师长们的教诲，不懈努力和追求，在学术的道路上不忘初心、砥砺前行。乘风破浪潮头立，扬帆远航正当时！